U0523458

数字公共治理
理论与实践前沿

曹海军 著

商务印书馆
The Commercial Press

图书在版编目(CIP)数据

数字公共治理理论与实践前沿/曹海军著. —北京:商务印书馆,2024(2024.12重印)
ISBN 978-7-100-23529-7

Ⅰ.①数… Ⅱ.①曹… Ⅲ.①数字技术—应用—公共管理—研究 Ⅳ.①D035-0

中国国家版本馆 CIP 数据核字(2024)第 055713 号

权利保留,侵权必究。

数字公共治理理论与实践前沿
曹海军 著

商 务 印 书 馆 出 版
(北京王府井大街36号 邮政编码100710)
商 务 印 书 馆 发 行
北京市白帆印务有限公司印刷
ISBN 978-7-100-23529-7

2024年9月第1版　　开本 710×1000 1/16
2024年12月北京第2次印刷 印张 21¼
定价:78.00元

目　　录

序言

第一章　数字化时代与治理转型 …………………………………… 1
　　第一节　全球技术变革与数字化时代的来临 …………………… 2
　　第二节　政府数字化转型与数字治理现代化 …………………… 7
第二章　数字公共治理的概念与构成 ……………………………… 19
　　第一节　什么是数字公共治理 …………………………………… 19
　　第二节　数字公共治理的基本要素 ……………………………… 25
　　第三节　数字公共治理的维度 …………………………………… 28
　　第四节　数字生态下的公共治理 ………………………………… 34
第三章　数字公共治理的范式演进及研究视角 …………………… 41
　　第一节　公共管理与数字公共治理 ……………………………… 41
　　第二节　数字公共治理范式演进 ………………………………… 46
　　第三节　数字公共治理的理论视角 ……………………………… 49
　　第四节　数字公共治理与政府数字化履职能力体系 …………… 58
第四章　数字公共治理的制度规则体系 …………………………… 62
　　第一节　数字公共治理的现有制度规则 ………………………… 62
　　第二节　数字公共治理的制度逻辑 ……………………………… 67
　　第三节　数字公共治理的制度规则体系建设 …………………… 75
第五章　数字公共治理的技术体系 ………………………………… 83
　　第一节　数字公共治理的技术要素 ……………………………… 84
　　第二节　数字公共治理的技术规制 ……………………………… 91
　　第三节　数字公共治理的技术体系构建 ………………………… 99

第六章　数字公共治理的安全体系 ……………………………………… 109
第一节　数字公共治理的安全需求 …………………………………… 109
第二节　数字公共治理安全体系的原则和构成 ……………………… 117
第三节　数字公共治理的监管体系 …………………………………… 125
第四节　数字公共治理的安全策略筹划 ……………………………… 129

第七章　数字公共治理之党的建设 ……………………………………… 137
第一节　党的建设转型：党务建设、数字党建与智慧党建 ………… 137
第二节　数字公共治理之党的建设能力与体系建设 ………………… 142
第三节　数字公共治理之党的建设面临的挑战 ……………………… 147
第四节　数字公共治理之党的建设的应对策略 ……………………… 150

第八章　数字公共治理之经济调节 ……………………………………… 157
第一节　经济调节转型：经济控制、经济调节、数字化经济调节 … 158
第二节　数字公共治理之经济调节的体系与能力建设 ……………… 163
第三节　数字公共治理之经济调节面临的挑战 ……………………… 168
第四节　数字公共治理之经济调节的应对策略 ……………………… 172

第九章　数字公共治理之市场监管 ……………………………………… 183
第一节　市场监管转型：从分段管理到数字化监管 ………………… 184
第二节　数字公共治理之市场监管的实践空间 ……………………… 189
第三节　数字公共治理之市场监管的新挑战 ………………………… 195
第四节　探索与展望 …………………………………………………… 197

第十章　数字公共治理之社会治理 ……………………………………… 200
第一节　社会治理的内涵特征和基本经验 …………………………… 201
第二节　数字公共治理之社会治理的实践发展 ……………………… 205
第三节　数字公共治理之社会治理面临的挑战 ……………………… 211
第四节　数字公共治理之社会治理的保障路径 ……………………… 214

第十一章　数字公共治理之公共服务 …………………………………… 218
第一节　公共服务供给转型：从单一到合供 ………………………… 218
第二节　数字公共治理之公共服务能力与体系建设 ………………… 224
第三节　数字公共治理之公共服务面临的挑战 ……………………… 230

| 第四节 | 数字公共治理之公共服务的应对策略 | 233 |

第十二章　数字公共治理之环境保护 240
第一节	环境保护的历史沿革与数字图景	240
第二节	数字公共治理之环境保护的实践发展	244
第三节	数字公共治理之环境保护的现实困境	247
第四节	数字公共治理之环境保护的未来展望	250

第十三章　数字公共治理之政府政务 256
第一节	政府政务转型：从政府信息化到智慧政务	256
第二节	数字公共治理之政府政务的实践空间	260
第三节	数字公共治理之政府政务的新议题	268
第四节	探索与展望	270

第十四章　数字公共治理之应急管理 273
第一节	数字公共治理之应急管理	274
第二节	数字化应急管理的体系与能力建设	277
第三节	数字化应急管理建设面临的挑战	282
第四节	数字化应急管理建设的应对策略	285

第十五章　数字公共治理之民主协商 294
第一节	民主协商转型：民主协商、网络协商、数字协商	294
第二节	数字公共治理之民主协商的实践发展	299
第三节	数字公共治理之民主协商面临的挑战	307
第四节	数字公共治理之民主协商的应对策略	310

第十六章　数字公共治理的历程、理念和目标 315
第一节	政府信息化建设时期的数字公共治理	315
第二节	电子政务建设时期的数字公共治理	319
第三节	数字政府建设时期的数字公共治理	323
第四节	数字公共治理的未来展望	326

后记 332

序　　言

在全球加速进入数字时代的背景下,打造数字政府、实现数字治理,是推进国家治理体系和治理能力现代化的必由之路。《中华人民共和国国民经济和社会发展第十四个五年规划和2035年远景目标纲要》提出"加快数字化发展　建设数字中国",强调"加快建设数字经济、数字社会、数字政府,以数字化转型整体驱动生产方式、生活方式和治理方式变革。"

数字时代的公共治理面临新的机遇与挑战,也必将促进公共管理学科的新发展。2022年3月,东北大学文法学院成立数字公共治理研究所,力争形成前沿研究、人才培养、社会服务三位一体的高水平平台,以此培育学科新增长点。本书的编写与出版是这一学科方向建设的基础工作之一。

本书共分为四个部分。第一部分"概念与理论篇"包含第一、二、三章,从数字化时代与治理转型谈起,讨论了数字公共治理的概念构成及范式演进。第二部分"体系构建篇"包含第四、五、六章,从制度规则体系、技术体系和安全体系三个角度,讨论了数字公共治理的具体实现。第三部分"场景与应用篇"包含第七至十五章,全面介绍了党的建设、经济调节、市场监管、社会治理、环境保护、政府政务、应急管理、民主协商等数字公共治理的典型场景,以及各领域应用中的具体挑战。第四部分"未来展望篇"为第十六章,在回顾我国数字公共治理发展历程的基础上,尝试讨论数字公共治理的未来进路。

本书的出版,旨在系统诠释数字公共治理的概念内涵、体系构成与应用前景,为学术探讨和产业实践提供参考,为数字公共治理方向人才培养提供资料框架。但随着信息技术的快速更迭与经济社会的飞速发展,与数字公共治理相关的概念、理论、框架也在不断更新完善,书中错漏之处在所难免。望业界同仁不吝批评指正,我们将争取在未来的版本中不断丰富和完善本书的内容。

第一章　数字化时代与治理转型

> **焦点问题：**
> - 第四次工业革命对全球治理和国家治理有哪些影响？
> - 我国建设数字政府的具体内涵和要求是什么？
> - 官僚制政府和数字政府有哪些区别和特征？

2022年11月，美国OpenAI公司开发的人工智能聊天机器人程序ChatGPT横空出世，并迅速发展壮大，影响力遍及全球。该程序不仅可以根据用户给出的指令，自动生成文本（如生成剧本、歌曲、研究报告以及学术论文等）和回答问题（如根据问题生成答案和编写计算机程序），还能记住与用户之前的对话和输入的指令，并对一些具有潜在危险性的问题（如哪里能买到毒品）进行智能规避，以及对一些冒犯性的或歧视性的（如种族或性别歧视）指令进行过滤和正确引导。

在问世仅仅两个月后，ChatGPT在2023年1月末的月活用户已经突破了一亿，打破了TikTok、Facebook、Twitter等一众热门应用的记录，成为史上用户增长速度最快的消费级应用程序。比尔·盖茨评价ChatGPT出现的意义"不亚于互联网的诞生"，微软首席执行官（CEO）萨提亚·纳德拉（Satya Nadella）称ChatGPT堪比工业革命，新技术爱好者们又一次惊呼"奇点"[①]来临，认为ChatGPT会超越Web3.0、区块链和元宇宙等成为引领人工智能革命的新

---

① 奇点是宇宙大爆炸论所追溯的宇宙演化的起点，是大爆炸之前宇宙存在的一种形式。在这里把ChatGPT的出现比喻成人工智能大爆炸的起点和所带来的效果。

宠。基于ChatGPT超强的人工智能，人们纷纷预测，像程序员、医生、律师，甚至教师等行业的专有技能从业人员可能会面临失业。[①]

ChatGPT之所以引起广泛关注，就在于它的智能水平远超此前的技术——无论是搜索、翻译信息还是生成各类科研文章，抑或是编写程序、纠错或智能问答，它的通用本领显示出了令人生畏的广度和高度。从IBM的"深蓝"到Google的AlphaGO，再到OpenAI的ChatGPT，在不到三十年的时间里，人工智能（Artificial Intelligence，AI）在不断进化并已经深度影响了人们的生活。如今，各地数字公共服务建设如"最多跑一次""一网通办""一网统管""不见面审批""无证明城市"等正在悄然加速，发展得如火如荼。但即使早已对数字时代的到来做好了一定程度的心理准备，当面对达到了史无前例的人工智能时，普通大众仍然不知所措。

仅在ChatGPT诞生一年多以后，2024年2月16日，OpenAI公司发布了用于视频生成和文本到视频转换的神经网络模型Sora，再次震撼世界。它能够根据用户输入的提示词、文本指令或静态图像，生成长达一分钟的视频，其中既能实现多角度镜头的自然切换，还包含复杂的场景和生动的角色表情，且故事的逻辑性和连贯性极佳。

数字时代的到来和人工智能的发展锐不可当，那么我们现在是否已经做好充分的准备来拥抱这一变革？这一变革将会对数字政府建设提出哪些新要求和挑战，又会给数字公共治理带来哪些新思维和新机遇？最终我们能否与欧美发达国家同步赶上被称为第四次工业革命的人工智能发展潮流？

第一节　全球技术变革与数字化时代的来临

一、作为推动历史发展和社会变革力量的科学技术

在人类漫长的文明史进程中，从农业文明到工业文明，从刀耕火种到声光化

[①] 2017年12月麦肯锡全球研究院（McKinsey Global Institute）发布的《失业与就业：自动化时代的劳动力转型》报告称，到2030年，保守估计全球15%的人将因AI技术发展而发生工作变动，激进预估则影响30%的全球人口，中国届时预计有几千万至上亿人需重新就业。

电,每一次科学技术的进步在推动社会发展的同时,也改变了社会关系和社会结构——带来新的组织范式、治理方式和制度体系的变革。众所周知,现代科学技术已经广泛地渗透到了全球各个角落和社会的各个领域,越来越深刻地影响着全球政治经济的发展、国家间关系和私人生活。

自18世纪60年代至今,人类已经经历了三次工业革命。第一次工业革命是机械化革命,蒸汽动力带来了自动化生产。第二次工业革命是电气化革命,电力技术带来了大规模生产的社会化。第三次工业革命[①]是信息化革命,计算机、互联网等新兴技术使信息成为一种重要的生产要素和战略资源。马克思和恩格斯生活在第一次工业革命和第二次工业革命的过渡时期,但他们却是有史以来第一次以科学的方法分析了工业技术对生产力和社会关系的影响——"随着新生产力的获得,人们改变自己的生产方式,随着生产方式即保证自己生活的方式的改变,人们也就会改变自己的一切社会关系。手工磨产生的是封建主为首的社会,蒸汽磨产生的是工业资本家为首的社会。"[②]马克思的分析不仅仅是在阐述"资本一方面是以生产力一定程度的历史发展为前提的——在这些生产力里面也包括科学在内",[③]而且还比较充分地揭示了作为生产力的工业技术对生产方式以及生产关系的变革作用。科学技术是社会的产物,当生产发展到一定阶段,关于自然的知识才形成科学,也才出现了建立在科学基础上的技术发明。科学技术的进步主要作用体现在以下三个方面:

第一,"科学是一种在历史上起推动作用的、革命的力量。"[④]马克思曾经就科学技术的伟大历史作用和革命力量做过一个精辟而形象的概括——"这个社会革命并不是1848年发明出来的新东西。蒸汽、电力和自动纺纱机甚至是比巴尔贝斯、拉斯拜尔和布朗基诸位公民更危险万分的革命家。"[⑤]这是因为"这里有一件可以作为我们19世纪特征的伟大事实,一件任何政党都不敢否认的事实",这就是

[①] 第三次工业革命更多地被称为第三次科技革命,但是为了行文的统一,本书沿用第三次工业革命的提法。工业革命和科技革命的细微差异不在本书的讨论范围之内。
[②] 中共中央马克思恩格斯列宁斯大林著作编译局:《马克思恩格斯选集》(第1卷),人民出版社,1972。
[③] 马克思,恩格斯:《马克思恩格斯全集》(第46卷),人民出版社,1980。
[④] 马克思,恩格斯:《马克思恩格斯全集》(第19卷),人民出版社,1961。
[⑤] 马克思,恩格斯:《马克思恩格斯选集》(第1卷),人民出版社,1995。

"产生了以往人类历史上任何一个时代都不能想象的工业和科学的力量"。①

第二,生产力随着科学的不断推进而发展。马克思和恩格斯强调,科学技术的产生和发展是由生产决定的。1894年1月,恩格斯在给一个德国大学生的回信中,再次强调了这个思想。他在信中说:"社会一旦有技术上的需要,则这种需要就会比十所大学更能把科学推向前进。"②马克思在考察近代第一次工业革命的产生和发展时,同样清楚地分析了近代科学发展的经济基础。他指出:"自然科学本身(自然科学是一切知识的基础)的发展,也像与生产过程有关的一切知识的发展一样,它本身仍然是在资本主义生产的基础上进行的,这种资本主义生产第一次在相当大的程度上为自然科学创造了进行研究、观察、实验的物质手段。……随着资本主义生产的扩展,科学因素第一次被有意识地和广泛地加以发展,应用并体现在生活中,其规模是以往的时代根本想象不到的。"③

第三,科学和实践结合的结果就是社会革命。通过比较历史分析,马克思认为第一次工业革命是资本主义经济发展的产物,但是第一次工业革命反过来也使得资本主义在全世界范围内得以扩张。因此,马克思更为关心与资本主义生产方式直接相关的工业技术进步,对工业技术进行了深刻的理论分析,并将这种分析运用于理解近代资本主义生产方式的实质与演变:"所有发达的机器都由三个本质上不同的部分组成:发动机、传动机构、工具机或工作机。发动机是整个机构的动力。……传动机……把运动分配并传送到工具上。机构的这两个部分的作用,仅仅是把运动传给工具机,由此工具才抓住劳动对象,并按照一定的目的来改变它。机器的这一部分——工具机,是18世纪工业革命的起点。在今天,每当手工业或工厂手工业生产过渡到机器生产时,工具机也还是起点。"④马克思通过对机器的结构、功能与协作进行研究,揭示了资本主义生产方式的经济奥秘——剩余价值,为科学社会主义的科学性和革命性铺平了道路。

马克思和恩格斯所生活的年代,科学技术的发展远远没有今天发达。但是,第一次工业革命和第二次工业革命所带来的冲击却使得马克思和恩格斯深刻地

---

① 马克思,恩格斯:《马克思恩格斯全集》(第12卷),人民出版社,1961。
② 马克思,恩格斯:《马克思恩格斯选集》(第4卷),人民出版社,1995。
③ 马克思,恩格斯:《马克思恩格斯全集》(第47卷),人民出版社,1972。
④ 马克思:《资本论》(第1卷),人民出版社,1975。

认识到科学技术蕴含着先进生产力,并且创造性地提出了关于科学技术对生产力和生产关系、社会结构和社会转型的深刻洞见,揭示了资本扩张和统治的本质。马克思主义的科学技术观对即将发生的,或说已经到来的以人工智能为代表的第四次工业革命仍然有着不容忽视的启示意义。值得注意的是,数字治理和数字技术在应对新冠疫情期间异军突起,同时也提出了数字时代的"发展之问":国家治理应如何转变才能跟上科学技术升级换代的速度,如何才能适应数字时代的发展要求?

二、不确定性的时代与确定的治理方式

20世纪四五十年代以后,在原子能、计算机、微电子、航天航空、分子生物学和遗传工程等领域取得了重大突破,其中以计算机和信息通信技术为标志的第三次工业革命在美国兴起。但是,科学技术的发展并没有给人类创造出一个比以前更加安全稳定的现实环境。在恐怖主义和民粹主义、全球极端气候变化、地缘政治紧张局势加剧、逆全球化、全球经济危机和生产供应链长期动荡、落后国家与发达国家贫富差距悬殊,以及2019年末新冠疫情的影响下,人类似乎不可避免地进入了所谓的"乌卡时代"(Time of Vuca)[①]。

不期而至的新冠疫情,不仅扰乱了全球经济发展的节奏,而且使世界各国陷入与病毒的拉锯战。在这场"战疫"中,令世界瞩目的并不仅仅是中国共产党"坚持人民至上、生命至上"抗击新冠疫情的决心[②],还有"运用大数据、人工智能、云计算等数字技术,在疫情监测分析、病毒溯源、防控救治、资源调配等方面"[③]的应用创新能力,由此展现出了一条由不确定的混合式治理走向中国式现代化的确定性治理道路。数字技术解决疫情防控中看似不可能的治理难题,这并不是

[①] 乌卡(VUCA)一词源自20世纪80年代美国组织理论和领导力专家沃伦·本尼斯(Warren Bennis)和伯特·纳努斯(Burt Nanus)的领导理论,后来在20世纪90年代被美国陆军战争学院引入用来描绘冷战后的国际格局。一般而言,"乌卡"的特征包括了易变性(Volatility)、不确定性(Uncertainty)、复杂性(Complexity)及模糊性(Ambiguity)。

[②] 习近平:"在全国抗击新冠疫情表彰大会上的讲话",《人民日报》,2020-09-08。

[③] 习近平:"全面提高依法防控依法治理能力 健全国家公共卫生应急管理体系",《求是》,2020(05):4—8。

一种偶然，"数字化"与"治理现代化"的相遇是一种必然，疫情只是提供了一次"机会"，并加速了这个历史进程。

自20世纪90年代全球互联网问世以来，信息技术（Information Technology，IT）迎来了爆发式发展。经过30多年的推广，"IT革命"与"IT时代"已然不是什么前沿概念，而是随着智能手机、社交媒体、软件应用程序等成果的广泛普及，彻底融入人类生活的方方面面。其中特别是以互联网作为IT时代的基础、信息技术与电子技术的集大成者，早已超越了单纯的信息传播和通讯的功能，对人类社会传统的生产关系、社会关系和政治关系产生了深远的影响。IT革命带来的改变同样发生在政府公共部门中，在欧美等发达国家，电子政务这一概念早在互联网普及前就已经存在了。在新公共管理运动的影响下，电子政务借助信息技术的发展而兴起。随着计算机数据库和自动化系统等技术的引入，相比于传统面对面的政务供给方式，电子政务在削减行政成本和行政负担、协调沟通、组织变革等多方面展现出自己的优势。

随着时间进入21世纪的第二个十年，互联网技术更加成熟，数据处理技术（Data Technology，DT）的概念开始在各个领域被广泛提及，用以处理海量数据的大数据技术已经成为开启后IT时代的大门钥匙。而随着物联网、大数据、Web3.0、区块链、人工智能等新兴技术的实用化、商业化和民用化，标志着人类社会正式进入数字时代（Time of Digital）；并且新技术的涌现正在为世界开启一场全新的"DT革命"，这场革命也终将成为人类社会的第四次工业革命。

疫情防控敲开了数字治理时代的大门，让人们得以窥见一个全新的治理变革时代即将来临。数字技术将在很大程度上改变治理方式、治理规范、治理手段，从而不断优化政府治理和国家治理，为推进治理体系和治理能力现代化提供另一种可能和全新的路径。在抗击新冠疫情期间，我国的电子政务能力得到了极大提升。联合国经济和社会事务部（United Nations Department of Economic and Social Affairs）每两年对全球190多个国家和地区的电子政务发展进行跟踪调查。《2022联合国电子政务调查报告》显示，我国电子政务排名在193个联合国会员国中从2012年的第78位上升到了2022年的第43位，成为全球增幅最高的国家之一。2022年中国的在线服务指数是0.8876，为"非常高水平"，继续保持全球领先水平。[1]

在后疫情时代,全球化开始进入战略调整期,大国竞争也迈入战略竞争再平衡的新阶段,全球经济在疫情中艰难复苏,公共事务的复杂性和不确定性进一步加剧。习近平总书记2020年4月10日在中央财经委员会第七次会议上的讲话中指出,"我国线上经济全球领先,在这次疫情防控中发挥了积极作用,线上办公、线上购物、线上教育、线上医疗蓬勃发展并同线下经济深度交融。我们要乘势而上,加快数字经济、数字社会、数字政府建设,推动各领域数字化优化升级,积极参与数字货币、数字税等国际规则制定,塑造新的竞争优势。"[2]在未来,基于"数据密集型科学"(Data-Intensive Science)的发展,在大数据和人工智能等技术的驱动下实现的数字经济、数字社会、数字政府建设,将会成为数字中国发展的一次智慧革命。建设数字中国也将成为数字时代推进中国式现代化的重要引擎和构筑国家竞争新优势的有力支撑。

第二节　政府数字化转型与数字治理现代化

一、从"官僚制政府"到"数字政府"

随着第四次工业革命走向纵深,大数据、人工智能等新兴科学技术深刻地影响着社会经济发展以及国家治理,以数据驱动和数字治理为核心特征的政府数字化转型成为全球治理转型的核心议题。数字技术的快速迭代与普及推广为政府数字化转型提供了强大的科技驱动力。近年来,我国运用数字和智能技术驱动治理已产生了大量丰富的实践经验,发挥着激发市场创造活力、激活社会参与热情、激励政府自我改革等积极作用。[3] 党的十九届五中全会进一步建议"十四五"期间

---

[1] 尚绪谦:"联合国调查显示:全球电子政务水平整体提升",2022-09-29,http://www.news.cn/world/2022-09/29/c_1129041418.htm.

[2] 习近平:"国家中长期经济社会发展战略若干重大问题",《求是》,2020(21):4—10.

[3] 翟云:"整体政府视角下政府治理模式变革研究——以浙、粤、苏、沪等省级'互联网+政务服务'为例",《电子政务》,2019(10):34—45.

加快数字化发展,其中数字政府建设要成为经济社会数字化发展的基础保障。①

在工业时代,经典的政府治理模式是以"政治—行政"二分为基础,以韦伯的科层制理论、泰勒的科学管理理论为原则,强调公共行政的专门化、技术化、非人格化,以及层级制的权力体系。② 但是,随着时代的发展、公共事务的复杂性和不确定性的增强,全球公共管理实践出现了诸多问题,主要体现在以下两个方面:一方面,公共行政范式的专业化、分工化模式,使得政府机构臃肿,部门之间的协调成本随着公共事务治理复杂性的不断提高而显著增长;另一方面,新公共管理的企业化运作模式,使公共服务组织过度关注效率,而忽略了公共服务供给的有效性。

这些问题归根结底,很大程度上源自政府中心主义的治理逻辑,即公共管理的理论与实践以公共服务组织(主要是政府)作为关注的核心内容,以公共服务组织(主要是政府)作为分析讨论公共管理、公共服务的基本单位和逻辑出发点。③ 在数字时代浪潮的席卷之下,社会信息和资源实现数字化,信息技术和创新需求不谋而合地推动着数字信息革命。相较于工业时代的传统政府,数字时代的政府被赋予了更多期待和使命。社会出现新的治理需求,个人和组织形成了新的生产方式和生活方式,公共服务的提供愈发多样化和个性化。

社会学家曼纽尔·卡斯特(Manuel Castells)敏锐地洞察到,在信息主义、全球化和网络化浪潮下,基于信息流、资本流、技术流等各种要素流动而建构的"流动空间"(Space of Flows)开始拓展并突破"场所空间"(Space of Places)所容纳的地方性物质组织与关系。一个广泛联结的、时空压缩的网络化社会正在崛起,并通过激活各种"流"的交互作用,驱动经济社会结构发生重大变革,成为21世纪一个非常重要的发展趋势。其中,信息技术成为重要媒介,成为促进释放要素价值、重塑社会认知与交往形式、改变组织形态的核心驱动力之一。④

因此,经典的"官僚制政府"组织需要进行升级,"将数字技术广泛应用于政

---

① 《中国共产党第十九届中央委员会第五次全体会议公报》,新华网,2020-10-29,http://www.xinhuanet.com/politics/2020-10/29/c_1126674147.htm。
② 马克斯·韦伯:《经济·社会·宗教》,上海社会科学院出版社,1997。
③ 郁建兴:《"最多跑一次"改革》,中国人民大学出版社,2019。
④ 曼纽尔·卡斯特:《网络社会:跨文化的视角》,社会科学文献出版社,2009。

府管理服务,推进政府治理流程优化、模式创新和履职能力提升,构建数字化、智能化的政府运行新形态,充分发挥数字政府建设对数字经济、数字社会、数字生态的引领作用,促进经济社会高质量发展。"[1]通过数字技术、体制机制、组织结构的变革,推动传统的管理型政府向"以人民为中心"的敏捷型政府和服务型政府转变,全面提升数字政府的履职效能。应用数字技术促进政府数字化转型包含五个方面:整体协同、敏捷高效、智能精准、开放透明、公平普惠。[2]

第一,构建整体协同的数字政府。数字时代政府强调整体设计理念,要求通过机制设计,不断打通部门间壁垒,吸纳多主体力量,实现更高层次协同。一方面,数字时代政府建设的一个重要目标就是打破以往条块分割模式,建成上接国家、下联市县,横向到边、纵向到底的全覆盖的整体型政府,实现政府内部运作与对外服务一体化、线上线下深度融合,如建设一体化政务服务平台和数据共享交换平台、一体化大数据中心等。另一方面,数字时代政府强调治理机制的协同推进。各地政府积极搭建线上沟通平台,通过技术融合、业务融合、数据融合,实现跨层级、跨地域、跨部门、跨业务的协同管理和服务,减少科层体制带来的沟通成本。

第二,构建敏捷高效的数字政府。大数据和人工智能在极大促进经济发展和政府管理效率的同时,也在政治、经济和社会等诸方面带来前所未有的巨大风险。在数据是重要生产要素的算法时代,数据要素的所有者、生产者和管理者拥有了新型、隐形的难以控制的权力。这样的新权力形态,对传统政府、市场和社会之间的权力结构和互动模式产生了巨大冲击。作为推动政府数字化转型的一种创新治理模式,敏捷治理为数字政府建设提供了一种全新的思路,成为衡量政府治理水平与治理绩效的重要手段。有学者认为,组织环境、数据安全、数字素养、沟通平台、协同能力是敏捷赋能视角下数字政府建设的关键影响因素。[3]也有学者结合新公共管理理论、创新理论、治理理论发展出了一个包括十大要素的敏捷治理框架:维持稳定性的同时又可以保持组织灵活的灵巧组织的建立;快速动员利益相关方合

---

[1] 《国务院关于加强数字政府建设的指导意见》(国发〔2022〕14号),中国政府网,2022-06-23,http://www.gov.cn/zhengce/zhengceku/2022-06/23/content_5697299.htm。

[2] 同上。

[3] 曹海军,侯甜甜:"敏捷赋能视角下的数字政府建设:实践缘起与理论建构",《吉林大学社会科学学报》,2021(06):170—178。

作的能力;跨部门合作;自我组织能力和组织的培养;复杂性的分解;灵活的基础设施;拥抱变化;充分沟通;信息的开放与共享;容错的组织学习。[①] 对于后疫情时代提升数字政府治理体系和治理能力具有重要的理论和实践意义。

第三,构建智能精准的数字政府。智能是 DT 时代的核心,人工智能在算力、算法和数据这三大核心要素的驱动下,将成为推动数字政府的主要动力之一。算力、算法、数据三要素紧密结合,能够实现数据资源智能化变现。可以这样来理解三者的关系:数据是输入的生产资料,算法是处理数据资源的方法,算力则是实现算法的能力。海量数据需要强大的算力进行处理,当前以云计算、边缘计算等为代表的计算技术,为高效、准确、安全地进行大数据分析提供了有力支撑。然而,简单的数据与算力配合仍旧难以发挥出数据真正的价值。要真正发现数据洞见,还需要有好的处理方法,这就需要先进的算法。以机器学习、机理模型等为代表的算法技术,能够为使用者提供智能决策支撑和智能化分析。大量的数据为智能学习算法提供了"学习资料";复杂的计算在业务中倒逼算力的提升;算力的增加保障了高阶算法得以实现,提供了速度更快容量更大的数据处理能力;算法的演进升级可以提升效率,节约算力。"数据+算力+算法"组成"智能三螺旋",成为驱动数字政府转型的关键力量。[②]

第四,构建开放透明的数字政府。相对来说,政府的运行模式"自成体系",可形成业务、管理、服务的自循环。但是,在开源运动的影响下,开放政府的理念已经超越了信息公开和知情权的范畴,更加强调在开放数据基础上的参与和协作。政府开放数据给社会,供其进行开发和协作创新,正是政府构建开放透明的数字政府的核心目标。开源运动的效用追求与开放政府的透明协作融汇并列,成为政府数据开发的重要源泉。[③] 党的十九大报告提出要"打造共建共治共享的社会治理格局","加强社会治理制度建设,完善党委领导、政府负责、社会协同、公众参与、法治保障的社会治理体制。"[④]这说明,现代政府治理需要政府与

---

① 于文轩:"奔跑的大象:超特大城市的敏捷治理",《学海》,2022(01):139—149。
② 张建锋:《数字政府 2.0:数据智能助力治理现代化》,中信出版集团,2019。
③ 郑磊:《开放的数林:政府数据开放的中国故事》,上海人民出版社,2018。
④ 《决胜全面建成小康社会 夺取新时代中国特色社会主义伟大胜利——在中国共产党第十九次全国代表大会上的报告》,中国政府网,2017-10-27,http://www.gov.cn/zhuanti/2017-10-27/content_5234876.htm。

企业、社会和公众形成治理合力。调动各方面积极因素共同参与社会治理，是与互联网的生态化思想相契合的。为实现这一目标，政府正好可以通过平台、开放的方式整合全社会的创新和服务力量，培育数字政府创新生态体系，转变简单的服务与被服务、管理与被管理的关系，逐步形成共建共治共享的社会治理格局。

第五，构建公平普惠的数字政府。围绕"以人民满意"的服务型政府建设，在各类民生服务领域全面推广大数据应用，利用大数据洞察民生需求，促进形成公平普惠、便捷高效的民生服务体系，不断满足人民群众日益增长的个性化、多样化需求。[①] 同时，要深入实施信息惠民工程，全面开展"互联网＋政务服务"，大力推进政务服务"一号申请、一窗受理、一网通办"，构建方便快捷、公平普惠、优质高效的政务服务信息体系，简化群众办事环节，让信息多跑路、群众少跑腿。全面推进政务信息公开，加强政民互动交流，建立政府同群众交流沟通的互联网平台，推动各级政府部门通过互联网了解群众，贴近群众，为群众排忧解难。基于互联网建立发扬人民民主、接受民主监督的新渠道，促进政府公共服务"一站式"网上办理及行政权力全流程监督。

专栏1-1

2022年1月，浙江成为全国唯一的"大综合一体化"行政执法改革国家试点。金华市婺城区是浙江省首批"大综合一体化"行政执法改革试点区县，承担着改革破题的重任。婺城区纪委将数字化、智慧化、系统化理念运用到"大综合一体化"行政执法监督工作，通过借助大数据技术，以行政执法相关数据为基础，围绕高频次、高金额、高自由裁量、高投诉等"四高"行权事项建立监督模型，构建"事""人""权"层层深入、系统全面的问题预警处置体系，精准研判发现深层次的隐蔽廉政问题，进而实现对全体行政执法干部职工的持续震慑警醒作用。

---

① 《国务院关于印发促进大数据发展行动纲要的通知》，中国政府网，2015-09-05，http://www.gov.cn/zhengce/content/2015-09/05/content_10137.htm。

1. 全面梳理执法事项，找准廉政风险点。围绕2117项行政执法事项，逐个标注法律依据、职责边界、实施范围等要素，形成执法事项清单，打好问题对照判定基础。围绕近三年20余万件行政执法案件，全面梳理每起案件行权轨迹，关联标记到具体人，形成行权轨迹数据，打好问题倒查溯源基础。深度分析近三年的问责案例、群众投诉举报以及行政复议、诉讼案件，形成廉政风险清单，细化为高频次、高金额、高自由裁量、高投诉等"四高"执法事项清单，将廉政风险点与具体执法案件关联，最终确定占案件总数95%的"四高"事项作为监督事项，为进一步开展精准监督锁定了重点。

2. 全量归集行权数据，搭建三大数据库。坚持"全量归集、按需调用"理念，搭建权力行使主题库、辅助验证主题库、监察对象库等三大数据库。权力行使主题库归集执法业务数据，共3660万余条；辅助验证主题库归集来自15家单位18个系统的数据，共8070万余条；监察对象库归集所有参与执法的监察对象基本信息约300人。同时，三大数据库严格按照"最小颗粒度"的要求，通过数据清洗技术形成标准化、可量化、可识别的数据，推动监督工作从"业务驱动"转变为"数据驱动"。

3. 全程校验规则，螺旋式迭代模型。聚焦44个"四高"事项中的59个具体廉政风险点，逐一分析违纪违法行为的表现形式，对应建立预警规则和监督模型。建立"预警—核查验证—完善模型"工作机制，先后开展5轮预警数据测试，核查问题200余个，校准规则30余条次，并在全市层面进行2轮测试验证和修订工作，进一步提高模型和规则的精准度。

4. 全景图谱关联，由表及里挖掘问题线索。监督平台将预警问题关联穿透到具体经办人、所属执法中队、分管班子领导等三个层级，通过问题叠加分析，锁定高危廉政风险的执法主体。设置预警规则，筛选甄别预警问题集中、审批频率异常等高危廉政风险的执法对象。同时，通过图谱关联手段，与廉政档案、工商登记、社保缴纳等数据综合分析，深挖案件背后的优亲厚友等问题，为案件查办提供精准指向。

> 5. 全线闭环处置,推动监督流程再造。制定监督平台运行规定、预警处置试行规定,按照分层分级的原则,形成预警、交办、核查、反馈、监督全流程处置闭环。红色预警按照干部管理权限,由室、组、地分别处置,其他预警分别由司法局、综合行政执法局根据职能负责处置,所有处置情况均需纪检监察组织监督确认。
>
> "大综合一体化"行政执法大数据监督应用平台运行以来,取得了良好的监督效益、社会效益和改革效益。《中国纪检监察报》《浙江新闻联播》《今日浙江》先后报道、刊发了婺城的经验做法。突出体现在:
>
> 突出预警预防、及时精准,持续放大监督质效。监督平台克服了以往监督模式弊端,凸显了全流程、全时空监督特点,发挥了及时精准的监督优势,实现抓早抓小、预警预防的良好效果。运行以来,累计运用第一种形态149人次,及时阻断了一批苗头性、倾向性问题。特别是针对执法中队暴露出的共性问题,举一反三开展全区182个基层站所"四检视四整治四提升"专项行动,已纠治相关问题455个,追责问责135人,其中立案查处12起14人,持续放大了监督治理效能。
>
> 多跨协同推动管党治党责任落实。在区委的统一领导和指挥下,监督平台调动纪委等3个机关部门、18个乡镇(街道)资源力量,变单一孤立、重复多头为整体联动、上下协同、步调一致,形成区领导、单位主要负责人、责任科室、责任人四级贯通的责任共同体。在各方协同共治下,去年以来的4.2万余件案件做到行政争议"零"信访、行政行为"零"纠错、行政诉讼"零"败诉。
>
> 资料来源:浙江省金华市婺城区纪委。

二、数字治理现代化的机遇与挑战

全球范围内第四次工业革命浪潮扑面而来之际,恰逢我国处于推进治理现代化的全面深化改革期。国家治理体系和治理能力现代化,是中国共产党领导的继农业、工业、国防和科技现代化之后的"第五个现代化"。"第五个现代化"是非物质层面的国家治理制度、体制和机制的现代化。进入数字时代,政府数字化转型成为国家治理现代化的必由之路。国家治理的理念、制度和技术体系迫切需要数字化再造,而科技革新为政府数字化转型提供了重要的驱动力,进而推动着治理的体制机制、组织形态和技术体系的变革。当前学界从不同角度探讨了数字治理现代化的机遇与挑战。

第一,现阶段我国存在数字治理现代化的政策之窗(Policy Windows)。党中央和国务院高度重视大数据、人工智能、区块链等新兴技术与治理现代化的关系,在国家层面形成多项顶层设计以推进政府治理、经济治理和社会治理数字化转型,尤其强调数字技术对于政务公开、公共服务、政府监管等各方面的重要价值。2022年6月,国务院发布的里程碑式政策《关于加强数字政府建设的指导意见》明确指出,加强数字政府建设是适应新一轮科技革命和产业变革趋势、引领驱动数字经济发展和数字社会建设、营造良好数字生态、加快数字化发展的必然要求,是建设网络强国、数字中国的基础性和先导性工程,是创新政府治理理念和方式、形成数字治理新格局、推进国家治理体系和治理能力现代化的重要举措。[①] 2023年2月,中共中央、国务院印发的《数字中国建设整体布局规划》指出,建设数字中国是数字时代推进中国式现代化的重要引擎,是构筑国家竞争新优势的有力支撑。全面提升数字中国建设的整体性、系统性、协同性,促进数字经济和实体经济深度融合,以数字化驱动生产生活和治理方式变革,为以中国式现代化全面推进中华民族伟大复兴注入强大动力。[②]

第二,数据是重要生产要素,也是第四次工业革命的关键战略性资源。在数字化时代,大数据驱动治理转型应运而生,反映着以新兴技术推动国家治理网络化、数字化和智能化的趋势和努力。一方面,基于大数据的数字政府应用提升了政府的数字治理能力,丰富了政府治理技术工具箱,是改善政府质量的必要条件。另一方面,数字和智能技术应用于治理现代化存在着丰富的内涵和应用场景。2017年12月,习近平总书记在中共中央政治局就实施国家大数据战略进行第二次集体学习时强调,要运用大数据提升国家治理现代化水平。要建立健

---

① 《国务院关于加强数字政府建设的指导意见》(国发〔2022〕14号),中国政府网,2022-06-23,http://www.gov.cn/zhengce/zhengceku/2022-06/23/content_5697299.htm。

② "中共中央 国务院印发《数字中国建设整体布局规划》",新华社,2023-02-27,http://www.gov.cn/zhengce/2023-02/27/content_5743484.htm。

全大数据辅助科学决策和社会治理的机制,推进政府管理和社会治理模式创新,实现政府决策科学化、社会治理精准化、公共服务高效化;要以推行电子政务、建设智慧城市等为抓手,以数据集中和共享为途径,推动技术融合、业务融合、数据融合,打通信息壁垒,形成覆盖全国、统筹利用、统一接入的数据共享大平台,构建全国信息资源共享体系,实现跨层级、跨地域、跨系统、跨部门、跨业务的协同管理和服务;要运用大数据促进保障和改善民生,推进教育、就业、社保、医药卫生、住房、交通等领域大数据普及应用。① 这充分说明了应用大数据创新国家治理的丰富内涵和全景图式。与此同时,2017 年,国务院发布《关于印发新一代人工智能发展规划的通知》,对人工智能技术带动产业升级和经济转型、改善民生和建设智能社会等提出了战略目标和实施路径。②

第三,政府数字治理现代化转型是信息技术驱动政府改革的新阶段。20 世纪 90 年代以来,我国政府改革经历了办公自动化、政务电子化、政务移动化三个阶段,逐步迈入数字政府建设阶段。③ 我国政府从 20 世纪 90 年代启动电子政务系统建设,90 年代注重自动办公系统和政府信息化系统的建立,21 世纪初强调政府上网工程普及政府门户网站,2010 年以来进入政务移动化阶段,在全国范围内建设一体化网上服务平台、网络问政平台,以及包括微博、微信在内的移动政务平台。2015 年以来,我国逐渐在政府信息化工程基础上推进数字政府建设,强调利用数字技术推进政务服务、政府监管、决策支撑和政治传播,进而构建政府主导、社会协同、公众参与的新型治理模式。

第四,数字治理现代化转型给政府治理带来的挑战。首先是政府的数据治理能力。政府数据治理不是一个单纯的技术问题,兼具政策、管理和技术三重属性,与治理体系和治理能力的现代化关系密切,需要注重系统性、整体性、协同性,也应该与单纯的政府数据资源管理有所区别。当前,公共部门掌握的数据体量虽然很大,但数据治理水平总体上还处于初级阶段。数据资源管理体制机制

---

① 习近平:"实施国家大数据战略 加快建设数字中国",人民网,2017-12-09,http://jhsjk.people.cn/article/29696290。

② 《国务院关于印发新一代人工智能发展规划的通知》(国发〔2017〕35 号),中国政府网,2017-07-20,http://www.gov.cn/zhengce/content/2017-07/20/content_5211996.htm。

③ 戴长征,鲍静:"数字政府治理——基于社会形态演变进程的考察",《中国行政管理》,2017(09):21—27。

远未建立，数据治理体系和治理能力现代化还在探索中，数据质量得不到长久保障。其次是数字治理能力与公共价值共创。数字化转型创新公共价值旨在利用数字技术提升政府创造公共价值的能力，以满足公众对政府能力的期望。依靠由不同政府角色组成的数字政府生态系统，包括非政府组织、企业和公众，政府应用数字技术进行角色间交换，支持数据、服务、内容的生产和访问，以创建公共价值。数字治理能力和数字技术通过公共价值得以推广和创新，避免陷入人类与科技不能共存的二元对立思维。最后是数字治理现代化要形成包容性发展。数字化转型的深入推进，目的是改善公众参与，旨在利用数字技术改变政府与公众、企业和其他非政府行为者之间的关系，以增进公共服务供给系统的可得性，提高便利性和有效性，让公众参与政治和民政事务。数字治理的发展要防止"数字鸿沟"和"数字歧视"，避免制造数字时代新的不平等现象。

关键术语

第四次工业革命 以智能制造为主导的新一轮技术革命，它建基于前三次工业革命的知识系统，同时又以信息通信技术、网络空间虚拟系统、信息物理系统、生物技术等新兴技术集群优势，推动了制造业的智能化转型，实现了数字空间、物理空间和生物空间的深度融合。

官僚制政府 以"政治—行政"二分为基础，以韦伯的科层制理论、泰勒的科学管理理论为原则，强调公共行政的专门化、技术化、非人格化，以及层级制的权力体系。

专栏 1-2　故宫博物院实行全部网络购票

以为观众提供舒适、安全的参观体验环境，有效防范踩踏事故发生为根本目标，以取消现场售票、全部网络购票、实名制购票、分时段控制观众流量为基本手段，2017年"十一"小长假期间，故宫博物院首次实现全网络售票。10月2日，凌晨1点38分，全天8万张门票就已经在网上售出。开门迎接观众之前,故宫博物院端门广场的大屏幕就显示了8万张门票售罄的信息。10月2日下午1:55,10月3日的8万张门票也已全部在网上售出。自2017年10月10日起,故宫博物院正式迈入"博物馆全网售票"时代。

六年来,故宫博物院通过推进实施"网络实名制售票""每日限流8万人次""扩大开放分流观众",以及在展览和文化创意领域的不断推陈,逐步提升博物馆的精细化管理水平。今年暑期和国庆节长假期间,故宫博物院对全网售票各项措施进行了试验性的全面检测和实践,均取得了初步实质性成果。

单霁翔还表示,未来故宫博物院将进一步加强精细化管理,基于大数据分析,计划明年试行分时段售票,届时观众可以选择当天的某个具体时段入院,避免出现"上午门庭若市,下午门可罗雀"的场面,给观众营造更加美好的文化空间和参观体验。因全网售票而面临"闲置"的端门售票区将以"让收藏在禁宫里的文物活起来"为宗旨,探索以适当形式继续服务于广大观众和社会公众。

资料来源:故宫公告,https://www.dpm.org.cn/announce_detail/246244.html。

专栏1-3 故宫取消线下售票?数字化之路,记得为老年人留一条"慢行道"

近期,有网友反映北京故宫博物院只能通过网络预约门票,对不熟悉网络购票的老年人而言难以操作。同样,近日上海一位老人也因使用"不能上网""不能移动支付"的"老年机"无法购买电影票,最终只能失望而归。两则事件迅速成为网络热议话题,人们又一次发问:数字化时代下,老年人究竟如何跨越"数字鸿沟"?

近年来,各式各样的新业态、新技术不断刷新着人们的生活方式,为大众带来了高效便捷的生活体验,但当我们在数字化的道路上一路"狂飙"时,老年人的需求却被越来越多领域忽视,甚至让小小的一台智能机成了阻碍老年人正常生活的"拦路虎"。

> 为进一步推动解决老年人遇到的困难,国务院 2020 年印发了《关于切实解决老年人运用智能技术困难的实施方案》,全国老龄办也印发通知提出开展"智慧助老"行动,让老年人更好共享信息化的发展成果。两年多来,各地在推进适老化改造、信息无障碍等方面进行了有益探索。但也必须看到,与老年人对美好生活的需求和建设老年友好型社会的目标相比,我们仍任重道远。
>
> 事实上,许多老年人屡屡遭遇新技术、新应用困境,不是因为其自身固执守旧、抗拒新事物。究其原因,一方面是生长于文字阅读时代的他们,思维世界与"互联网原住民"们有着本质区别,在理解数字化时代应用上存在不小差距。另一方面,随着年龄增加,老年人的身体机能逐步下降,视觉、听觉、思维逻辑能力会渐渐弱化,对于新事物接受能力相对减弱。成熟的现代化社会,应是扶老携幼、多元包容的和谐社会。在一个崇尚孝道、尊老爱幼的礼仪国度,老年人的合理需求理应得到更多重视和满足。
>
> 数字化是老年人的可选项,但不应是强制项。数字技术发展的大势不可阻挡,我们需要为老年人留下一条"慢行道"。对于社会管理者与各行各业的开发者而言,政策与技术的发布理应考虑多元需求。餐厅保留纸质点菜单、医院保留人工挂号处、自动售卖机保留现金支付功能……适当保留"传统路径",留住的是对老年人的关爱与温情,开辟的是一条更具人文气息的数字化道路。
>
> 资料来源:邰思聪、田晨旭:"故宫取消线下售票?数字化之路,记得为老年人留一条'慢行道'",http://www.banyuetan.org/jrt/detail/20230224/1000200033134991677162342325018152_1.html。

问题讨论

1. 马克思主义的科学技术观对第四次工业革命的指导和启示意义是什么?
2. 第四次工业革命分别对全球治理和国家治理产生了什么影响?
3. 官僚制政府与数字政府的区别是什么?
4. 我国建设数字政府的具体内涵包括哪几方面?
5. 请举例说明数字治理现代化的机遇和挑战分别是什么?

第二章 数字公共治理的概念与构成

> 焦点问题：
> - 如何理解数字公共治理？
> - 数字公共治理的不同要素和特征有哪些？
> - 如何掌握数字生态下的公共治理？

从电子政务到数字政府，再到数字公共治理，数字化极大地改变了治理理念与治理方式。通过数字技术与数据应用赋能，促进多元主体的交互，实现了治理向"平台化""智能化"的转变。其中，技术、结构与职能三个维度构成了数字公共治理完整的解释框架，三者相互作用并共同促进，通过推动数字化变革实现治理现代化的目标。掌握数字公共治理的概念与构成，对理解数字公共治理的理论、体系构建与应用具有重要作用。

第一节 什么是数字公共治理

一、数字公共治理的概念界定

世界各国政府的数字化进程正在不断推进。互联网、社交媒体、移动技术和设备以及人工智能等技术领域的快速发展，为各国政府提供了广泛的创新机会，从根本上改变了其核心职能、组织结构、业务流程以及与外部利益相关者的互动，包括与公民、企业和社会组织的关系。此外，特别是智能技术等先进技术的发展创造了大量数据,这进一步增加了数字时代各国政府可利用的巨大再创造潜力。

各国政府正在抓住数字时代的种种机遇。许多人认为,与过去的纸质政府相比,数字政府将是革命性的,是一种全新的政府形式。在这方面,一些学者和实践者提到了新的"政府2.0"甚至是"政府3.0"模式。这种根本性的变革似乎也是社会对政府的期望,即在数字时代不落后。[①] 自20世纪70年代之后,数字技术的不断发展加速了信息时代的到来,数字革命也影响到了社会运行的每个角落,其在重塑着社会文化的同时也对传统政府治理形态的有效性提出了挑战。

数字政府形态的演进大致可以划分为三个阶段,即从政府信息化到电子政务再到数字政府。需要指出的是,不同阶段的数字政府形态在内核上并无明显差异,其本质均是政府对科学技术的运用,区别只体现在技术的发展高度以及治理与技术的融合深度上。互联网的普遍接入、大数据的产生以及人工智能的发展为数字政府向更高形态的演进提供了技术支持,而技术与治理的融合也在不断深化,从政府内部的信息化到政府对数据的运用,再到数据的开放与共享,数字公共治理逐渐形成。

数字公共治理是一个仍在发展中的研究领域。尽管目前有充分的理由将这一新兴领域作为一个单独的研究领域,但随着时间的推移,可能会看到数字公共治理成为政府的一个完全整合的部分。这与历史上其他有影响力的技术发展相似,在这些发展中,新技术最初需要单独进行学术研究,以便在社会中定位。这正是目前在数字政府背景下对待数字技术和数据的方式。数字公共治理的概念仍在发展,本书对其定义为:数字公共治理是指公共治理主体在公共事务治理过程中,积极运用现代数字技术和系统方法,有效地识别、发现、回应公共治理问题的治理形态,具体而言,主要是以公共管理理论为基础,以数据科学、算法技术和智能手段为工具,以党委、政府、市场、社会等多个行为者为公共治理主体,通过重塑治理规则、重构治理机制、推动国家治理体系和治理能力现代化,从而逐渐在经济调节、市场监管、社会治理、公共服务以及生态环境保护等关键领域形成

---

① Ines Mergel, *Social Media in the Public Sector: A Guide to Participation, Collaboration and Transparency in the Networked World*, San Francisco: Jossey-Bass, 2012.

善治,最终形成领导有方、政府有为、市场有效、社会有序的新型治理形态。

首先,公共数据是数字公共治理的关键要素。公共数据指涉及公共信息的数据,通常由公共部门按照职能依法归纳整理,服务于公共利益,主要包括公共交通数据、人口数据、卫生服务数据等。2020年3月30日,中共中央、国务院发布了《关于构建更加完善的要素市场化配置体制机制的意见》,明确将数据资源作为市场要素的重要组成部分,提出要加快培育数据要素市场,有序推进政府公共数据的开放和有效流动,逐步建立起公共数据的市场化价格机制。[①] 公共数据有序开放,是实现数字公共治理的重要步骤。

其次,多元主体是数字公共治理的核心特征。数字公共治理的定义中明确了治理主体的多样性,党委、政府、企业、公民以及各种社会组织都是数字公共治理的主体,各主体各司其职、相互配合,才能构成完整的数字公共治理体系。政府在运用数字化工具提高行政效率和治理效能的同时,应当发挥数字公共治理的主导者地位,做好牵头和调动工作,鼓励多元主体积极参与公共事务。企业和治理平台是数字公共治理的重要力量,应当不断开发新兴技术,做好监督管理。人民群众的积极反馈是提高数字公共治理效能的有效手段,作为公共服务的对象,公民能够从不同角度提出意见,从而提高公共治理水平。社会组织可以以承包公共服务的形式参与公共事务,借助专业力量和技术手段,将数字公共治理向纵深推进。

最后,公共管理理论是数字公共治理的理论基础。数字公共治理是公共管理的历史反思和时代回应。后新公共管理时代,为纠正新公共管理运动导致的碎片化和效率至上等弊端,涌现出公共价值管理、网络化治理、整体性治理等理论派系,为数字公共治理提供了丰富的思想养分。与此同时,数字时代也无可避免地产生了新的治理难题,诸如技术风险、数据安全、政策失灵以及价值关怀失落等。值此背景下,公共管理理论从智慧政府理论、敏捷政府理论、透明政府理论、开放政府理论、服务型政府理论、数字鸿沟理论、数字公民身份理论、治理理论、协同理论以及复合型公共管理理论等不同理论视角积极探索新的回应模式,以应对此类治理难题,实现数字时代的有效治理。

---

① 廖福崇:"数字治理体系建设:要素、特征与生成机制",《行政管理改革》,2022(07):84—92。

二、数字公共治理的相关概念辨析

随着数字治理研究热潮的出现,一些表达政府数字化转型特征的概念术语也不断涌现,例如,数字社会、数字经济与数字政府;电子政务、数字管理与数字民主。

(一) 数字社会、数字经济与数字政府

数字政府并非在真空中运作,而是与社会的其他部分,尤其是与新兴的数字经济和数字社会相互交织和影响。政府积极促进数字产业化和产业数字化等数字经济的发展,而数字经济的发展反之又为数字政府提供了先进设备。其次,数字政府还直接或间接影响着社会,例如在税收、社会服务、教育、卫生、交通和环境等领域提供数字政府服务,以及在隐私、版权和知识产权等领域实施干预和监管,而社会对于便捷政府服务的需求则为数字政府建设施加了动力。

虽然各级政府已经或正在打造成为数字政府,但数字政府方案往往是在国家一级制定和统筹的。许多国家都有专门的计划来促进数字政府,同时也建立和发展其数字经济和数字社会。例如,泰国设立了数字经济和社会部,其任务是发展和促进泰国的数字经济和数字社会,以提高国家竞争力,增进人民的福祉。

(二) 电子政务、数字管理与数字民主

数字公共治理也并非是凭空而来的,而是随着数字技术的发展而衍生的概念。在此主要讨论三个极为相似却又彼此区别的概念,以帮助加深对数字公共治理的理解。电子政务的概念起源于1993年美国发布的《运用信息技术再造政府》,旨在改变政府传统的工作模式,将信息技术与政府工作相结合,提高内部行政效率。[1] 2000年,国务院将"电子政务"正式纳入"十五"计划中,拉开了中国电子政务的发展序幕,之后各级各类政府网站相继建立,在规划设计、内容建设、功

---

[1] 孟庆国:"数字化转型中政府治理的机遇与挑战",《山东经济战略研究》,2020(10):58—59。

能性等各个方面都取得了重大突破。① 电子政务的发展体现了政府提高效率、降低行政成本的管理目标。但政府此时仅仅将数字技术视为提高政府效率的工具，而忽视了数字治理时代的本质。数字管理伴随着强调公民满意度的理念与信息技术的发展不断融合而出现，更加强调以人民为中心的思想，以提供用户满意的公共服务为目标，以提高用户体验为路径，不断增强政府的公共服务供给能力。建设法治政府、透明政府和服务型政府是数字管理的基本要求。在智能社会的背景下，人们参与政治生活的意识也更加强烈，要求政府扩宽公民的参政渠道，以帮助公民快速、便捷地参与到政府决策和对政府的监督中来。在"自下而上、民主参与"的公共治理理论发展背景下，治理民主也应运而生，政府不再作为唯一的治理主体，而是鼓励公民参与公共事务，以"公民需求"代替"政府供给"。总而言之，从电子政务到数字管理再到数字民主，每个阶段都有着各自的侧重点，其内涵却又一脉相承、不断丰富。

表 2-1 电子政务、数字管理与数字民主概念

	电子政务	数字管理	数字民主
理论阶段	传统公共行政	新公共管理	公共治理
内容侧重点	政府内部管理	提供公共服务	公民参与治理
目标侧重点	效率、成本	服务、公民满意度	善治

三、数字公共治理的特征

（一）数字的面相

数字，对应的英文是 digital，其词根是 digit，来源于拉丁语 digitus，指的是手指，也可以称为人类最早的计数工具。数字的本质是人类用来实现对所获得数据的一种处理工具，通过数字形式对数据进行加工和处理，从而找到相关的规律来认识世界。计算机的出现使人们可以高效地处理各种数据信息。目前数字

---

① 杨述明："数字政府治理：智能社会背景下政府再造的必然选择"，《社会科学动态》，2020(11)：25—34。

经济、数字技术中的"数字",特指计算机可以识别和处理的二进制数字,其本质是利用信号来存储、传输和处理数据。数字技术已经渗透到人们日常生活的方方面面,深刻地改变了人们沟通、工作、娱乐、学习、经营企业以及与政府互动的方式。然而,数据本身没有价值,它们只是达到目的的一种手段,其价值就在于对它们的使用[①]。由于数据的使用可能会发生变化,并且可能在数据被收集后很长时间内发生,或者用于不同于最初收集数据的目的,数据的价值可能在第一时间并不明显。因此,数据的价值会因语境、使用者、使用方式、社会关系和使用时间的不同而大不相同。

在数字治理的早期,许多学者和实践者的注意力主要集中在数字治理的"数字化"方面。最初,数字治理倡议的重点可以解释为20世纪90年代初期围绕着因特网的引入而产生的高度期望,例如,人们预计因特网的技术能力不仅会导致新的创新型政府和民主,而且还会以一种从根本上精简官僚机构的方式重新设计政府,使政府能够更好地满足公民的个人需要。

在数字治理的背景下,数字技术和数据构成了复杂的社会技术集合的关键部分。除了数字技术和数据之外,这些社会技术集合还包括公民和社区、用户和利益相关者、政府组织和机构、政治领导、公共部门规范和价值观、民主和道德安排、法律和监管安排、预算、政策、过程和程序、知识和经验的形式以及实践和活动。如果想要理解和解释数字技术和数据是如何在数字治理及其与公民的关系的背景下被引入、管理和使用的,需要关注整个社会技术集合,而不仅仅是数字技术或数据本身。

(二)治理的面相

"治理"一词早已有之,其英文"governance"源于拉丁文和古希腊文,原意为控制、引导与操纵。在英文中,"governance"与"government"被视为同义词,经常被交叉使用,均用于与"国家公务"相关的宪法或法律的执行活动。但20世纪90年代以来,西方政治学家和经济学家等赋予了"governance"一词新的内涵和用途,并使其最终发展成为一种独立的思想流派,形成了一整套独特的思想体

[①] Christine L. Borgman: *Big Data, Little Data, No Data: Scholarship in the Networked World*, Cambridge: Massachusetts Institute of Technology Press. 2015.

系。治理理论的创始人詹姆斯·罗西瑙(James N. Rosenau)把"治理"定义为:"一系列活动领域里的管理机制,他们虽未得到正式授权,却能有效发挥作用。与统治不同,治理指的是一种由共同的目标支持的活动,这些管理活动的主体也未必是政府,也无须依靠国家的强制力量来实现。"① 随后,全球治理委员会给出了治理所具有的四个特征:①治理不是一套规则,或一种活动,而是一个过程;②治理过程的基础不是控制,而是协调;③治理的范围既涉及公共部门,也包括私人部门;④治理不是一种正式的制度,而是持续的互动。因此,从治理理论的角度出发,政府不再是唯一的公共管理主体,不同的参与者均拥有了社会治理的权力,目前将"治理"界定为"多主体、多中心共同管理"已得到普遍认同。②

从治理视角来看,数字公共治理的主体不仅仅是政府,还包括参与数字政府流程和活动的更广泛网络,如公民、社区、私人部门、社会组织等。③ 数字公共治理不关注政府作为一个实体的内容,而是关注多个利益相关者的相互合作和交流;强调多方协作和在多个利益相关者之间的数字治理的协同设计;关注横向层面的多元主体数字治理,而非纵向层面的传统政府。

第二节 数字公共治理的基本要素

基于数字公共治理的概念,可以梳理得出数字公共治理的基本要素包括:治理主体、治理理念、治理手段、治理对象和治理评价。④

一、治理主体

传统公共管理中的主体较为单一,在我国语境下主要指各级党委和政府。

---

① 詹姆斯·N. 罗西瑙:《没有政府的治理》,江西人民出版社,2001。
② 郑钧蔚:"社会治理理论的基本内涵及主要内容",《才智》,2015(05):262。
③ Miriam Lips: "E-government is Dead: Long Live Networked Governance: Fixing System Errors in the New Zealand Public Management System", in *Future State: Directions for Public Management in New Zealand*. Wellington: Victoria University of Wellington, 2011.
④ 李韬、冯贺霞:"数字治理的多维视角、科学内涵与基本要素",《社会科学文摘》,2022(07):5—7。

数字化条件下的治理日益呈现出多元主体协同共治的格局,其治理主体应当包括党委、公民、企业、社会组织等,强调各主体相互合作,共同参与到公共事务的治理中来[①]。首先,党委要发挥领导核心作用,纵览全局,确保数字公共治理的正确方向,协调各方,实现数字公共治理资源的优化配置。第二,政府应当发挥主导作用,转变治理理念与职能,设置牵头单位和职能部门,适应数字时代的治理要求,扩宽各主体参与治理的渠道;同时,由于数字时代信息传播的广泛性和敏捷性,政府应当颁布相关政策和法律法规,为各参与主体守好参与红线。第三,公民作为数字公共治理的主要主体,是政务服务的"客户",是数字服务平台的使用者和评价者,应当积极参与到公共事务的治理中,敢于发声,坚守原则,有效反馈,推动我国治理能力和治理体系的现代化。第四,更好地发挥互联网平台或企业在数字治理中的主体责任,数字公共治理的治理依托就是互联网平台,平台应当不断进行技术更新,提高数字时代应对风险的能力。同时,平台要提高监管能力,承担起对平台参与者的主体责任,坚决执行政府相关政策和法律法规,通过准入机制、信用机制、退出机制等强化监管。第五,充分发挥社会组织和国际组织参与数字公共治理的协同作用,加强与社会组织的良性互动。政府可以通过向社会组织购买服务或者合同外包等形式,借助社会力量,提高数字治理效能。

二、治理理念

数字公共治理应当突出"共治"理念,遵循以人为本、公平正义、合作共享的治理理念。以人为本的理念指的是在数字公共治理的过程中要以人为出发点和中心,摒弃将数字技术仅仅作为工具的观念,将数字与公民参与相结合,政府工作要围绕着激发和调度人的主动性、积极性、创造性而展开。亚当·斯密(Adam Smith)指出,公平正义就像支撑整个人类社会大厦的主梁,这一主梁一松动,那么人类这一雄伟巨大的大厦就会在顷刻间彻底崩溃。公平正义向来都是各国政府的不懈追求,同样也是我国新发展阶段、新发展格局中需要正视的问

[①] 廖福崇:"数字治理体系建设:要素、特征与生成机制",《行政管理改革》,2022(07):84—92。

题,在数字公共治理时代,遵循公平正义的理念主要体现为两个方面:一是保证全体公民的参与公平,享有同等参与社会治理的发言权,增强人民群众的"主人翁"意识;二是享有同等的监督权,政府应当保证信息公开透明,在大数据时代接受广大公民的监督。最后,数字治理必须遵循合作共享的治理理念,其包括两层含义:一是合作,社会各治理主体应当共同参与公共事务的治理,发挥各自的特殊地位参与数字公共治理,相互配合,合作共赢;二是共享,数字公共治理的基础和前提是信息公开,在治理的过程中,必须保证政府政策、治理主体、治理程序以及治理效果的公开透明。

三、治理手段

治理手段包括治理方式和治理技术。数字公共治理要求政府在治理方式和技术上充分利用信息技术提升治理水平和治理能力。在治理方式方面,应当刚柔并济,充分发挥法律约束与文化引导的双重作用。具体而言,一方面政府应当颁布与数字公共治理时代相适应的法律法规,弥补"监管空白";另一方面数字治理问题归根到底是人的思想问题,政府应当重视文化、伦理,加强文化和伦理建设。另外,数字公共治理的治理技术表现为数据型、网络型与智慧型数字技术在政府治理体系中的应用。[1] 数据型数字技术指的是将传统政务工作中的政府信息与工作环境进行数据化转化,构建"无纸化"工作环境。网络型数字技术强调的是依托互联网的平台,各治理主体得以进行信息的交流和互动。智慧型数字技术是利用大数据和人工智能等新兴智能技术,对海量数据进行深层次挖掘和加工,以获取对公共决策有用的信息。

四、治理对象

在数字公共治理时代的治理对象除传统的公共问题与社会需求外,新增的

---

[1] 鲍静,贾开:"数字治理体系和治理能力现代化研究:原则、框架与要素",《政治学研究》,2019(03):23—32。

社会问题与社会技术集合也需要关注。一方面,数字技术在给人类经济社会发展带来便利的同时,也不可避免地带来了挑战,信息泄露问题、行业规范问题、网络暴力问题都是这个时代的治理对象,克服这些问题需要全社会各领域的共同努力。另一方面,在数字公共治理的背景下形成了复杂的社会技术集合和复合的系统环境。数字技术和数据构成了复杂社会技术集合的关键部分但不是全部。这些都将作为数字时代的治理对象。此外,多元主体不仅仅是社会事务的治理主体,同时也是治理客体,政府的主导作用是否得到发挥,企业、公民和社会组织等治理主体是否合理地参与了社会治理都将成为数字治理的重点内容。[1]

五、治理评价

治理评价主要是通过对数字公共治理活动的运作过程及社会效果等方面进行测定,评价其实现目标的进度,发现治理过程中存在的问题,为进一步改进数字公共治理提供依据。从现实来看,合理的治理评价是推动社会治理体制创新的重要动力来源,完善数字公共治理评价制度对于健全和完善我国的社会治理体制具有重要作用。治理评价的内容应当主要包括两个部分,一是对公民的满意度进行评价,要看公民、企业和社会组织等多元主体是否自由地、公平地参与到社会治理中,其幸福感、获得感是否显著提高;二是衡量数字化的发展是否使多元主体的参与更加高效、便捷,平台的建设是否更加完善、安全,是否推进了社会治理体系和治理能力的现代化。

第三节 数字公共治理的维度

数字公共治理的维度主要围绕技术、结构与职能三个层面展开。数字技术在促进治理转型的过程中,政府内部发展进程以及政府与其他主体之间的关系

---

[1] Miriam Lips,"E-government is Dead: Long Live Public Administration 2.0", *Information Polity*, 2012.

也在发生转变。数字政府被认为是"治理理念创新＋数字技术创新＋政务流程创新＋体制机制创新"的系统性、协同式变革。[①] 技术、结构与职能分别对应数字技术、体制机制与政务流程,构成了数字公共治理的三个维度。技术、结构与职能三个维度之间存在着复杂的内生关系,在政府转型的过程中,三者相互作用并共同进化。在技术维度中,数字技术与数据应用相辅相成,数字技术与数据是数字公共治理的基础依托,但仅凭数字技术与数据不足以推动政府的数字化进程,数据应用也尤为关键;在结构维度中,政府基于数字基础设施的赋能、协同与重构从"分散化"向"平台化"转变;[②]在职能维度中,以扁平化特征为主的线上政府的出现,导致原有职能的需求降低,新兴职能应运而生,各方主体的职能边界也更加明确。此外,数字技术极有可能改变政府履职的方式,从而推动多元主体协同共治。

一、技术维度

以技术化、数字化赋能为旨趣的技术治理(含数字治理)成为国家治理的一个重要面向。[③] 数字技术作为数字公共治理的基础依托,需要与数据应用相互融合,"以数字技术创新撬动政府治理变革",[④]以数据的合理应用推动提升政务水平,通过数字技术与数据应用赋能来提升国家治理效能。

(一) 数字技术

在数字政府及其与公民的关系的背景下,数字技术和数据是社会技术建构或组成的关键部分。数字技术对于社会以及数字政府与公民关系的影响毋庸置疑,但人们对于数字技术在社会变革中的作用和贡献观点不一,主要有三个视角:技术决定论、社会决定论以及数字技术与社会的相互塑造。

[①] 郭高晶:"面向公共价值创造的数字政府建设:耦合性分析与实践逻辑",《广西社会科学》,2022(07):35—44。
[②] 黄璜:"数字政府:政策、特征与概念",《治理研究》,2020(03):6—15+2。
[③] 谭清值:"政府价值治理中的法治观及其实现",《浙江学刊》,2022(05):32—41。
[④] 王学军、陈友倩:"数字政府的公共价值创造:路径与研究进路",《公共管理评论》,2022(03):5—23。

首先，技术决定论。在技术决定论者看来，数字技术不受社会控制，其产生的影响是通过这些技术的内在能力以线性的方式预先决定的，他们将数字技术视为社会的支配力量，认为技术是变革过程中的主要参与者。然而，技术决定论存在两个主要问题：其一，它很难将技术与社会变革过程中涉及的其他因素、行为者和要素完全隔离开来，也很难在固有的技术能力和特定的社会变革结果之间建立直接的因果关系；其二，即使数字技术决定了社会变革的方向，但其结果通常与公众对这些新技术的最初期望大相径庭，例如，手机最初是用来发短信而不是打电话。技术决定论最大的局限在于将数字技术放在社会变革的解释性驱动因素的位置上。

其次，社会决定论。社会决定论者假定社会是决定变革的统治力量，用户或组织可以自由选择他们的数字"工具"来实现预期的结果。也就是说，不是技术本身，而是人们通过使用数字技术作为工具，以一种工具的方式决定社会变革的结果。社会决定论的缺陷在于，很容易将数字技术视为解决所有问题的工具。

最后，数字技术与社会的相互塑造。该观点认为数字技术和社会之间存在双向互动，因此是相互构成的，而不是中立的、相互排斥的和分离的。在这个相互塑造的生态系统中，"用户"作为数字技术的塑造者扮演着关键角色。

综上，数字化变革既不是数字技术主导的，也不是社会主导的，而是数字技术与社会的相互塑造。数字公共治理"在技术层面即政府基于数字技术以更有效率的方式分配信息"，[1]数字技术在推动治理转型和治理现代化的过程中固然重要，但不应仅关注数字技术本身，除了数字技术之外，"公民和社区、用户和利益相关者、政府组织和机构、政治领导、公共部门规范和价值观、民主和道德安排、法律和监管安排、预算、政策、过程和程序、知识和经验的形式以及实践和活动"[2]等都是社会技术集合的重要组成部分。

（二）数据应用

数字化转型的过程离不开对数字技术与数据的合理应用。廖福崇在其提出

---

[1] 黄璜："数字政府：政策、特征与概念"，《治理研究》，2020（03）：6—15+2。

[2] Miriam Lips, *Digital Government: Managing Public Sector Reform in the Digital Era*, London and New York: Routledge, 2020.

的"制度—行为"框架中分析了开放数据应用模式,该模式的特征是通过深度开发公共数据,积极采用大数据和人工智能等新型信息技术工具推动数字治理提质增效。[1] 数据的合理利用将促使数据资源本身与数据应用的主体发生转变。一方面,数据资源的真实性与开放性得以改变。传统政府为了完成指标,其数据的真实性有待考究,而数字公共治理的数据资源向真实有效、开放共享的方向发展,在多方主体的监督下,充分应用可获得的数据资源,从而提升政务公开的水平;另一方面,数据应用的主体发生了变化,由传统政府的以管理者为中心转变为数字公共治理的以服务对象为中心,[2]这在一定程度上保证了数据的有效性,使数据应用充分发挥其价值。因此,数据应用模式主要是高效利用和有序开放公共数据,充分激发企业和社会主体的创新活力,通过对信息和数据的利用提升治理效能。[3] 当前,以数据应用和数字技术为中心的应用趋向凸显,为政府创造优化现有系统和职能、提供便捷高效服务的发展机遇。[4]

二、结构维度

数字公共治理的结构维度主要表现为,数字政府由传统政府形态的科层官僚、分立式转变为扁平化的整体政府。科层制体系下,各部门之间相互独立,职责明确,容易出现"职能碎片化"与"贸易壁垒"问题,而数字政府整体型治理架构与信息传递无界化特征要求打破传统行政壁垒,由原先的"逐级传递"转变为"越级传递",优化职责体系,实现跨部门信息共享与业务协同。[5] 科层制政府与扁平化政府之间存在着不可避免的矛盾,但二者并不是对立的,线上扁平化政府在一定程度上弥补了线下科层制政府的不足。从功能角度来看,线上政府具有更

---

[1] 廖福崇:"基于'制度-行为'框架的数字治理能力生成模式研究",《湖湘论坛》,2022(02):78—93。
[2] 鲍静,范梓腾,贾开:"数字政府治理形态研究:概念辨析与层次框架",《电子政务》,2020(11):2—13。
[3] 同注①。
[4] 刘旭然:"数字化转型视角下政务服务跨域治理的特征、模式和路径——以'跨省通办'为例",《电子政务》,2022(09):112—124。
[5] 刘祺:"从数智赋能到跨界创新:数字政府的治理逻辑与路径",《社会科学文摘》,2022(07):8—10。

高的灵活性、更快的反应速度以及更强的政策执行能力;[1]从职能角度来看,组织形式扁平化促使协同合作更加敏捷高效。虽然组织机构的刚性约束很难突破,但数字政府的组织形式愈加弹性高效将成为可能。[2]

传统官僚科层制政府与数字治理都有其效度与限度。数字化转型极大地解决了传统科层制政府的弊端,有效地提升了治理效能,但其并不能取代官僚科层制。科层制有其特有的严谨性、科学性、合理性,是保持国家秩序良好运转的有效机制。短期来看,数字政府对科层制的组织结构设置不会带来颠覆性影响。但在数字化发展中,数字政府的建设将不可避免地带来一些机构的更迭变换。[3] 若以数字治理为主导,则蕴含着数字利维坦与数据牢笼的风险,若数字技术与数据处理不当,可能会导致技术专制与价值迷失,[4]不利于治理水平的提升。

数字公共治理在组织结构层面的目标,即统筹处理政府行政效能、系统算能和数据势能的关系,持续提升政府业务能力、协同能力、数据能力、互动能力,推动实现政府组织数字化转型。[5] 需要注意的是,单一的科层制或扁平化都无法适应数字公共治理的需要,数字化转型在为政府治理带来机遇、提高政府治理效率的同时,也应注意与科层制政府的相互契合。线下政府与线上政府应随着阶段、目标与实践的变化明确并不断调整各自的分工,充分发挥和利用数字化带来的优势,使数字治理更好地嵌入到科层制政府中。

三、职能维度

数字化转型加速治理过程中政府职能转变。一方面,数字公共治理需要"调

---

[1] 姜宝,曹太鑫,康伟:"数字政府驱动的基层政府组织结构变革研究——基于佛山市南海区政府的案例",《公共管理学报》,2022(02):72—81+169。
[2] 王伟玲:"中国数字政府形态演进和发展瓶颈",《行政管理改革》,2022(05):23—30。
[3] 同上。
[4] 薛金刚,庞明礼:"'互联网+'时代的大数据治理与官僚制治理:取代、竞争还是融合?——基于嵌入性的分析框架",《电子政务》,2020(04):81—90。
[5] 黄璜:"平台驱动的数字政府:能力、转型与现代化",《电子政务》,2020(07):2—30。

整职能分配结构、重组职责匹配体系、变革职权管理边界";[①]另一方面,数字政府既要求有效回应经济社会数字化转型所引发的治理挑战,也要求通过制度变革促进数字化转型以及信息社会形态朝更高阶发展,实现治理现代化。[②] 数字公共治理的职能维度主要围绕职能分配、职能结构、职能方式与职能目标四个方面展开。

第一,职能分配。在数字化驱动下,线上政府与线下政府之间不可避免地出现职责不匹配、职权边界不明确、任务分配不对称等问题。其一,以数字技术为依托、扁平化的线上政府凭借其高效率的优势,取代了线下政府的部分工作,导致职能分配结构发生变化,表现为线下政府职能需求降低,而线上政府对新兴职能的需求增加;其二,线上政府与线下政府之间缺乏明确细致的分工,容易出现职责不匹配、职权边界模糊的问题。因此,数字公共治理需要创新体制机制,科学调整职能分配、职责匹配与职权边界中存在的问题,以适应数字化转型、提升治理能力的需要。

第二,政府职能结构重心转变。政府职能反映了治理工作的重心与社会发展的主要形态。数字公共治理承载和延续了传统政府的职能,在不同的发展阶段,政府的经济职能、政治职能、社会职能等会随着发展重心的变化而不断调整,从而促进政府职能结构重心的转变,推动政府治理转型。

第三,政府职能方式转变。通过转变职能方式,创新制度与网络监管方式,建立规则公平、制度明晰、执法透明、落实监管的制度责任体系,建立"互联网+监管"平台体系,提升精准监管和综合监管能力,以有为的政府监管来构建公平的市场秩序。[③]

第四,政府职能目标转变。政府依托数字化转型的趋势,利用现代化技术进行组织变革的同时,也使得"政府—社会—公民"之间的关系得到重塑,促进了多元共治的深度融合。在数字化转型驱动社会形态演变的过程中,政府与社会、公

[①] 贾海薇,刘志明,张小娟:"大数据时代'数字政府'的系统建构——基于IGR法则的讨论",《行政论坛》,2022(03):49—58。
[②] 鲍静,范梓腾,贾开:"数字政府治理形态研究:概念辨析与层次框架",《电子政务》,2020(11):2—13。
[③] 何颖,李思然:"'放管服'改革:政府职能转变的创新",《中国行政管理》,2022(02):6—16。

民的良性互动关系也逐步形成,进一步回应了国家治理体系与治理能力现代化的整体要求。①

数字化转型是"一种技术应用、组织逻辑、权力体系、公共服务的结构集合体"。② 数字公共治理的关键任务即促进数字化与组织结构与职能的深度融合,实现数字技术、结构与职能等方面的创新。技术维度、结构维度与职能维度构成了数字公共治理的完整的解释框架。数字公共治理以数字技术为基础依托,将大数据、云平台、人工智能、区块链等运用到政务开展的具体过程中,线上扁平化政府与线下科层制政府相互补充,对政府内部组织架构和运作程序进行优化,全面提升政府在各领域的履职能力,提高公共服务的群众满意度,从而使公共服务更加高效化、智能化、精细化。③

第四节　数字生态下的公共治理

一、数字生态

数字技术变革已成为世界各主要政治经济体关注的焦点,许多国家制定了应对数字化变革的策略,数字生态下的公共治理或成为各国竞相发展的主流。那么,什么是数字生态？D·拉普迪斯(D. Raptis)等将数字生态定义为"一个数字和非数字构件的封闭集合,用户充当网络的节点,其边界由活动指定,组织的结构和模式由用户或设计师定义"④。有学者认为,大数据时代的智能体与人类的关系,不能仅仅从单一或几个行动元来思考,还要从他们所面对的更为复杂的网络环境进行思考。这个网络环境,是一个将周围的对象都转化为数字化信息

---

① 刘银喜,赵淼,胡少杰:"数字化转型中的政府质量测度与提升路径",《中国行政管理》,2021(12):74—79。

② 许峰:"地方政府数字化转型机理阐释——基于政务改革'浙江经验'的分析",《电子政务》,2020(10):2—19。

③ 万相昱,蔡跃洲,张晨:"数字化建设能够提高政府治理水平吗",《学术研究》,2021(10):94—99。

④ Dimitrios Raptis et al. , "What is a Digital Ecology?: Theoretical Foundations and a Unified Definition", *Australian Journal of Intelligent Information Processing Systems*, 2014.

和个体化实体的网络,是一种新的生态,一种不同于自然生态的生态系统,也就是数字生态,①并从法国哲学家艾吕尔的《技术哲学》一书中,提炼出了数字生态的基本面貌:数字生态是在信息层面运作的,将人、群体、机构这些分散的实体综合关联起来发挥作用。② 在数字生态背景下,链条上的每一个环节都连接起来。这种连接不仅是各个子系统的抽象连接,更是在具体的通信点上的相互关联,由此形成了智能关联主义。链条中的所有行动元和子系统都无法做到独善其身,任一环节出现纰漏都将产生严重的连锁反应。

我国学者在数字生态概念的基础上提出了数字生态指数,用于对数字化发展状况进行评估。《中华人民共和国国民经济和社会发展第十四个五年规划和2035年远景目标纲要》第五篇"加快数字化发展建设数字中国"中提出要打造数字经济新形势、加快数字社会建设步伐、提高数字政府建设水平、营造良好数字生态。数字生态概念首次在国家战略规划中被提出。此后,数字生态开始成为我国学术界关注的重点议题,如有学者从数字生态的视角出发,提出了刻画国际数字生态的基本框架,包括数字基础、数字能力、数字应用和数字规制四个核心维度,根据这一框架测算了国际数字生态指数,对各国数字化发展状况予以评估,并挖掘各国数字生态发展的不同结构模式。③ 抑或基于数字经济、数字社会和数字政府等相关内涵及发展态势的研究,从数字基础、数字能力、数字应用三个维度,构建衡量区域数字生态发展的测评体系,测算中国数字生态指数,从而为各地发展数字生态、落地数字中国战略提供决策支持。④ 数字生态指数已成为评估数字化水平的重要依据。

二、主要政治经济体的数字化发展与治理现状

随着数字技术与治理的深度融合,世界主要政治经济体的经济、政治、社会

---

① 蓝江:"从信息到数字生态:智能算法下生命形式的嬗变",《国外社会科学前沿》,2022(09):3—15+2。
② 同上。
③ 乔天宇,张蕴洁,李铮等:"国际数字生态指数的测算与分析",《电子政务》,2022(03):17—30。
④ 王娟,张一,黄晶等:"中国数字生态指数的测算与分析",《社会科学文摘》,2022(11):5—7。

都受到了数字化的影响,面临着数字化变革带来的挑战。从政治层面来看,数字技术赋能已在组织结构、职能等维度极大地改变了政府治理的方式;从经济层面来看,数字经济的规模在世界各主要经济体的 GDP 比重中逐年增加,2020 年,全球 47 个国家的数字经济规模达到 32.6 万亿美元,占 GDP 比重 43.7%,名义增长率 3%,显著高于同期 GDP 增速;[1] 从社会层面来看,数字化发展不仅改变了生产组织形式,更推动了个人、企业与政府以及技术、市场与资本的互动,平台化、智能化成为数字化转型的典型特征。

当前,美国、欧盟两大数字生态圈正在逐步形成,并且都具有强烈的国别和区域特色。[2] 有学者测算了 41 国的数字生态指数,如表 2-2 所示,欧美国家各项排名较为靠前,欧洲国家由于重视隐私,在数字规制方面表现突出;美国在数字基础、数字能力、数字应用、数字经济、数字资源及数字政府方面都具有很大优势;中国在数字基础、数字应用与数字经济方面优势较大,但数字资源开放与数字规制较为落后。[3] 数字生态指数还表明,数字化改革作为一个崭新的领域仍由世界主要政治经济体所主导,我国在数字化转型大潮中的许多指标中虽已位于世界前列,但仍存在着短板需要去克服和完善。

表 2-2　41 个国家的国际数字生态指数测算结果及国家排名[4]

排名	国家名称	排名	国家名称	排名	国家名称
1	英国	15	意大利	29	巴西
2	美国	16	丹麦	30	捷克
3	德国	17	墨西哥	31	立陶宛
4	法国	18	爱沙尼亚	32	希腊
5	荷兰	19	奥地利	33	印度
6	瑞典	20	葡萄牙	34	匈牙利

---

[1] 中国信息通信研究院:《全球数字经济白皮书——疫情冲击下的复苏新曙光(2021)》,http://www.caict.ac.cn/kxyj/qwfb/bps/202108/P020210913403798893557.pdf.
[2] 李昊林,彭錞:"良好数字生态与数字规则体系构建",《电子政务》,2022(03):31—38.
[3] 乔天宇,张蕴洁,李铮等:"国际数字生态指数的测算与分析",《电子政务》,2022(03):17—30.
[4] 同上.

续表

排名	国家名称	排名	国家名称	排名	国家名称
7	中国	21	罗马尼亚	35	克罗地亚
8	西班牙	22	斯洛文尼亚	36	马耳他
9	加拿大	23	斯洛伐克	37	以色列
10	韩国	24	俄罗斯联邦	38	日本
11	澳大利亚	25	乌克兰	39	塞浦路斯
12	波兰	26	比利时	40	拉脱维亚
13	芬兰	27	卢森堡	41	伊朗
14	爱尔兰	28	保加利亚		

三、营造良好的数字生态

2020年，中共中央、国务院颁发《关于构建更加完善的要素市场化配置体制机制的意见》，明确将数据纳入生产要素，强调推进政府数据开放共享，提升社会数据资源价值，加强数据资源整合和安全保护。《中华人民共和国国民经济和社会发展第十四个五年规划和2035年远景目标纲要》提出，"构建数字规则体系，营造开放、健康、安全的数字生态"，这与前文提到的我国在数字资源开放与数字规制方面所存在的短板相对应。以数字理念、数字发展、数字治理、数字安全、数字合作等为主要内容的数字生态，对经济社会发展、人民生产生活和国际格局产生了广泛影响，给社会生产方式、生活方式和治理方式带来深刻变革。着力营造开放、健康、安全的数字生态，是"十四五"时期加快建设网络强国和数字中国、推动经济社会高质量发展的重要战略任务。[1]

（一）开放的数字生态

在数字化转型过程中，数据的开放共享对提高治理效能、实现治理现代化至关重要。数据开放共享是数字公共治理的必要步骤。要想实现开放的数字生

---

[1] 庄荣文："营造良好数字生态"，《网络传播》，2021(12)：16—19。

态,一方面要制定政府部门和公共机构数据开放共享评估机制,完善数字开放共享评估指标体系与方法,对政府各部门和各公共机构数据开放共享情况进行评估,促进各主体之间互联互动;另一方面建立数据开放共享的监督与激励机制,及时向社会公布数据开放共享的情况,鼓励公众参与,督促和激励政府积极推进数据的开放共享。[1] 此外,提升数据开放共享意识,优化人员配置,促进数据资源的有效利用也是亟待解决的问题。

(二) 健康的数字生态

"十四五"规划纲要中提出要"坚持放管并重,促进发展与规范管理相统一",意在表明数字生态既要健康发展,也要规范管理。一方面,在数字经济层面,要不断鼓励创新,深化重点领域应用,加强国内外企业研发合作与创新驱动产业数字化发展并进入全球价值链中高端,争取更大市场空间;[2]在建设智慧型政府层面,要推动数字技术创新、管理创新,提高政府决策水平与治理效能。另一方面,要从顶层设计角度入手,对数据要素市场、互联网平台进行有序监管,促进数字公共治理规范化、制度化。

(三) 安全的数字生态

数据安全问题是各利益主体关注的重点问题,也是当前数字化变革、建设智慧型政府面临的最大难题和挑战。数据在流通过程中的各个传播链上都有泄露的风险,单一的数字规制已经无法保障数据安全,需要一个综合的数字规制体系来营造安全的数字生态。尤其是政府数据,涉及大量隐私和涉密信息,稍使用不当,将造成严重的社会后果。一方面,应不断升级安保系统,健全安全管理制度,在采集大量信息的前提下充分保护个人隐私,防止数据泄露;另一方面,应加强数据安全监管,落实主体责任,对数据风险进行评估,并做好应急预案。

营造开放、健康与安全的数字生态是数字公共治理的必经之路,也是数字化转型的重要保障。数据的价值与风险就像是一枚硬币的两面,其在创造价值的同时也可能会带来很多风险。以往的研究将特大城市数字化治理的风险归纳为

---

[1] 赵龙文,方俊,赵雪琦:"生态视角下我国政府数据开放共享政策体系的互动演化分析",《情报资料工作》,2022(03):56—66。

[2] 李霞,陈琦,贾宏曼:"中国智慧城市政策体系演化研究",《科研管理》,2022(07):1—10。

"数字偏差""数字悬浮""数字内卷""数字幻像""数字沙丘"等方面,[①]这些风险将极大地影响数字治理红利与治理效能,且极易掉入"数字乌托邦主义"的陷阱。因而,要构建科学、多维度、全方位的数字风险治理体系,弥补在数字资源开放与数字规制等方面的短板,完善数字规则体系,推动数字化变革,构建"环境友好"的数字生态圈。

关键术语

数字公共治理 公共治理主体在公共事务治理过程中,积极运用现代数字技术和系统方法,有效地识别、发现、回应公共治理问题的治理形态。

数字生态 大数据时代的智能体与人类的关系,不能仅仅从单一或几个行动元来思考,还要从他们所面对的更为复杂的网络环境进行思考。这个网络环境,是一个将周围的对象都转化为数字化信息和个体化实体的网络,是一种新的生态,一种不同于自然生态的生态系统,也就是数字生态。

专栏 2-1 "十四五"数字经济发展规划的相关内容

数字经济是继农业经济、工业经济之后的主要经济形态,是以数据资源为关键要素,以现代信息网络为主要载体,以信息通信技术融合应用、全要素数字化转型为重要推动力,促进公平与效率更加统一的新经济形态。数字经济发展速度之快、辐射范围之广、影响程度之深前所未有,正推动生产方式、生活方式和治理方式深刻变革,成为重组全球要素资源、重塑全球经济结构、改变全球竞争格局的关键力量。"十四五"时期,我国数字经济转向深化应用、规范发展、普惠共享的新阶段。

1. 主要现状

农业数字化全面推进。服务业数字化水平显著提高。工业数字化转型加速,工业企业生产设备数字化水平持续提升,更多企业迈上"云端"。

[①] 王中原、邓理:"全球城市数字化转型的风险态势及治理路径",《全球城市研究(中英文)》,2022(01):30—43,190。

> 数字政府建设成效显著。一体化政务服务和监管效能大幅度提升,"一网通办""最多跑一次""一网统管""一网协同"等服务管理新模式广泛普及,数字营商环境持续优化,在线政务服务水平跃居全球领先行列。
>
> 2. 发展目标
>
> 数字化公共服务更加普惠均等。数字基础设施广泛融入生产生活,对政务服务、公共服务、民生保障、社会治理的支撑作用进一步凸显。数字营商环境更加优化,电子政务服务水平进一步提升,网络化、数字化、智慧化的利企便民服务体系不断完善,数字鸿沟加速弥合。
>
> 数字经济治理体系更加完善。协调统一的数字经济治理框架和规则体系基本建立,跨部门、跨地区的协同监管机制基本健全。政府数字化监管能力显著增强,行业和市场监管水平大幅提升。政府主导、多元参与、法治保障的数字经济治理格局基本形成,治理水平明显提升。与数字经济发展相适应的法律法规制度体系更加完善,数字经济安全体系进一步增强。
>
> 资料来源:《国务院关于印发"十四五"数字经济发展规划的通知》,http://www.gov.cn/zhengce/content/2022-01/12/content_5667817.htm,2022-01-12。

问题与讨论

1. 数字公共治理的核心特征是什么?

2. 党委、政府、企业、公民以及社会组织分别在数字公共治理中充当什么角色?

3. 谈谈当前数字生态下,我国应当如何进行数字公共治理?

第三章 数字公共治理的范式演进及研究视角

> **焦点问题：**
> - 如何理解公共管理与数字公共治理的关系？
> - 数字公共治理范式有几个不同阶段？
> - 掌握数字公共治理有哪几种不同理论视角？

数字信息技术在全球范围内深刻改变了政府的运作方式以及政府与公民的互动关系。数字公共治理理论作为将数字信息技术与治理理论相结合的新型治理范式，对数字时代政府实践提供了有益指导。了解、完善、运用数字公共治理理论，对于构建数字政府框架体系、推动国家数字治理体系和治理能力现代化具有积极意义。

第一节 公共管理与数字公共治理

一、公共管理范式演进

公共管理范式的讨论注定是一场持久激烈的争论，它面临着三方面的争议。首先是对范式这一概念的争议。库恩（Thomas Samuel Kuhn）将范式概念带入学界视野，并在自然科学学科运用这一概念，认为其包括一个学科的基本原理、按照基本原理进行试验和观察的规范以及具有一致共识的科学家共同体。[1] 然而，尽管此后对范式概念的使用成为一种潮流，但却并未达成普遍的认同，反而是形成了激烈的争论，一些学者指出了范式概念的模糊性和矛盾性，这将导致范式的误用和滥用。这种情况在将其从自然科学学科引入到社会科学学科时尤为甚之，因为社会科学难以做到价值无涉，同时研究成果受到诸多环境因素的强烈制约且不易证实或证伪。其次是对公共管理是否存在范式的争论。公共管理是一门交叉学科，缺乏独属研究领域和理论基础从而面临着身份危机。同时社会问题的解决不存在万能公式，作为回应社会问题的公共管理理论也就难以建立起统一的规范和标准。最后则是对公共管理范式数量的争论。学界对公共管理存在多少范式莫衷一是，如休斯（Owen E. Hughes）论证了传统公共行政典范和公共管理典范两个范式；[2]陈振明提出了包括传统公共行政、新公共行政和新公共管理的三个范式；[3]雅各布（Jacob Torfing）等人则梳理了官僚主义、职业规则、新公共管理、新韦伯主义国家、数字时代治理、公共价值管理和新公共治理七种公共治理范式。[4]

本书在广义上使用范式这一概念，认为范式是指持有共同的核心理念、共享同一套理论基础、原则、假设的科学研究共同体。而聚焦在实践导向的公共管理学科，范式还应包含提供启发或受其指导的实践基础。因此，范式的转换应当表现为在核心理念、理论观点和实践基础三个维度上发生了显著变迁。基于此，本书将公共管理划分为传统公共行政、新公共行政、新公共管理以及新公共治理四个主要范式。

传统公共行政产生的背景是行政系统非人格化所带来的政党分赃的弊端以及行政事务的急剧增加。其诞生以1887年威尔逊（Thomas W. Wilson）发表

---

[1] 顾建光:"论当代公共管理三大范式及其转换",《华中科技大学学报（社会科学版）》,2012（05）: 8—14。

[2] Owen E. Hughes, *Public Management and Administration: An Introduction*, Now York: Palgrave Macmillan, 2015.

[3] 陈振明:"从公共行政学、新公共行政学到公共管理学——西方政府管理研究领域的'范式'变化",《政治学研究》,1999（01）:82—91。

[4] Jacob Torfing et al., *Public Governance Paradigms: Competing and Co-existing*, Cheltenham: Edward Elgar Publishing Limited, 2020.

《行政学之研究》为标志,并随着 1937 年古利克(Luther H. Gulick)和厄威克(F. Urwick)合编《行政科学论文集》达到顶峰。该范式的核心理论是政治与行政的二分,即将国家意志的表达与执行区分开来,开辟出专门的领域以提高处理公共事务的效率和纯洁性。传统公共行政主张行政系统的非人格化和企业管理方法的引入,韦伯的现代官僚制和泰勒的科学原理发挥了重要作用,前者提供了行政组织的结构设计和行政人员的管理原则,而后者则提供了行政系统的管理技术与方法。1883 年美国国会通过的《彭德尔顿法》和科层制的广泛应用构成了该范式的实践基础。不过,20 世纪 40 年代以来,对政治—行政二分的批判愈演愈烈,批评者认为,将规范性从公共行政中剥离是不现实的,而效率也不应作为公共行政的主要价值取向。新公共行政在这场持久的批判中逐渐形成。

新公共行政范式是对传统公共行政效率至上原则的批判。该范式的代表人物有弗雷德里克森(H. Frederickson)、沃尔多(Dwight Waldo)等人。新公共行政范式的核心理念是公共行政应当强调社会公平,担负起广泛的社会责任。该范式认为公共行政的重点应落在"公共"部分,主张推动政治权力和经济福利转向劣势群体,并指出政治与行政的二分只是一种理论虚构,公共政策的执行者同时也会是公共政策的制定者。这实际上是一种与官僚制行政相对应的民主制行政,不过新公共行政范式只是提出了一些改进组织运作的途径,而未能构建起官僚制的替代。相较之下,奥斯特罗姆提出的民主制行政理论倡导的多中心体制和自主治理要更加具有操作性。此外,新公共行政范式还存在的缺陷是仅主张反映一部分委托人尤其是穷人的诉求却忽视了另一部分委托人尤其是中产阶级的利益,难以得到广泛的认可。

新公共管理范式产生的社会背景是政府规模的不断扩张、石油危机导致的经济衰退与财政赤字以及官僚制的僵化,政府因而越来越难以满足公民的需要。该范式的代表人物有奥斯本(David Osborne)、盖布勒(Ted Gaebler)、胡德(C. Hood)等人,其核心理念是运用私营部门的管理方式和技术来管理政府部门以及提供公共服务。具体而言,新公共管理的范式特征包括八个方面:强调职业化管理、明确的绩效标准与绩效评估、项目预算与战略管理、提供回应性服务、公共服务机构的分散化和小型化、竞争机制的引入、管理者与政治家以及公众关系的改变。① 20 世纪 70 年代以来,英美等国家开始了企业家政府的实践,包括英国撒切尔夫人和美国里根政府分别推行的政府改革。随后,这种实践逐渐成为一种显著的国际化趋势,例如荷兰于 1982 年发起的"大手术"改革和德国在 20 世纪 90 年代实施的地方政府改革。新公共管理范式自形成以来深刻影响了世界诸多国家的政府管理模式,至今仍具有较强的影响力。不过,新公共管理范式也存在着一定的缺陷。首先,新公共管理忽视了公共部门与私人部门的不同之处,对于政府而言效率并非唯一的目标;其次,过度崇拜市场机能,市场本身也存在着一定的缺陷;最后,将公民隐喻为"顾客"不利于全面理解公民的角色,进而难以正确对待政府与公民之间的关系。在这种背景下,为超越"政府与市场""行政与管理",出现了新公共治理的尝试。

新公共治理范式兴起于 20 世纪 90 年代,产生背景是政府与市场的失灵以及社会的日趋复杂多元化。该范式的代表人物有罗茨(Robert Rhoads)、罗西瑙等人,其核心理念是将国家、市场和公民社会纳入到统一的框架之中,以协商合作的形式共同参与对公共事务的管理。治理至少有四种含义:结构、过程、机制以及策略。② 作为结构的治理指正式与非正式制度的架构,网络和市场等为政府提供了可供选择的制度替代;作为过程的治理指决策过程中的动态和引导功能,治理不仅是一套稳定持久的制度,还是提高制度能力的持续过程;作为机制的治理指决策程序的制度化;作为策略的治理则是指行为者为实现目的而影响制度与机制设计的努力,涉及权力的去中心化以及对分权的、非正式的、合作的治理体系的创造。随着研究的不断细化,新公共治理范式逐渐衍生出诸多理论派系,如整体性治理、网络化治理、数字公共治理、多中心治理等,这些理论派系有着各自的特征和观点,但均共享着治理理论的核心理念。新公共治理范式的实践基础多有体现,如唐纳德·凯特尔(Donald Kettl)认为:"二战以后,美国联邦政府所提倡的每一个主要政策行动,包括医疗与卫生保障、环境清理与修复、扶贫项目、岗位培训、州际高速公路以及污水处理厂等,都是通过公私伙伴关系

---

① 陈振明:"评西方的'新公共管理'范式",《中国社会科学》,2000(06):73—82+207。
② David Levi-Faur, *The Oxford Handbook of Governance*, New York: Oxford University Press, 2012.

进行管理的。"①英国政府为应对人口老龄化问题,将政府和企业、社会组织、社区等纳入到老年人保健治理网络当中,已经建立起了区域性老年人网络和大都市老年人网络。然而,也应当认识到新公共治理同样面临着失灵的可能性。治理主体的多元化大幅增加了协调的难度,对治理网络的管理不当同样可能导致治理的失败,同时治理也可能导致责任缺失、权力滥用以及民主缩水等严重问题。

二、公共管理与数字公共治理的关系

公共管理与数字公共治理之间存在着密切的联系。公共管理为数字公共治理提供了思想启发和理论基础,而数字公共治理作为公共管理的一个组成部分,是公共管理对数字时代的必要回应。

首先,公共管理为数字公共治理奠定了理论基础。一方面,数字公共治理是数字时代下对新公共管理的反思,新公共管理运动带来的政府部门和职能碎片化、公共行政价值取向的效率至上以及公民角色的顾客隐喻为数字公共治理提供了进一步思考的空间。另一方面,后新公共管理体制下涌现了公共价值管理、网络化治理、整体性治理等大量理论派系,这些理论之间具有较强的兼容性和互补性,故而为数字公共治理提供了思想养分,例如整体性治理所强调的重新整合和以需求为基础的整体主义同样是数字公共治理的重要内容。同时,作为数字公共治理的上位理论,治理理论主张的多元主体、协调互动、自主网络、超越政府权威等为数字公共治理奠定了坚实的理论基础。

其次,数字公共治理是公共管理的时代回应。数字时代的政府运作发生了深刻变化,这些变化既有机遇也有挑战。一方面,数字化拓展了政府的治理手段,增强了政府的治理能力,创新了公共产品和公共服务的供给方式。另一方面,数字化也向政府提出了艰巨的挑战。数字时代政府对数据的垄断被打破,政府与企业之间的数字鸿沟逐渐加大,政府治理企业的难度提升;公众的主体意识

---

① Donald F. Kettl, *Sharing Power: Public Government and Private Markets*, Washington: Brookings Institution, 1993.

不断强化,要求政府公开政务信息,并积极寻求参与公共事务治理的途径;网络虚拟社会成为国家治理的新领域,虚拟社会所具有的虚拟化、去中心化、去权威化等特征颠覆了传统的现实社会管理方式,需要加大治理力度、创新治理方式。政府实践的变革必然导致公共管理理论体系的重构,公共管理的内涵与外延、工具与手段等都发生了改变。

第二节 数字公共治理范式演进

在技术迅猛发展的实证背景下,数字公共治理应运而生。作为一种新的治理范式,数字公共治理主要探讨数字化如何改变公共部门运作的方式以及政府与公民之间的关系,对新公共管理忽视技术变迁而一味侧重管理主义要素提出了批评。帕特里克·邓利维(Patrick Dunleavy)和海伦·马吉茨(Helen Margetts)是数字公共治理范式的代表人物,他们的三部著作奠定了该理论成为一种公共治理范式的基础,分别是《数字时代的治理:信息技术公司、国家与e政府》《新公共管理已寿终正寝——数字时代的治理万岁》以及《数字时代治理的第二波:网络政府的一个准范式》。为适应颠覆性技术持续涌现的现实情境,数字公共治理范式也在不断演进,目前已经经历了数字公共治理范式1.0和2.0两个阶段,并正在向3.0阶段发展。

一、数字公共治理范式1.0

数字公共治理范式1.0阶段的标志是《数字时代的治理》的出版。在这一阶段,邓利维、马吉茨等人提出了数字公共治理的三个核心维度:重新整合,以需求为基础的整体主义,以及数字化。

重新整合指运用数字化解决方案,将新公共管理运动下公共部门的碎片化组织重新整合起来。重新整合包含九个要素:①代理的回归,碎片化的整合,即对职能相近的部门进行整合;②协同治理;③再政府化,即将部分外包给私营部门和第三部门的职能重新收归政府;④恢复/重新加强中央政府流程,以回应新公共管理导致的分散的竞争;⑤采购的集中与专业化;⑥从根本上挤压过程成本,主要表现为裁减文官人数;⑦重新设计后勤部门功能和服务交付链;⑧共享服务(混合经济)基础上的共享服务;⑨共享服务(混合经济)基础上的网络简化。

以需求为基础的整体主义指依靠充分的数据,公共服务供给能够更加精确地符合公民需求,其目的是改变和简化政府与"顾客"之间的关系。以需求为基础的整体主义包含七个要素:①互动式(一次性询问)信息搜索及信息提供,督促公职人员及时回应公众需求;②创建数据库,优先需求分析,充分利用大数据了解公众需求;③灵活的政府程序,以有效应对社会问题;④以客户、需求为基础的组织重建,将为同一顾客群体或同一类需求服务的政府机构整合起来;⑤一站式供应服务;⑥端对端地服务流程重组,以促使政府部门从整体视角提供公共服务;⑦可持续性。

数字化指数字化服务成为可能,政府逐渐成为一个"网站"。政府内部的组织和文化变革、公民的行为变革以及技术变革构成了实现数字化的基础。数字化包含九个要素:①激进的脱媒(脱离中间层),公民可以与政府部门直接接触;②主动渠道分流、顾客细分;③受控渠道减少,增加电子支付等方式的使用;④电子服务供给;⑤基于网络的效用计算,需求方拥有在市场中选择供应商和产品的机会;⑥集中的、国家指导的信息技术采购;⑦新形式的自动化过程;⑧促进自我管理,提高公民参与治理的主动性;⑨走向开放式政府。[①]

二、数字公共治理范式 2.0

数字化的快速发展使得邓利维和马吉茨对先前观点进行了修正,开启了数字公共治理范式 2.0 阶段。数字化的两个重要发展分别是大数据和社交媒体。政府是信息的首要收集者和组织者,大数据改变了政府收集和组织信息的方式,也从根本上改变了政府运作的方式。在数字公共治理范式 2.0 阶段,重新整合维度的焦点即是大数据的使用和减负。社交媒体在改变了人们彼此之间的沟通

[①] Patrick Dunleavy, *Digital Era Governance: IT Corporations, the State, and E-Government*, London: Oxford University Press, 2006.

方式的同时,也影响了公共部门与公民之间的沟通方式,公共部门与公民的联系大多实现了数字化。这一阶段仍围绕重新整合、以需求为基础的整体主义以及数字化三个核心维度展开,但各个维度的具体要素发生了变化。

重新整合包含八个要素:①智能中心＋分散交付设计;②整合政府和国家基础设施;③单一税收和福利系统(使用实时数据);④重新整合外包;⑤分散交付设计;⑥紧缩驱动的中央政府脱离接触和减少负荷,而将负荷转移到地方政府;⑦在公共服务交付链中进行激进的非中介化(一次性交付);⑧交付层面联合治理,推动公共服务领域彻底脱媒。

以需求为基础的整体主义包含十六个要素:①社会保障系统的新一波整合;②社会保障系统趋于联网,从而大幅节省时间和成本;③在福利国家开展单一利益整合;④利益审批与支付整合的联合;⑤单一公民账户,以有效提升政府与公民互动的效率;⑥中央/联邦一级的综合服务商店;⑦联合供给地方公共服务;⑧推动政府与公民共同提供服务;⑨客户管理的社会/卫生保健预算,由在线客户反馈机制取代自上而下的政府监督机制;⑩公共服务和政府声誉的综合在线评估;⑪作为中央管制替代品的公民鉴定书;⑫作为中央审计替代品的开放式政府与公民监督;⑬在数字政府和现实服务中开发"社会网络"程序;⑭与"大社会"变化相联系的紧缩和政府脱离;⑮重新评估"任务承诺"驱动程序;⑯传统"数字鸿沟"的终结,以及新的(差异化的)残余形式的出现。

数字化包含八个要素:①政府超级网站(以及精简网站);②"100％在线"渠道策略(涵盖所有联系和交易)和相关的现代化;③"政府云";④免费储存,实现数据的全面保留;⑤政府 APP,有可能成为政府、企业、公民之间沟通的一种主要形式;⑥"社交网络"转向在线资产中的丰富技术;⑦开放公共信息以便重复使用、多元组合;⑧普适计算,推动向零接触技术的转变和劳动力的资本替代。[1]

三、数字公共治理范式 3.0

数字公共治理范式 3.0 阶段正在形成。一方面,数字化广泛应用于医疗、警

---

[1] Patrick Dunleavy and Helen Margetts, "The Second Wave of Digital Era Governance", *APSA 2010 Annual Meeting Paper*, 2010.

务、交通、社会保障等公共服务领域,数字化服务无疑已经成为政府运行和公民生活的必要要素。对数字化和数字公共治理的研究与日俱增,研究领域也日趋广泛,衍生出数字经济、地理信息、信息不平等、数字政治与政府、数字教育、数字生活与福利、信息伦理与哲学、数字知识与文化、信息治理与技术以及社会数据科学等不同的子课题。这些研究将不断丰富数字公共治理范式的框架。

另一方面,数字公共治理范式的进一步发展也将伴随着对数字化负面影响的认知和对公共管理其他范式批评的回应。数字化的负面影响主要包含隐私权泄露、信息垄断和网络攻击三个方面。信息在各类行为者之间的自由交流不仅造就了信息丰富的社会,也使得国家安全机构能够窥视公民的日常生活,侵害公民隐私权;大型跨国科技公司正逐渐成为遏制竞争、偷税漏税、利用公民个人信息的市场主导行为者,但政府却可能无法及时出台合理精确的规章制度来规制这些公司的行为;此外,网络攻击不仅影响着公民个人的网络安全,也对国家的网络安全形成了巨大挑战。同时,对于数字公共治理能否作为一种公共管理范式,学者们并未达成一致。争论的焦点在于,数字化是否是当前公共部门改革的主要方面。持反对观点的学者认为,尽管数字化的重要性显著提高,但数字化只能作为当前公共部门改革的一个方面而非关键驱动力,新公共管理仍是关注的焦点。另有学者指出,数字公共治理所强调的"跨界合作、一站式服务或一站式窗口的设计、对信息技术的高度依赖等主张"可能会带来界限模糊、责任不清、角色冲突等问题。

对上述领域的深入研究和对争论的回应为数字公共治理范式 3.0 阶段提供了方向。数字公共治理提出了人们对数字时代公共治理的思考,被看作是实现更具灵活性和整体性政府的路径。面对着激烈的技术变革,数字公共治理范式的演进不会终止。

第三节 数字公共治理的理论视角

当前,以大数据、人工智能等为代表的数字技术迅猛发展。数字技术赋能公共治理,在有效提升政府治理效能的同时,也不可避免地带来了技术风险、数据安全、政策失灵、价值关怀失落等治理难题。建立在等级制基础之上的科层制政府具有"碎片化的管理模式、僵化的官僚体制、滞后的制度设计、弱化的公众理念"等特征，[1]难以满足有效治理的需要，为数字公共治理带来了挑战。

在此背景下，如何探索新的回应模式，以有效推进公共治理变革、应对此类治理难题，成为重要的研究议题。智慧政府理论、敏捷政府理论、透明政府理论、开放政府理论、服务型政府理论、数字鸿沟理论、治理理论、协同理论为人们提供了不同的理论分析视角。不过，这些理论视角都不足以观察到数字政府背景下社会-技术集合的全部广度和深度，所以还必须加上复合型公共管理理论（Complex Public Management Theory）的视角。复合型公共管理理论视角无论是从经验上还是从理论上都将有助于更全面地观察数字公共治理，具有重要的理论价值与现实意义。另外，由智慧政府到复合型公共管理理论这样的编排顺序，还体现了数字治理由以政府为中心向以公民中心，再由政府主导向多主体共同参与转变的逻辑进路。

一、智慧政府理论

智慧政府（smart government）就是指"以人为本、以新一代信息通信技术为支撑，使政府具备智能的同时，更具有智慧，从而有效提升政府治理能力"。[2]智慧政府是政府信息化建设的新阶段，它既是政府提高治理能力的需要，也是政府适应新兴技术发展的产物。

智慧政府至少包括以下三方面的功能：一是政府监管动态化。数据的互联共享可使智慧政府通过设置经济社会发展指标，利用大数据监测系统实时监测、及时预警、准确研判，有效提升政府应对社会危机的能力，提高安全系数。二是社会治理精准化。智慧政府可通过对大数据的挖掘与统计分析技术对公民需求提前感知与研判，向公民推送个性化的服务，以满足公民多样化需求。三是公共决策科学化。决策科学化至少需要满足两个条件，即科学方法的应用与对客观

---

[1] 曹海军，侯甜甜："敏捷赋能视角下的数字政府建设：实践缘起与理论建构"，《吉林大学社会科学学报》，2021（06）：170—178+235。

[2] 于跃："智慧政府的生成与演进逻辑"，《电子政务》，2019（07）：93—100。

事物规律的正确反映。[①] 数据越真实、全面和具有代表性越能反映客观事物的本质。建立在大数据基础之上的智慧政府可通过其数据挖掘技术,广泛而实时捕获决策所需的信息资源,再通过统计分析技术做出精准预测与客观分析,有效避免主观决策,增强决策的科学性。

总而言之,智慧政府强调政府监管由"静态"向"动态"转变,社会治理由"模糊"向"精准"转变,公共决策由"经验"向"科学"转变,对当前数字公共治理面临的政策失灵、技术安全风险等治理难题具有启示意义。

二、敏捷政府理论

"敏捷"(Agile)源于制造业领域。20世纪末制造业领域由于集中大规模生产而长期处于竞争劣势,为改变此种情况,1991年美国学者纳格尔(Nagel)发表《21世纪制造业企业战略报告》,提出"敏捷制造"以灵活应对复杂多变的市场环境。进入21世纪,"敏捷"由制造业领域向软件开发领域延伸。传统瀑布开发方法导致软件开发效率低下,人们开始寻求改进方法,2001年由17位软件开发人员提出了《敏捷宣言》,强调软件开发的敏捷方法。2007年新冠美(Qumer)正式提出"敏捷治理"概念,并认为其具有"快捷""灵敏"与"协调"三大特征。[②] 近年来,随着敏捷治理理念影响的不断扩大,多学科对此进行深入的理论研究。第四次工业革命浪潮掀起以来,物理空间、网络空间、生物空间高度融合,深刻地改变着人类社会传统的组织与运行状态。为提高政府治理国家与社会的能力,软件开发领域中的敏捷方法被引入公共管理领域,提出了"敏捷政府"新概念。[③] 薛澜认为敏捷治理是:"一套具有柔韧性、流动性、灵活性或适用性的行动或方法,是一种自适应、以人为本,以及具有包容性和可持续的决策过程。"[④] 由此,建立在敏捷治理基础之上的敏捷政府具有快速性、灵活性、回应性与多主体共同参与

[①] 戴建华:"智慧政府视野下的治理能力现代化",《理论与改革》,2020(04):126—138。
[②] 沈费伟:"数字乡村敏捷治理的实践逻辑与优化路径",《求实》,2022(05):96—108+112。
[③] 于文轩,刘丽红:"算法规制的敏捷治理",《新视野》,2022(03):66—72。
[④] 薛澜,赵静:"走向敏捷治理:新兴产业发展与监管模式探究",《中国行政管理》,2019(08):28—34。

等特征。能够有效破除官僚化与合作壁垒。

当前我国数字公共治理面临科学技术创新节奏难以度量、社会管理强度难以把控与技术安全风险难以监控等挑战。而敏捷政府能够"快速识别社会问题与公众需求,准确预测发展趋势与潜在影响,有效调整组织结构与工作流程,重新设计公共产品与服务,满足公众多元化需求"。① 因此,敏捷政府作为一种新型治理模式,既能有效实现以人为本、为民服务的公共价值追求,也能有效实现国家治理体系和治理能力现代化的总体目标。

三、透明政府理论

所谓透明政府就是指政府所掌握的信息除法律另有规定之外,应及时、准确向社会公开。有关透明政府的理念可追溯到19世纪中期,随着西方政治民主化浪潮的推进,公民对知情权的诉求普遍高涨,要求政府信息透明公开。② 直到2001年我国学者马怀德正式提出"透明政府"概念。因此,在透明政府概念未正式提出之前,有关透明政府的研究主要集中在政府信息公开领域。透明政府的提出既有其现实依据,也有其理论依据。从现实依据来看,主要在于我国政府"不透明";③从理论依据来看,透明性是对建立在契约基础之上人民主权地位的保证。

透明政府的基本内涵包括:政府组织透明,即要让公众知道政府是做什么的;政府决策透明,即要让公众知道政府为什么这么做;行政行为透明,即要让公众知道政府是怎么做的。④ 因此,构建透明政府具有消除腐败、科学决策、尊重和保障公民基本权利等多重价值。

透明政府与数字公共治理存在一定的内在逻辑关联。公共参与对提升数字

---

① 李汉卿,孟子龙:"数字政府建设何以实现敏捷治理:多维度展开及其不确定性克服",《求实》,2022(05):26—37。
② 陈栋:"透明政府:内涵、理念与建设途径",《南京农业大学》,2008。
③ 陈栋,刘祖云:"透明政府:研究现状与发展初探",《四川行政学院学报》,2007(05):12—15。
④ 王颖:"透明政府构建:后现代会话理论的视野",《理论探索》,2006(05):124—126。

治理绩效具有十分重要的意义,①公共参与依赖于政府的信息公开和政府透明,②因此,透明政府能够有效提升数字公共治理绩效。反过来,公共参与又对政府信息公开提出了新要求,推动更高水平的政府透明。

四、开放政府理论

开放政府(Open Government)并不是一个新概念,它起源于20世纪五六十年代的知情权制度化过程,1957年帕克(Park)发表的《开放政府原则:依据宪法的知情权》一书被认为是开放政府理念形成的标志,但在1996年美国颁布《信息自由法》后开放政府理论就鲜有人问津了。③ 直到2009年12月奥巴马政府发布《开放政府指令》(Open Government Directive),开放政府被重新提出,此时开放政府的涵义发生了变化,不仅强调透明即对公民知情权的保护,还强调协作和参与。2011年美国政府颁布《开放政府宣言》(Open Government Declaration),并于同年与巴西政府发起了"开放政府伙伴关系",随着成员国不断扩大,开放政府逐渐成为全球性议题,进入了新的发展时期。

正如时代在不断发展变化,开放政府理论也处在不断变化发展之中。当今,开放政府指政府在民主化和信息化时代背景下,面对日益复杂的公共事务、变化动荡的公共治理环境通过信息公开、公众参与、公私合作等一系列制度安排以提升政府治理能力与实现公共价值。其价值目标主要有两层,消极目标强调政府要公开透明以保护公民知情权,积极目标强调政府要尊重公民权利、培养公民意识以真正构建起人民主权的政府。④ 开放政府作为一种新的政府治理范式与传统治理范式有着根本不同,其基本特质在于公民性、公平性、公开性、分享性、合作性、整合性、创新性。⑤

当前,数字公共治理之所以棘手,在于治理环境复杂、主体多元,也在于政

---

① 廖福崇:"数字治理体系建设:要素、特征与生成机制",《行政管理改革》,2022(07):84—92。
② 陈志明:"市场经济背景下的政府透明理论研究",《生产力研究》,2007(18):20—21+71。
③ 王本刚,马海群:"开放政府理论分析框架:概念、政策与治理",《情报资料工作》,2015(06):35—39。
④ 王丛虎:"开放政府论",《河南社会科学》,2006(04):5—8。
⑤ 张成福:"开放政府论",《中国人民大学学报》,2014(03):79—89。

府组织僵化。而开放政府理论则强调政府组织要更具开放性以适应不断变化的治理环境，吸纳公民、社会组织共同参与治理，不仅能够有效提升政府治理能力，也有益于实现社会公共利益。因此开放政府理论对数字公共治理具有重要的借鉴启示意义，要实现更好的数字公共治理需要将开放政府理论纳为研究视角。

五、服务型政府理论

服务型政府概念最早是由我国学者张康之于2000年在《限制政府规模的理念》中提出。自2004年首次正式被政府工作报告采用以来，一直作为我国政府治理变革的目标。[①] 所谓服务型政府就是指："在民主政治的框架下，通过法定程序，按照公民意志组建起来，以为公民服务为宗旨，实现服务职能，承担着服务责任的政府"。[②] 它是建立在后工业社会理论、政府职能结构重心位移理论和科学发展理论三大理论基础之上的，[③] 是政府适应新行政环境的选择，体现了国家与社会关系的变迁。

数字化时代，数字技术赋能数字公共治理能够有效推动服务型政府建设。一方面，信息技术的发展能够使公民掌握更多的信息，从而对政府起到监督作用，倒逼政府提供更好的服务；另一方面，信息通信技术不仅使组织间信息的传递更为便捷，还能通过数字服务平台有效集政府各部门功能于一体，从而有效解决"碎片化"治理难题，更好地为民服务。反过来，服务型政府的建设又能有效促进数字公共治理，二者相辅相成。服务型政府理论与数字公共治理具有内在的逻辑关联。

[①] 刘开君，王鹭："数字化赋能服务型政府建设：理论逻辑、实践图景与未来路向"，《杭州师范大学学报（社会科学版）》，2022（03）：111—120。

[②] 中国行政管理学会课题组："服务型政府是我国行政改革的目标选择"，《中国行政管理》，2005（04）：5—8。

[③] 施雪华："'服务型政府'的基本涵义、理论基础和建构条件"，《社会科学》，2010（02）：3—11＋187。

六、数字鸿沟理论

"数字鸿沟"(Digital Divide)起源于 20 世纪 90 年代,是指以互联网为代表的信息通信技术在普及、应用、产出、创新程度等方面不同而带来的社会不平等和分化现象,它广泛存在于不同国家和地区以及一国内不同地区之间。关于是谁正式提出"数字鸿沟"这个概念,目前国内外学术界均有争论,但其为世界各国所广泛关注并成为全球性议题则始于美国国家远程通信和信息管理局(NTIA)在 20 世纪末期发布的一系列关于数字鸿沟的报告。[①] 时至今日,虽然历经 20 余年的发展,但由于其跨学科性质,缺乏主导学科为"根据地",尚未构建起真正的系统性理论体系。[②]

数字鸿沟的形成遵循着累进递增的逻辑。首先,数字接入鸿沟。数字时代,数据、信息、技术和知识作为一种生产要素对经济社会发展具有重大意义,传播信息、技术和知识的媒介主要是互联网,那么具备接入条件的地区将够获得这一资源,不具备接入条件的地区就被阻隔在网外,二者开始形成鸿沟。此外,数字时代背景下,数据、信息、技术和知识迭代日新月异,二者间的鸿沟被进一步拉大。其次,数字能力鸿沟。数字接入仅表示能获得这一资源,并不等于这一资源能够得到有效利用,有效利用需要具备众多条件,不具备条件的地区其应用能力将受限,不平衡态势将进一步恶化。最后,数字产出鸿沟。由于前两个阶段存在差异,最后所获得的成果也就不一样,如此又会影响下一阶段的投入,导致不平衡态势愈加恶化。总而言之,数字鸿沟会造成"富者愈富"和"穷者愈穷"的马太效应,剥夺了弱者平等享有信息、知识的文化权利和素质的养成,最后陷入弱者越弱的恶性循环,显然不符合社会公平正义的要求。

当前,我国各地区间、城乡间数字鸿沟较为明显,[③]而数字鸿沟不仅是信息时代凸显的技术问题,也是社会问题,影响社会稳定,因此,需要建设以人为本、

---

① 陈艳红:"数字鸿沟问题研究述评",《情报杂志》,2005(02):87—89。
② 钟祥铭,方兴东:"智能鸿沟:数字鸿沟范式转变",《现代传播(中国传媒大学学报)》,2022(04):133—142。
③ 胡鞍钢,周绍杰:"中国如何应对日益扩大的'数字鸿沟'",《中国工业经济》,2002(03):5—12。

更加均衡的数字社会。

七、数字公民身份理论

数字公民是信息化时代发展的产物。由于信息通信技术的迅猛发展,人与人之间的交往更多地移到虚拟网络上,形成数字社会,从而成为数字社会中的一员,即数字公民。因此,数字公民是公民现实社会中权利与义务在数字社会中的同步实现。① 数字公民就是指"数字社会中依据其道德规范和行为准则履行权利和义务,合理使用信息技术参与社会活动、促进社会发展的公民"。②

当前,数字技术的发展在带来便利的同时也带来了一系列社会问题,如网络技术的滥用与误用、窃取个人隐私与国家机密、技术理性漠视公民主体价值等。而数字公民身份的构建对创新社会治理具有重要意义。

八、治理理论

治理理论(Governance Theory)起源于 20 世纪末期,它的出现既与全球化的发展、民主化进程的推进、信息技术的广泛应用给传统政府管理提出的现实挑战有关,同时也与社会科学领域传统的二分范式难以有效解释和描述现实世界的理论困境有关。③ "基于对国家作用的不同理解,治理理论又可分为国家中心论与社会中心论两种不同的理论主张",④不同理论主张下的学者都尝试对治理进行定义,但迄今为止尚未有普遍接受的定义。总之,治理有别于统治。治理理论的核心内容包括以下三个方面:第一,强调社会管理力量多元化,如格里·斯

---

① 顾爱华,孙莹:"赋能智慧治理:数字公民的身份建构与价值实现",《理论与改革》,2021(04):47—57+154—155。
② 徐顺:"基于社会认知理论的大学生数字公民素养影响因素及提升策略研究",华中师范大学博士学位论文,2019。
③ 张力:"述评:治理理论在中国适用性的论争",《理论与改革》,2013(04):200—203。
④ 田凯,黄金:"国外治理理论研究:进程与争鸣",《政治学研究》,2015(06):47—58。

托克所言:"治理意味着一系列来自政府但又不限于政府的社会公共机构和行为者。"[1]第二,强调对政府角色重新定位,政府是"掌舵"而不是"划桨"。第三,模糊了公私界限,强调国家与社会组织间的相互依赖关系。在治理理论学术研究取得进展的同时,一些国家和地区也付诸了实践,如英国的下一步行动方案、美国的政府再造等都取得了一定成效。

数字公共治理是个复杂的体系与过程,涉及的对象多元、面临的情景多变、所需的资源多样,仅靠政府单中心治理力量难以有效应对,所以不能用简单的线性思维来考量,应采取"自上而下""自下而上""上下互动"的思维方式,强调多主体协同共治,群策群力。而从治理理论的核心内容可以看出治理理论主张政府公共管理方式由单中心管理向市场、社会组织等多主体共同参与的网络式管理转变。因此,治理理论能为数字公共治理所面临的现实困境提供一定的理论指导。

九、协同理论

20世纪70年代德国物理学家哈肯(Hermann Haken)创立了协同理论,协同理论认为如果大系统内各子系统及各子系统内各要素间紧密协调并彼此配合,且这种状态在内外因素的共同作用下接近临界值时,将产生协同效应(synergy effects),能够使大系统的整体作用发挥至最佳。随着协同理论的不断发展,该理论逐渐被应用于多学科研究领域中,尤其是公共管理学领域,协同理论与治理理论相融合形成协同治理理论,其核心议题是探讨多元主体参与社会治理。

协同理论与数字公共治理具有适配性。从必要性上讲,无论个人、组织乃至国家都无法应对物理空间、社会空间、信息空间交叉重叠导致复杂性跃升而带来的挑战,协同则成为应对良药。[2] 从可行性上讲,数字公共治理是个长期复杂的

---

[1] 格里·斯托克,华夏风:"作为理论的治理:五个论点",《国际社会科学杂志》(中文版),2019(03):23—32。

[2] 黄璜,谢思娴,姚清晨等:"数字化赋能治理协同:数字政府建设的'下一步行动'",《电子政务》,2022(04):2—27。

系统工程,不同组织在不同的时间切片中扮演着不同的角色,涉及多主体间合作关系的构建与终止,而协同理论恰关注系统内各要素及子系统间由零散到紧密协调并形成协同效应,因此,协同理论为探讨数字时代多元主体间合作关系的动态演化提供了一个研究视角。

十、复合型公共管理理论

前文已述及,上述九个理论视角并不足以充分地观察、理解和解释数字政府背景下社会-技术集合中技术和数据支持的变化和结果。因此,有必要引入复合型公共管理理论,该理论将进一步深化对数字政府和数字公共治理的理解。这一视角的主要观点有:①数字政府系统由人类或非人类行为者组成,这些行为者相互作用;②数字政府系统所嵌入的环境是层层嵌套的复杂环境;③嵌套的社会-技术集合是更大的数字政府系统的一部分,复合系统之间相互改变;④行为者的互动产生反馈回路,正反馈强化变迁,负反馈逆转或补偿其他变迁;⑤行为者与环境共同进化并共同适应;⑥行为者自我参照将导致变迁,从更宏观角度看,多个行为者所组成的自组织可以导致行为者的新关系和模式的出现;⑦人类行为者构建起数字政府系统。系统的边界是对外开放的,并且也是社会构建的;⑧行为者、系统和环境的互动和适应将导致新的社会-技术集合;⑨复合数字政府系统可以表现出稳定,但却不会保持平衡,它可能出现突发变迁;⑩系统的历史将影响其变革起点,早期的变迁将形成路径依赖,而负反馈则会加强这种路径依赖。①

第四节 数字公共治理与政府数字化履职能力体系

2022年6月23日,国务院印发《关于加强数字政府建设的指导意见》(以下

---

① Miriam Lips, "*Digital Government: Managing Public Sector Reform in the Digital Era*", London and New York: Routledge, 2020.

简称《意见》），就主动顺应经济社会数字化转型趋势、充分释放数字化发展红利、全面开创数字政府建设新局面作出部署。[①] 构建协同高效的政府数字化履职能力体系作为加强数字政府建设、打造数字政府体系框架的任务之一，需要全面提升经济调节、市场监管、社会管理、公共服务、生态环境保护、政务运行、政府公开等七方面能力、效能和水平。具体而言，要强化经济运行大数据监测分析，提升经济调节能力；大力推行智慧监管，提升市场监管能力；积极推动数字化治理模式创新，提升社会管理能力；持续优化利企便民数字化服务，提升公共服务能力；强化动态感知和立体防控，提升生态环境保护能力；加快推进数字机关建设，提升政务运行效能；推进公开平台智能集约发展，提升政务公开水平。

与传统政府履职能力相比较，构建政府数字化履职能力体系需要做出两方面的提升：一是用数字化重塑政府履职能力，即注重对数字化的运用；二是履职能力体系的建设，即在数字化背景下实现部门间的协同高效。目前而言这两方面的提升尚面临着一定程度的阻碍，首先，为数不少的政府工作人员欠缺数字意识和数字素养，数据共享资源体系尚未完全建立起来，数字壁垒依旧存在；其次，顶层设计不足，体制机制不够健全。受科层制的传统影响，部门壁垒、职能鸿沟体现较为普遍，业务重组和跨部门、跨层级、跨区域的网上协同存在难度。数字公共治理理论和国外的一些数字公共治理先进经验可为此提供一定的理论与实践指导。构建政府数字化履职能力体系的要求与数字公共治理理论所主张的重整合碎片化职能、实现以需求为基础的整体主义以及提供数字化服务三个维度相契合。为此，政府需要统筹推进技术融合、业务融合、数据融合，提升跨层级、跨地域、跨系统、跨部门、跨业务的协同管理和服务水平；坚持人民的主体地位，打造泛在可及、智慧便捷、公平普惠的数字化服务体系；打造政府超级网站，借鉴丹麦经验应用单点登录技术，使公众可对诸多政府网站一键式登录等。政府决策者和执行者还应借鉴数字公共治理理论，改变传统思想观念，建立起平台思维、数据思维和治理思维，善于运用网络平台，统筹各职能部门为公众提供一站式服务；加强对数据资源的整合与利用，提升对社会问题、社会需求的认识、分析

[①] 《国务院关于加强数字政府建设的指导意见》（国发〔2022〕14号），中国政府网，2022-06-23，http://www.gov.cn/zhengce/content/2022-06/23/content_5697299.htm。

与处理能力；重视多元主体的参与，及时公开政务信息，接受公众监督并吸纳公众建议，推进民主决策。

总言之，数字公共治理理论作为将数字信息技术与治理理论相结合的新型治理范式，应当促使政府主动改革管理机制，并为完善数字政府体系框架提供指导和借鉴。同时，数字公共治理理论也将在数字政府建设过程中与时俱进，不断得到补充和完善。

关键术语

公共管理范式 公共管理学科的基本原理、按照基本原理进行试验和观察的规范以及具有一致共识的科学家共同体。

数字公共治理理论 探讨数字化如何改变公共部门运作的方式以及政府与公民之间的关系，有多种分析视角：智慧政府理论、敏捷政府理论、透明政府理论、开放政府理论、服务型政府理论、数字鸿沟理论、治理理论、协同理论、复合型公共治理理论等。

政府数字化履职能力体系 是加强数字政府建设、打造数字政府体系框架的任务之一。构建政府数字化履职能力体系需要做出两方面的提升：一是用数字化重塑政府履职能力，即注重对数字化的运用；二是履职能力体系的建设，即在数字化背景下实现部门间的协同高效。

专栏3-1 党中央、国务院关于加强数字政府建设重大决策部署的主要目标

到2025年，与政府治理能力现代化相适应的数字政府顶层设计更加完善、统筹协调机制更加健全，政府数字化履职能力、安全保障、制度规则、数据资源、平台支撑等数字政府体系框架基本形成，政府履职数字化、智能化水平显著提升，政府决策科学化、社会治理精准化、公共服务高效化取得重要进展，数字政府建设在服务党和国家重大战略、促进经济社会高质量发展、建设人民满意的服务型政府等方面发挥重要作用。

> 到2035年,与国家治理体系和治理能力现代化相适应的数字政府体系框架更加成熟完备,整体协同、敏捷高效、智能精准、开放透明、公平普惠的数字政府基本建成,为基本实现社会主义现代化提供有力支撑。
>
> 资料来源:《国务院关于加强数字政府建设的指导意见》,2022-06-23,http://www.gov.cn/zhengce/content/2022-06/23/content_5697299.htm。

问题与讨论

1. 公共管理与数字公共治理的关系是什么?
2. 数字公共治理范式2.0阶段相较1.0阶段有哪些不同?
3. 结合实际,数字公共治理理论对我国数字政府建设有哪些启示?

第四章　数字公共治理的制度规则体系

> **焦点问题：**
> - 数字公共治理相关的制度规则体系是什么？
> - 数字公共治理制度逻辑的变化有哪些？
> - 传统公共管理和数字公共治理之间存在哪些差异？

　　数字公共治理的制度规则体系是国家治理体系和治理能力现代化的重要方面。公共数据资源是数字治理的关键要素，现代信息技术是数字治理的主要工具，多主体协同是数字治理的核心特征。数字公共治理的制度规则体系包含法律法规、政策制度和标准规范，了解掌握数字公共治理的制度规则体系需要明晰的内涵并不断完善其内容。

第一节　数字公共治理的现有制度规则

一、数字公共治理的法律法规

　　随着数字产业化和产业数字化的快速推进，数字治理中的数据安全工作愈加重要。目前数据安全仍然面临一定风险，相关制度规则还需进一步完善。人们期待司法机关在数字治理方面发挥更大作用，未来行政部门与司法部门应加强合作与企业和社会组织一道形成协同治理的新局面。国家近年来也加大对网络信息安全的保护和网络生态的治理，相继出台了《中华人民共和国网络安全法》《中华人民共和国数据安全法》《中华人民共和国个人信息保护法》三部法律，成为维护网络信息安全的"三驾马车"。尤其是2021年9月1日正式施行的《中华人民共和国数据安全法》，更是为维护数据安全提供了法律遵循。此外，新修订的《网络安全审查办法》，对关键信息基础设施、核心数据、重要数据等进行重点保护，进一步提升了全社会对网络安全、数据安全的重视程度。

在国际合作领域，我国加快完善数字治理法律法规，积极融入全球数字治理体系。"十四五"规划纲要提出，构建数字规则体系，营造开放、健康、安全的数字生态环境，现已制定《数据出境安全评估办法》，提出数据治理的中国方案，加快参与数字领域国际规则制定步伐，先后申请加入《全面与进步跨太平洋伙伴关系协定》《数字经济伙伴关系协定》，加强与各方数字经济领域合作，积极参与全球数字治理工作。同时通过顶层设计与制度建设，完善数字治理体系和治理能力，为数字经济高质量发展提供司法保障。面对国内数字公共治理领域的法律问题，我国政府积极完善数字治理相关法律，出台颁布《关于平台经济领域的反垄断指南》《中华人民共和国反垄断法（修正草案）》等法律法规。但是我国在国际领域的数字监管范围仅限于个人信息安全、数据处理活动、平台经济等领域，在数据确权、数据采集、数据安全等方面仍存较大空白。今后应密切关注国际社会的最新议题和进展，尽快围绕数据确权交易、数据采集共享、数据安全保障等亟待解决的问题，完善法律法规，并针对数字治理参与主体，建立数字经济治理机制。[1]

二、数字公共治理的政策制度

数字时代带来了政府、企业、社会等的数字化转型的热潮，随着大数据、人工智能、区块链等新一代信息技术在政府管理中被广泛采纳和使用，政府数字化运行水平不断提升。自2015年我国提出"国家大数据战略"以来，推进数字经济发展和数字化转型的政策得以不断深化和落实。2015年12月16日，习近平主席在第二届世界互联网大会开幕式时指出："中国正在实施'互联网＋'行动计划，

---

[1] 尚晨："数字化治理发展现状、问题及建议"，《黑龙江金融》，2022(08)：75—77。

推进'数字中国'建设,发展分享经济,支持基于互联网的各类创新,提高发展质量和效益。"这标志着我国数字化进程的开始。2016年7月,中共中央办公厅、国务院办公厅印发《国家信息化发展战略纲要》,要求将信息化贯穿我国现代化进程始终,加快释放信息化发展的巨大潜能,以信息化驱动现代化,加快建设网络强国。《"十三五"国家信息化规划》提出数字中国建设的发展目标。2020年4月9日,《中共中央　国务院关于构建更加完善的要素市场化配置体制机制的意见》正式发布,数据作为一种新型生产要素被写入文件中。党的十九届五中全会随后提出,发展数字经济,推进数字产业化和产业数字化,推动数字经济和实体经济深度融合,打造具有国际竞争力的数字产业集群。2021年3月11日,十三届全国人大四次会议表决通过了关于《中华人民共和国国民经济和社会发展第十四个五年规划和2035年远景目标纲要》的决议。该纲要提出,迎接数字时代,激活数据要素潜能,推进网络强国建设,加快建设数字经济、数字社会、数字政府,以数字化转型整体驱动生产方式、生活方式和治理方式变革。

目前,我国对大数据的治理工作主要是以数据管理的方式展开,如《国务院办公厅关于印发科学数据管理办法的通知》所强调的,同时在"十四五"期间又相继出台了《自然资源信息化"十四五"规划》《"十四五"国家信息化规划》以及《"十四五"推进国家政务信息化规划》等政策安排。在数据治理领域,虽然不同层级的政府在治理能力方面还是会存在优劣势和差异性,但是各级政府数据治理式政策文件中也体现了数据管理式治理方式。中央出台的数据治理政策文本,更多是关于全国性战略规划性文件,指引国家信息化发展的方向和目标,站在国家视角上对网络整体发展提出指导意见,对于全国各省市的发展都具有导向和引领的作用。例如国家信息化战略规划等,多为规划战略方面的内容,更具有指导性、引领全国建设方向的意义,推动数字公共管理相关的政策制度巩固和充实,有关的法律法规正在逐渐完善。

从图4-1可以发现,我国数字公共治理及电子政务政策经历了四个阶段:1992—2001年为政策间断松散期,这一时期存在政策间断点,出台了14份政策。2002—2014年为政策低密集期,这一期间每年都有政策出台,12年间总计出台52份政策,平均每年出台4份,呈现低密度的政策分布。2015—2019年为政策高密集期,这4年中共出台了54份电子政务相关政策,平均每年出台13

份,其中 2016—2018 年出台 39 份,呈现较高密度的政策分布。2020 年,电子政务建设迈入了数据资产阶段。①

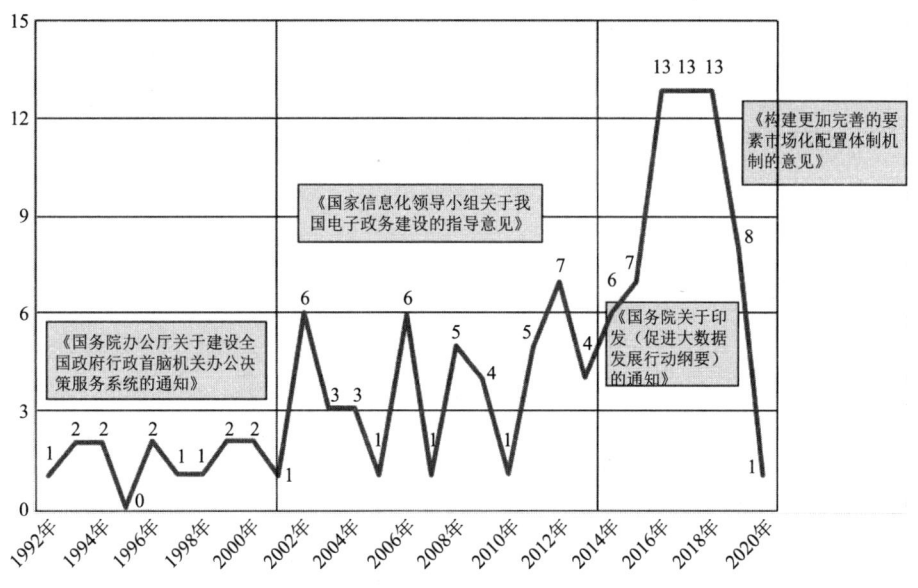

图 4-1 电子政务政策数量变化情况

2020 年以来,数据资产建设成为中心议题。2020 年以前出台的很多电子政务中央政策文件的规划时间都是以 2020 年为规划目标年份。2006 年出台的《2006—2020 年国家信息化发展战略》中提出我国信息化发展的战略目标是到 2020 年,综合信息基础设施基本普及,信息技术自主创新能力显著增强,信息产业结构全面优化,国家信息安全保障水平大幅提高,国民经济和社会信息化取得明显成效。2016 年,《国家信息化发展战略纲要》根据新形势对《2006—2020 年国家信息化发展战略》进行调整和发展,是规范和指导未来 10 年国家信息化发展的纲领性文件,是信息化领域规划、政策制定的重要依据。同年出台的《关于全面推进政务公开工作的意见》中提出到 2020 年,政务公开工作总体迈上新台阶,依法积极实行政务公开负面清单制度,公开内容覆盖权力运行全流程、政务

---

① 朱琳,刘雨欣,顾文清:"基于共词分析的中国电子政务政策变迁研究",《电子政务》,2020(11):59—73。

服务全过程。同年,国务院印发的《"十三五"国家信息化规划》中提出,到2020年,"数字中国"建设取得显著成效,信息化发展水平大幅跃升,信息化能力跻身国际前列,具有国际竞争力、安全可控的信息产业生态体系基本建立。

电子政务政策体系的持续完善,是在信息化不断发展的推动作用下得以实现的。随着信息技术的日新月异,电子政务必须与时俱进,适应并引领这一变革。标准与规范的进一步完善为电子政务提供了清晰的发展方向和实施路径,确保了各项工作的有序进行。同时,"互联网+"、大数据、人工智能等新兴技术的应用,为电子政务注入了新的活力,使其在处理海量数据、提供智能化服务等方面展现出前所未有的能力。这些要素相互融合、相互促进,共同构成了电子政务发展的强大动力。它们之间的互联互通和有效协同,形成了高效运转的治理局面,极大地提升了政府服务的质量和效率。

电子政务的发展历程,也是一个不断自我革新、自我完善的过程。它遵循了从碎片化向一体化发展的转变逻辑,逐步打破了部门间、地区间的信息壁垒,实现了政务资源的整合和共享。这一转变不仅体现在信息发布向信息共享的升级上,更体现在从简单的业务上网向全方位的服务上网的跨越上。这种变迁逻辑,使电子政务更加贴近公众需求,更加便捷、高效地为民服务。

三、数字公共治理的标准规范

标准化是现代化工业的产物,在经济社会发展中起着不可替代的重要作用。进入21世纪,标准化已从传统的工农业产品和技术不断向各类服务和管理过程中的重复性活动方面延伸。标准化可形成科学统一、协调优化、易操作、可衡量和可检验的技术指标体系,实现量化管理与科学评价,可推动管理工作的系统化、规范化和科学化,为数字公共治理提供技术基础。

随着各行业、各领域信息化的迅速发展,信息技术已成为大部分组织开展业务的有效支撑。为了促进组织有效、高效、合理地利用信息技术,有必要在组织的信息化规划、建设、运营和维护过程中提出与信息技术相关的治理要求,从而实现战略一致、风险可控、运营合规和绩效提升的目标。根据《中华人民共和国国家标准公告》2017年第29号,"信息技术服务 治理"系列标准中四项国家标准正式获批发布并于 2018 年 5 月 1 日开始实施。

数字公共治理行政信息公开方面,《行政服务中心信息公开编码规范》已于 2016 年 11 月开始实施;电子政务标准方面,已有 GB/T21061—2007《国家电子政务网络技术和运行管理规范》、GB/T 21064—2007《电子政务系统总体设计要求》等 17 项国家标准。同时国家还在制定《信息安全技术电子政务认证应用技术指南》《信息安全技术政务信息系统安全基本要求》等 5 项国家标准。此外,为规范行政事项网上审批,提升行政审批效能,还制定了《行政事项电子监察规范》标准。

在一些更为基础的方面,《服务型政府导则》标准项目,主要规范了服务型政府建设所应坚持的基本原则和要求,为服务型政府的建设提供技术指引。同时根据目前已有 GB/T25647—2010《电子政务术语》标准为数字公共行政文化建设提供"标准化语系"支撑。[1]

标准来源于实践,需要以实践经验的综合成果为基础。数字公共行政文化标准的制定需要由国家进行统一管理,也需要建立在各地方公共行政管理实践的基础上,需要中央和地方上下联动、共同推进。

第二节 数字公共治理的制度逻辑

"中国之治"得益于中国制度科学管用,具有合实际、合规律、合目的制度逻辑。合实际,是指中国制度符合中国历史实际、国情实际和时代实际;合规律,是指中国制度符合经济社会发展规律和制度发展规律,能够集中力量办大事,充分发挥优势和潜力;合目的,是指中国制度始终坚持以人民为中心,保障人民当家作主,在促进人的全面发展中解放和发展生产力。

一种社会制度要有效管用,就必须扎根本土,同社会生产力发展水平、社会发展阶段相适应。既不能急于求成搞制度上的浪漫主义、理想主义,也不能邯郸

---

[1] 康俊生,晏绍庆,韩晶:"我国公共行政文化标准体系构建研究",《质量与标准化》,2013(09):46—49。

学步、照抄照搬,指望搬来一座"飞来峰"。立足中国社会实际,在中国历史传承、文化传统、经济社会发展的基础上长期发展、渐进改进、内生性演化的中国制度,其鲜明特点就是合实际而适宜、合实际而管用。[①]

数字治理的科学问题和科学规律是什么,如何认识规律并正确地运用规律,对于研究者来说如何正确地表达问题是当前要解决的问题。数字政府和数字治理的相关研究,是近年来逐渐兴起的重要研究议题,既有文献提出了许多值得参考的研究结论。

一、基于治理逻辑的现有数字公共治理政策制度及其所面临的困境

党的二十大报告强调,加快建设网络强国、数字中国。数字政府建设作为网络强国与数字中国战略的有机组成部分,已成为"十四五"时期深化行政管理体制改革,推进政府治理创新的重要路径,各地数字政府改革持续加速,信息技术红利正在转化为政府治理效能。但目前现有的数字公共治理制度体系并不完善,在数字政府改革及基层数字治理体制方面都存在着不同的问题,所面临的数字治理困境和现实梗阻也不一而足,如何解决这些问题成为如今数字治理所面临的难题。

(一)数字治理政策的执行偏差

布坎南的公共选择理论基于经济人模式,研究了市场经济下政府干预行为的局限性或政府失灵问题,并提出所谓政府政策低效率是指执行的政策不是最好的政策,不能确保资源的最佳配置。[②] 政策执行偏差是政策执行者在执行过程中受到主客观因素的影响,其执行效果偏离政策目标并产生了不良后果的现象。数字治理越来越成为国家治理的重要支撑,在数字技术的支持下,强化了政府对社会的管控,增强了政府对社会治理的自信,政府在享受数字红利的同时对数字治理的依赖性也在增强,但强控制下的数字化矫治会反噬数字治理的成果,

---

[①] 辛鸣:"'中国之治'的制度逻辑",《人民日报》,2018-11-16。
[②] 柳玉琪、王洋洋:"公共选择理论视角下特殊利益集团对政府失灵的影响",《经济研究导刊》,2014(21):1—2。

产生数字形式主义。数字治理政策的执行偏差主要包括:一是政策的执行定位偏差,二是政策的执行权配置偏差。[①] 主要表现为:一是,央地目标冲突,由于中央与地方数字治理目标诉求不一致,地方政府在接收信息后选择性执行政策。二是,基层内卷化严重,基层组织数字治理存在资源稀缺与分配不公平现象。三是支持性配套政策环境偏差。数字治理政策的成功执行,不仅需要政策本身的灵活性还需经济、文化、政治、社会等全方位环境的支持。但在实际运行中,数字治理在个别地方被同化,业绩流于形式,这与制度考核、社会风气、文化结构、政治官僚作风都有着密不可分的关系。基层治理政策是由地方实际状况决定的,这使得结合宏观政策与地方制度制定与地方特征相适应的有效治理规则尤为重要。

(二)数字化治理下的基层制度扭曲

在"工具理性""技术理性"的助推下,基层政府部门对治理算法化依赖性呈正相关趋势,正如制度主义者盖伊·彼得斯(B. Guy Peters)所言,"制度的形成更多源自行为者之间的交互作用",[②]技术的快速发展已突破原有制度的限制,现有制度在约束技术应用时也体现出滞后性和扭曲性。一方面,技术加速赋能下的制度张力不足。技术依赖型模式可以消除制度壁垒,统筹多部门提升工作效率,以致该模式在政府数字化转型中得到广泛运用。然而,"制度的内部矛盾周而复始,这是政治体制的普遍特征",[③]在技术加速运用中,现行制度的张力难以有效规范技术的不足,基层单位还是循环往复地一项又一项进行技术依赖式治理。而有些技术的设计理念并不是基于基层工作者的实际工作需要,而是为方便上级决策和监督,当对基层社会治理工作要求过高时,基层干部通常会产生逃避责任行为,从而造成技术问题数字化、行政问题技术化的"技术异化","僵尸"平台和名目繁多的政务 App 问题就是其重要表现。另一方面,技术转移过快导致制度建设滞后。技术逻辑下的治理模式已不再是传统管理模式中的人与

---

① 缪小明,罗丽:"精准扶贫政策执行偏差研究:以政策执行过程为框架",《山西大学学报(哲学社会科学版)》,2020(01):93—100。
② B. 盖伊·彼得斯:《政治科学中的制度理论:"新制度主义"》,上海世纪出版集团,2011。
③ 詹姆斯·G. 马奇,约翰·P. 奥尔森:《重新发现制度:政治的组织基础》,生活·读书·新知三联书店,2011。

人连接模式,而转变成人与机器关系,这种人机关系容易形成基层工作者与社会大众的隔阂,而现有的治理制度却没有克服这一弱点。如老人因无法到银行进行人脸识别而不能办理业务、因无法出示健康码而难以享受相应服务等被数字化治理边缘化的"数字鸿沟事件",深刻反映出技术转移过快下的制度建设滞后。总之,随着技术的实施,原有制度会产生张力不足或滞后的扭曲,如果没有消除不匹配或纳入新的因素,技术实施会反馈给上级从而获得更多的资源、权力,最终基层社会治理的指挥棒会异化为一种形式满足的工作过程。[①]

(三) 算法偏见下的制度目标偏离

我国各级政府在进行智能化数字化转型过程中,天然地具有自上而下的特征。党的十九届四中全会提出,要创新行政管理和服务方式,加快推进全国一体化政务服务平台建设,要建立健全运用互联网、大数据、人工智能等技术手段进行行政管理的制度规则。推进数字政府建设,加强数据有序共享,依法保护个人信息。[②] 中央层面大力号召各级政府在进行治理过程中发挥大数据的作用,提高政府治理水平与治理能力。由此可见,中央层面的导向与支持为各级政府数字生产机制的建立提供了充足的外在激励。尽管顶层设计时确立了政府数字化转型的宏观方向,但由于目前的数字政府建设还处于起步阶段,可供我们学习的对象和参照乏善可陈。因此,关于算法的设计、训练数据的选择以及应用环境的不当都有可能使得系统产生不公平的预测、决策或结果,造成算法偏见。进而出现理解或执行偏差而导致的目标偏离。再加之算法技术的化约性特点,针对某一社会领域的具体问题进行信息收集、数据处理、预测分析过程中的编码、运算、输出均无法全面准确地对现实问题进行实质性界定,同时算法技术简化处理问题的自然特性也会导致治理目标的偏离。这就有可能使得算法技术的实际运转本质上仍然体现的是政府官员的价值理念与利益偏好。算法作为政府社会治理的工具与资源,归根结底要受制于社会权力结构和代理人自身利益。算法技术

[①] 孙会岩,王玉莹:"制度逻辑:基层社会治理中数字形式主义问题的反思与超越",《电子政务》,2023(02):107—114。

[②] 范如国:"'全球风险社会'治理:复杂性范式与中国参与",《中国社会科学》,2017(02):65—83+206。

应用的关键行为者是人,而自私利益的假设可能是所有政治科学家的共识假设,①这就存在既得利益者利用算法技术的隐蔽性,通过算法偏见、有意错误操纵等手段偷换治理目标的可能性,造成政治结构的偏见延伸到算法技术中,最终导致算法行政的异化。

二、从"传统公共管理"到"数字公共治理":治理方式的转型升级

理解数字时代政府治理方式的转型需要从传统公共行政理论说起。传统公共行政理论把公共政策的执行简单地看作一个"黑匣子",没有打开公共服务提供这一作为政策过程产出管理的黑箱,不能很好地解释公共服务提供这一复杂的过程。因此,传统公共行政理论在行政方法上的阐释存在缺陷。

对于新公共管理理论而言,也存在不足之处,主要集中在三个部分。一是新公共管理理论聚焦于组织内部的运作,这一组织内部导向的范式没有反映当代公共服务提供的跨组织的和互动的性质,也不反映当代公共服务提供中日益增长的过程性和系统性的特点。② 二是新公共管理的理论依据来自制造业和工业部门的私营管理经验。这些理论有三个核心假设:首先,生产和消费是具有不同逻辑的分离过程;其次,生产和消费的成本是可区分和可分离的;最后,消费者在这个过程中基本上是被动的。在新公共治理的提出者看来,这些是新公共管理范式的致命缺陷。三是新公共管理聚焦于政府内部的运作,这使它不能适应日益增长的多元化的世界,越来越不适应现代社会公共管理实践的需要,因此,在日益多元化(多主体和多过程)的世界中,新公共管理在捕捉公共服务的管理和治理并为之做出贡献方面的能力是有限的和一维的。

基于以上新公共管理理论的不足可以看出,之前的公共管理理论更多地聚焦于行政过程或组织内部的管理,并没有把重点放在跨组织关系的治理和公共服务提供的系统的效能上,用来理解公共服务提供的现有公共管理的核心理论无法满足公共管理过程中对效率的追求,由此数字公共治理应运而生并迅速发

---

① 段哲哲:"控制算法官僚:困境与路径",《电子政务》,2021(12):2—16。
② Stephen P Osborne,"Delivering Public Services:Time for a New Theory?",*Public Management Review*,2010.

展。数字公共治理成为公共行政领域的研究热点,被寄予了一系列的美好期望,如政府更加公开透明,公众可以得到个性化的优质服务,公共行政的民主化水平得到提升,公民参与机会增多、影响更强,政府与社会、市场关系更为良善,等等。① 在此情况下,政府改革需要提上日程,从传统公共管理向数字公共治理的转型便应运而生了。

信息技术的快速进步与新业态的迭代发展推动了社会形态的演化。在快速进入数字社会的时代背景下,推进数字治理体系和治理能力已经成为国家治理体系和治理能力现代化建设的题中之义。传统理论多从技术层面肯定信息技术革命对于生产关系变革的积极意义,但数字治理体系和治理能力现代化建设更加注重数字社会形态下生产关系本身的转型。应秉持"发展与安全并重""国际与国内同构"这两个治理原则,从技术、行为、组织三个层面系统推进数字治理体系框架建设,并在技术能力、规范能力、组织能力三个方面加强数字治理能力建设。

在 2016 年就"实施网络强国战略"举行的政治局集体学习中,习近平总书记明确指出,信息化建设要"深刻认识互联网在国家管理和社会治理中的作用",并以"推行电子政务、建设新型智慧城市等为抓手,以数据集中和共享为途径",②推动国家治理方式及政府组织方式的相应变革。要"运用大数据提升国家治理现代化水平"。③ 在第二届世界互联网大会上,习近平总书记更为系统地指出,"纵观世界文明史,人类先后经历了农业革命、工业革命、信息革命。每一次产业技术革命,都给人类生产生活带来巨大而深刻的影响。现在,以互联网为代表的信息技术日新月异,引领了社会生产新变革,创造了人类生活新空间,拓展了国家治理新领域,极大提高了人类认识世界、改造世界的能力。"④

党的十八大以来,党中央、国务院从推进国家治理体系和治理能力现代化全

---

① 鲍静,贾开:"数字治理体系和治理能力现代化研究:原则、框架与要素",《政治学研究》,2019(03):23—32。

② "习近平在中共中央政治局第三十六次集体学习时强调:加快推进网络信息技术自主创新朝着建设网络强国目标不懈努力",《人民日报》,2016-10-11。

③ 习近平:"审时度势、精心谋划、超前布局,力争主动实施国家大数据战略,加快建设数字中国",《实践(思想理论版)》,2017(12):7。

④ 习近平:"在第二届世界互联网大会开幕式上的讲话",《中国信息安全》,2016(01):24—27。

局出发，准确把握全球数字化、网络化、智能化发展趋势和特点，围绕实施网络强国战略、大数据战略等作出了一系列重大部署。经过各方面共同努力，各级政府业务信息系统建设和应用成效显著，数据共享和开发利用取得积极进展，一体化政务服务和监管效能大幅提升，"最多跑一次""一网通办""一网统管""一网协同""接诉即办"等创新实践不断涌现，数字技术在新冠疫情防控中发挥重要支撑作用，数字治理成效不断显现，为迈入数字政府建设新阶段打下了坚实基础。并以数字化改革促进制度创新，保障数字政府建设和运行整体协同、智能高效、平稳有序，实现政府治理方式变革和治理能力提升。

（一）以数字化改革助力政府职能转变。

推动政府履职更加协同高效。充分发挥数字技术创新变革优势，优化业务流程，创新协同方式，推动政府履职效能持续优化。坚持以优化政府职责体系引领政府数字化转型，以数字政府建设支撑加快转变政府职能，推进体制机制改革与数字技术应用深度融合，推动政府运行更加协同高效。健全完善与数字化发展相适应的政府职责体系，强化数字经济、数字社会、数字和网络空间等治理能力。助力优化营商环境。加快建设全国行政许可管理等信息系统，实现行政许可规范管理和高效办理，推动各类行政权力事项网上运行、动态管理。强化审管协同，打通审批和监管业务信息系统，形成事前事中事后一体化监管能力。充分发挥全国一体化政务服务平台作用，促进政务服务标准化、规范化、便利化水平持续提升。

（二）创新数字政府建设管理机制

明确运用新技术进行行政管理的制度规则，推进政府部门规范有序运用新技术手段赋能管理服务。推动技术部门参与业务运行全过程，鼓励和规范政产学研用等多方力量参与数字政府建设。健全完善政务信息化建设管理会商机制，推进建设管理模式创新，鼓励有条件的地方探索建立综合论证、联合审批、绿色通道等项目建设管理新模式。做好数字政府建设经费保障，统筹利用现有资金渠道，建立多渠道投入的资金保障机制。推动数字普惠，加大对欠发达地区数字政府建设的支持力度，加强对农村地区资金、技术、人才等方面的支持，扩大数字基础设施覆盖范围，优化数字公共产品供给，加快消除区域间"数字鸿沟"。依

(三) 完善法律法规制度

推动形成国家法律和党内法规相辅相成的格局，全面建设数字法治政府，依法依规推进技术应用、流程优化和制度创新，消除技术歧视，保障个人隐私，维护市场主体和人民群众利益。持续抓好现行法律法规贯彻落实，细化完善配套措施，确保相关规定落到实处、取得实效。推动及时修订和清理现行法律法规中与数字政府建设不相适应的条款，将经过实践检验行之有效的做法及时上升为制度规范，加快完善与数字政府建设相适应的法律法规框架体系。

国外的数字制度体系建设部分发展也十分超前。以英国为例，自20世纪80年代以来，英国历届政府和议会颁布了一系列的法律、法规和条例等，形成了较为系统的数据安全治理制度体系（英国数字制度体系发展历程如图4-2所示）。自2013年计划脱欧到2020年正式脱欧，英国半数以上数据治理政策是基于欧盟各项指令制定的，经过几十年的相互交流和密集合作，英国和欧盟的数据保护现在已经通过渗透而实现了内在联系。虽然欧盟制定的制度仍适用于英

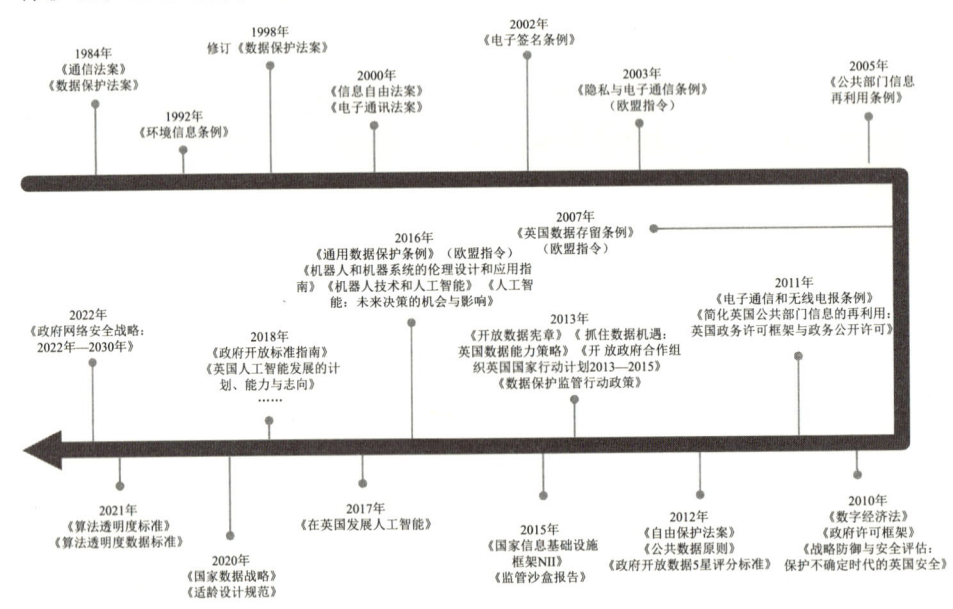

图 4-2 英国数字制度体系发展历程

国,但随着英国正式脱欧,制度演进逐渐趋于英国自身。①

第三节　数字公共治理的制度规则体系建设

一、数字公共治理的顶层设计

实现良善治理是人类社会发展演进的共识性选择。中国特色社会治理的现代化,经历了一个长期探索、逐步完善的过程,跨越了从社会管控、社会管理到社会治理的不同发展阶段。② 发展到当今阶段,数字公共治理应运而生。2012年4月发布的《"十二五"国家政务信息化工程建设规划》突出强调了"加强顶层设计、统筹规划"的指导思想。数字公共治理的顶层设计大致分为以下五个方面。

(一)加大统筹协调力度

党的十八大以来,党中央高度重视网络安全和信息化工作,习近平总书记特别强调,通过信息化推动国家治理体系和治理能力现代化。党中央把网络安全和信息化工作提到一个很重要的位置,要求统筹发展数字公共治理工作。十八大以后,中央专门成立中央网络安全和信息化领导小组,极大提高了数字公共治理的顶层设计和统筹协调工作能力。2018年3月21日公布的"党和国家机构改革方案",将中央网信办改为"中央网络安全和信息化委员会",目的是加强整个网络安全和信息化工作统筹协调力度。

(二)建立统筹协调会议机制

2016年经中央领导同志批准,成立了由中央网信办牵头,中办、国办、国家发展改革委等部门参加的国家电子政务统筹协调机制,统筹整个电子政务的发展,主要厘清中央各有关部门在电子政务建设、管理、运行和标准化方面的一些职能职责,尽量避免部门之间责权的交叉重叠。建立国家电子政务工作统筹协

---

① 张涛,崔文波,刘硕等:"英国国家数据安全治理:制度、机构及启示",《信息资源管理学报》,2022(06):44—57。

② 李岩:"新时代中国基层社会治理制度的顶层设计与实践推进",《新视野》,2021(05):96—101。

调会议制度重大事项会商和重大事项报告等制度,提高了国家电子政务重大政策的一致性和协调性。

(三) 部署试点发挥统筹协调作用

在顺应新技术发展趋势,充分考虑数字公共治理发展实际的基础上,中央网信办会同国家有关部门对我国的电子政务顶层设计进行完善,制定并出台国家电子政务总体方案,对电子政务的数据资源、业务协同和政务服务体系的建设运用,以及电子政务的基础设施、标准规范、安全保障、政策法规等方面作出了安排,目的是充分发挥统筹协调作用,推动工作有序有效开展,着力提升民众获得感。为推动地方解决管理机制不顺、信息系统整合不足、业务系统水平不高、政务服务不到位等问题,依据总体方案,与有关部门协商,会同国办、国家发展改革委等一起,选择北京、上海、江苏、浙江、福建、广东、陕西、宁夏八个省市区开展国家电子政务综合试点工作,通过综合试点推动整个国家数字公共治理工作有序开展。

(四) 开放公共信息资源

党中央、国务院高度重视公共信息资源开放,《中华人民共和国国民经济和社会发展第十三个五年规划纲要》明确提出实施"国家大数据战略",要求"加快政务数据开放共享";国务院印发的《促进大数据发展行动纲要》,也将公共信息资源开放作为促进大数据发展的重要内容;中央网信办会同有关部门共同起草的《关于推进公共信息资源开放的若干意见》,经第十八届中央深改领导小组第32次会议审议通过并正式印发。这一意见的出台,标志着我国公共信息资源开放工作进入了新的发展阶段,将为各级政府和社会各界提供更加丰富的数据资源和服务,有力地推动国家治理体系和治理能力现代化的进程。

(五) 大力推进政务信息系统整合共享

为着力打破信息壁垒,探索解决政务信息资源深度整合不足、应用不深入、制度不完善、发展不平衡等突出问题,国家发展改革委在国务院办公厅指导下,会同有关部门,包括网信办、工信部等有关部门和地方,大力推进政务信息系统整合共享工作,取得积极成效。

一是不断完善大数据发展的政策体系,推动出台《政务信息资源共享管理暂行办法》等政策性文件,优化大数据发展环境。

二是加快推进数据共享,初步建立国家数据共享交换平台体系和资源目录体系,支撑跨部门跨地区数据共享交换超过300亿条次。

三是不断提升政务服务水平,打通40多个国务院部门的垂直信息系统、694项数据,面向全国各级政府部门发布人口、法人信息核验等118个数据服务接口,初步解决学籍、学位、学历认证、不动产登记、精准扶贫、职业资格认定等20个群众反映强烈、呼声很高的堵点问题。

此外,国家发展改革委会同有关部门和地方,重点围绕国家治理能力现代化、"放管服"改革,在全面推动实现网络通、数据通、业务通的同时,启动百项问题疏解计划,面向社会征集100个既是民众最关心的,又是制约网上办事的堵点、难点问题旨在实现政务服务一网通办、"全国漫游",让民众办事更加方便,更好地享受改革发展的成果。[①]

二、数字公共治理的总体框架

2006年,国家信息化领导小组正式下发了《国家电子政务总体框架》。国家电子政务总体框架由服务与应用系统、信息资源、基础设施、法律法规与标准化体系、管理体制构成,并规定服务是宗旨,应用是关键,信息资源开发利用是主线,基础设施是支撑,法律法规、标准化体系、管理体制是保障。在当年召开的全国电子政务工作会议上,时任国务院副总理曾培炎指出:"(总体框架)是国家电子政务的骨架,有了这个骨架,全国电子政务体系就能竖起来。框架从战略高度明确了电子政务发展的思路、目标和重点,为加快我国电子政务建设打下了重要基础。"

《国家电子政务总体框架》是"十一五"期间指导各地区、各部门电子政务建设的基本架构,从战略高度描述了电子政务的整个体系结构,阐述了电子政务建设的基本要素及彼此之间的关系,是对顶层设计进行初步探索的产物。由于"框架"的内容较为宏观且仅停留在国家层面上,在操作性上还不到位。相比于总体

---

① 杜宇:"完善顶层设计,破解电子政务难题",《中国招标》,2018(16):25—26。

框架,电子政务顶层设计更注重设计方法和过程,更注重可操作性,其设计对象可以是国家、地区、行业和部门层面的电子政务,设计成果也不仅仅限于提出总体框架,还包括更为详细的模型和实施路径等。①

三、数字公共治理制度体系的具体内容

随着云计算平台的发展、移动互联网技术的普及以及各地方"智慧城市"建设的展开,我国电子政务进行"顶层设计"整体规划的客观时机与技术条件已经成熟,我国的电子政务正在逐步迈入"顶层设计"理念的新阶段。具体内容主要表现在以下几点:

(一) 国家整体性战略规划是"顶层设计"的实施基础

建立国家整体性战略规划,能够统一设计"一站式电子政务系统",设定理念与目标、重大事项应急处理办法、确定基本作用、制定技术标准。这样一个整体性规划也可以有效解决与电子政务有关的隐私、信息安全、系统维护、服务标准等问题。

在建立电子政务国家整体性规划的过程中,还需要高度重视工作人员的基本技术素质与能力。对于电子政务系统的工作人员而言,除了基本的分析及理解能力之外,信息管理能力也是必需的,因为这项能力可以保证信息作为一种宝贵的组织资源,其内容、质量、形式、存储、传播、可访问性、可用性、安全和保存都得到应得的重视。各机构要建立的电子政务的类型不同,所需要的技术技巧也就不同。由于整个过程中都需要交流目标、进度、问题和结果,所以沟通能力非常重要。除此之外,项目管理能力对于计划、组织、资源分配、谈判、进度跟踪和评估结果来说也是至关重要的。

(二) 提供面向公众的服务是"顶层设计"的核心理念

建立以"为民服务"为核心理念的电子政务"顶层设计"规划的主要做法是将所有与政府相关的信息和服务都集中到一个有限、便捷的专门对于公众提供服

---

① 于施洋、王璟璇、杨道玲等:"电子政务顶层设计:基本概念阐释"《电子政务》,2011(08):2—7。

务的"一站式政府服务网站"平台上。在此平台上,还可以利用先进的搜索技术,使用户可以查询到其他所有的政府网站的相关信息。"一站式政府服务网站"平台在用户看来就是政府在线服务的整合,这样即使提供服务的部门或机构不同,用户也可以从同一个登入点开始。用户可以是公民,也可以是企业。一站式在线服务要求所有政府机构相互连接,使用户从一个登入点就可以获取到所有的公共服务。

"一站式政府服务网站"平台应该为公民和企业提供一个连接所有中央及地方政府服务的登入点。这个站点应该允许公民和企业根据自身情况和需求进行个性化设置。同时也应该附带推送服务,这样公民和企业可以选择通过邮件接受服务或信息的提醒。政府的在线资源索引应该编写得当,便于搜索。除此之外合理的结构、全面的导航系统和一致的网页风格都是构建一个有效的政府网站的基础。网站信息的展示应该根据生活、商业项目分类,使普通用户很容易就看懂。个性化可以促进国家网站的群众接受度。由于公民在政府网站上进行操作都需要经过身份认证,认证系统可以用于个性化设置。企业比公民更需要个性化设置,因为他们使用网站更加频繁。用户需要知道他们的个人数据会被怎样利用,会对谁可见以及能得到怎样的保护,这些都有利于用户对网站产生信任。

(三)制定统一标准与实现系统整合是"顶层设计"的关键步骤

实现国家整体性战略"顶层设计"规划,需要一个可以提供完全整合业务流程以及具有可行性的操作模式,这就要求电子政务系统可以实现跨领域、跨部门、跨层级的高度系统整合与业务流程的转型。国家整体性战略"顶层设计"规划要求建立起一个可以实现各部门安全、可信的共同信息共享框架,或者信息共享平台,以达到政府内部各层级、各地域、各部门较为轻松的"交换信息""资源共享",以避免阻碍政府运作、信息交换中的"技术性问题"的出现。因此,在建设和改进电子政务系统的过程中,尽快研究、制定相关电子政务标准异常重要。从"顶层设计"角度出发,电子政务的标准既包括:技术标准、管理标准、信息共享标准、基础设施标准,也包含为民服务标准。有关电子政务顶层设计标准的创制,可以采取"开放平台"模式。"开放的标准"下可邀请协同工作所涉及到的法律部门、学术界以及其他组织来讨论关键性问题。还可以成立一个跨部门的专门委员会作为工作组,就协同工作标准达成一致意见。其他措施包括上级政府部门的支持、在政府内出台有利于协同工作、系统整合的相关政策以及规章制度。①

新时期,随着服务型政府建设的推进,利用云计算电子政务平台,能够从根本上突破政府部门各自为政的建设思维。未来中国的电子政务体系建设可以通过合理运用云计算技术,将政府大量的业务应用与信息资源放到云端,并充分利用云端服务能力来提高电子政务的安全保障水平,以降低对电子政务的建设投资,从而减少信息资源消耗。② 随着现代信息技术的快速发展和普及,越来越多的行业不断变革以适应信息化时代,政府部门也利用信息技术实现了行政工作的革新,在数字公共治理的制度体系建设上也发挥了巨大的作用。

数字公共管理制度体系的构建具有公开性、透明性等特点,推动了政府组织结构逐渐向扁平化方向发展,在一定程度上也减轻了部门主管的行政任务,消除了行政部门不同层级、地域的限制,大大简化了政府部门的行政程序和组织层级,打破了过去组织内部"信息孤岛"的局面,使得不同政府部门之间信息传递与交流的成本大大降低。同时,政府各级领导干部在分配组织内部资源、发布信息、制定决策方面都可以通过权力下放的形式,有效改善领导和下属之间的关系,进一步实现民主化管理。

数字公共管理制度体系的具体内容还表现在其规范了政府的运行模式,数字公共治理的建设和发展在推动我国政府运行模式创新方面有着重要的意义和价值,主要表现为:第一,电子政务这一平台的建立使得政府治理流程更加透明科学。政务公开是服务型政府发展的一个必然趋势,政府部门需要将组织内部中各个部门的职能与运行流程公之于众,使人民的知情权、监督权得以充分保障,这有利于推动政府部门运行模式的透明化。第二,电子政务最基本的要求就是信息的透明化与公开化,推动政府管理模式向规范化、程序化转变,促使政府工作受到同事、公众和互联网等多角度、全方位的监督,这在一定程度上能够有效减少腐败行为的发生。第三,降低公共行政成本。传统的政府管理模式由于受到时间、地域、层级、部门等多种因素的制约,导致政府部门行政效率较低,而

---

① 丁艺,王鹏,朱锐勋:"'顶层设计'理念下电子政务整体规划的思路与方法",《云南行政学院学报》,2014(03):100—102。

② 王玮:"电子政务建设中云计算技术的应用",《互联网周刊》,2022(07):54—56。

电子政务能很好地弥补这一缺陷。电子政务利用现代信息技术手段精简整合组织业务流程,大大提高了我国政府行政人员的工作效率。同时,网络采购招标等方式也弥补了传统管理的漏洞,使政府运营模式更加规范合理,行政运作成本得以有效减少。[①]

与此同时,数字公共管理制度体系缺少运行和安全维护方面的法律法规。一方面,我国电子政务的法律地位不明确,法律效力不足。电子政务信息网涵盖了大量的社会公民信息,在涉及公民隐私信息问题的保护方面,相关电子政务的安全问题以及建设电子政务过程中资金的保障等方面都缺乏相应的法律支持和保护。另一方面,在电子政务建设运营方面,由于缺乏法律的明确规范,各级政府部门工作的开展缺乏关联性,使得不同组织层级的信息系统整合任务重且难度大。[②] 同时,在信息安全维护方面,也容易出现政府机密文件信息泄露等相关问题,使数字公共治理制度体系的建设和发展受到了阻碍和制约。

建设服务型政府的数字公共治理制度体系为新时代中国特色社会主义服务型政府的建设指明了方向,提供了意见。把握新时期中国特色社会主义服务型政府建设思想对数字公共治理制度体系建设、价值规范等相关工作的指导意义,有利于加快服务型政府建设进程,提高政府全心全意为人民服务水平,提升人民群众对政府管理、国家治理的满意程度,为和谐社会、创新社会的发展奠定良好基础。

关键术语

数字公共治理的制度规则 政府通过数字化思维、数字化理念、数字化战略、数字化资源、数字化工具等为数字公共治理构建法律法规、政策制度、标准规范等,其目的是治理信息社会空间、提供优质政府服务、增强公众服务满意度。

数字公共治理的制度体系 表现为各种具体的数字治理活动与社会组织实践,通过各种数字治理制度不断平衡整个社会系统中各种资源和冲突,不断平衡

---

① 折托小,吴卫东:"政府管理创新中电子政务建设问题及对策研究",《中小企业管理与科技(中旬刊)》,2021(10):137—139。

② 裴紫云:"浅谈基于电子政务视角的政府管理创新",《信息系统工程》,2021(01):107—108。

各种群体利益,实现整体的自由与发展。

问题与讨论

1. 为什么需要构建数字公共治理的制度规则体系?
2. 规范数字公共治理应该怎么做?从哪几方面入手?

第五章　数字公共治理的技术体系

焦点问题：
- 数字公共治理的技术要素有哪些？
- 数字公共治理的技术规范中的各类规范包括哪些？
- 数字公共治理的运行逻辑是什么？
- 如何理解数字公共治理中的技术治理？
- 如何理清数字公共治理的技术伦理？

数字公共治理作为政府数字化发展的重要手段，已经对政治、经济、社会、文化等产生了广泛而深刻的影响，但无论是理论研究还是实践探索，当前数字公共治理的发展都尚处于初始阶段。技术体系建设是数字公共治理的基础，没有技术体系的支撑，数字公共治理也将无从谈起，因此在整个数字公共治理过程中技术体系的重要性显而易见。随着技术水平的不断发展，技术体系的建设不仅对数字化转型起到了推动作用，还跳脱出以往纯粹的工具属性，带来了技术文化、技术伦理等问题。本章详细介绍了数字公共治理的技术体系，以应对数字公共治理进程中的技术问题，推进中国特色新型数字治理理论体系构建。

第一节 数字公共治理的技术要素

一、技术构成

(一) 数字技术

数字技术是一项与电子计算机相伴相生的科学技术,它是指借助一定的设备将各种信息转化为电子计算机能识别的二进制数字"0"和"1"后进行运算、加工、存储、传送、传播、还原的技术。由于在运算、存储等环节中要借助计算机对信息进行编码、压缩、解码等,因此也称为数码技术、计算机数字技术或数字控制技术。

数字技术是多种数字化技术的集称,包括大数据、云计算、物联网、区块链、人工智能等,五大数字技术是一个整体,它们相互融合,推动数字公共治理的高速度高质量发展。数字技术应用的最大长处是能够大幅提高整体效率。数字技术可以构建一个更加直接高效的网络,打破过去政府与个人、企业之间、人和物之间的平面连接。而平面连接或者构架的问题是接点多、效率低。通过数字化技术,未来将建立起立体的、折叠的、交互式的架构。在此架构中,实现的点对点、端对端的交互式连接将更直接,能够省去中间节点,进一步提高效率。此外,叠加以区块链为基础的数学算法建立数字信任,将使得经济运行实现更低成本、更高效率,带动社会迅速发展。[①]

(二) 大数据

大数据技术是指大数据的应用技术,涵盖各类大数据平台、大数据指数体系等大数据应用技术。在维克托·迈尔-舍恩伯格及肯尼斯·库克耶编写的《大数据时代》中,大数据是指不用随机分析法(抽样调查)这样捷径,而采用所有数据进行分析处理。研究机构 Gartner 则给出了这样的定义:"大数据"是需要新处理模式才能具有更强的决策力、洞察发现力和流程优化能力来适应海量、高增长

[①] 李礼辉:"任何单一的数字化技术都不可能独木成林",新华网,2020-01-21。

率和多样化的信息资产。麦肯锡全球研究所给出的定义是：一种规模大到在获取、存储、管理、分析方面大大超出了传统数据库软件工具能力范围的数据集合，具有海量的数据规模、快速的数据流转、多样的数据类型和价值密度低四大特征。IBM 提出大数据的 5V 特点：Volume(大量)、Velocity(高速)、Variety(多样)、Value(低价值密度)、Veracity(真实性)。

大数据与云计算的关系就像一枚硬币的正反面一样密不可分。大数据无法用单台的计算机进行处理，必须采用分布式架构。它的特色在于对海量数据进行分布式数据挖掘，但它必须依托云计算的分布式处理、分布式数据库和云存储、虚拟化技术。大数据技术的战略意义不在于掌握庞大的数据信息，而在于对这些含有意义的数据进行专业化处理。换而言之，如果把大数据比作一种产业，那么这种产业实现盈利的关键，在于提高对数据的"加工能力"，通过"加工"实现数据的"增值"。

2016 年 3 月 17 日，《中华人民共和国国民经济和社会发展第十三个五年规划纲要》发布，其中"实施国家大数据战略"提出"把大数据作为基础性战略资源，全面实施促进大数据发展行动，加快推动数据资源共享开放和开发应用，助力产业转型升级和社会治理创新"，具体措施包括"加快政府数据开放共享、促进大数据产业健康发展"。

(三) 云计算

云计算属于分布式计算技术的一种。其最基本的概念是透过网络将庞大的计算处理程序自动分拆成无数个较小的子程序，再交由多部服务器所组成的庞大系统经搜寻、计算分析之后将处理结果回传给用户。之前的大规模分布式计算技术即为"云计算"的概念起源。中国网格计算、云计算专家刘鹏给出的定义是："云计算将计算任务分布在大量计算机构成的资源池上，使各种应用系统能够根据需要获取计算力、存储空间和各种软件服务。"云计算是分布式处理、并行计算和网格计算等概念的发展和商业实现，其技术实质是计算、存储、服务器、应用软件等 IT 软硬件资源的虚拟化，云计算的关键技术包括以下几个方向：虚拟机技术、数据存储技术、数据管理技术、分布式编程与计算、虚拟资源的管理与调度、云计算的业务接口、云计算相关的安全技术。

(四) 物联网

物联网技术起源于传媒领域,是信息科技产业的第三次革命。"物联网"的概念是在1999年提出的,当时它的定义是把所有物品通过射频识别等信息传感设备与互联网连接起来,实现智能化识别和管理。即物联网是指各类传感器和现有的互联网相互衔接的一个新技术。物联网是指通过信息传感设备,按约定的协议,将任何物体与网络相连接,物体通过信息传播媒介进行信息交换和通信,以实现智能化识别、定位、跟踪、监管等功能。2005年国际电信联盟(ITU)发布《ITU互联网报告2005 物联网》,报告指出,无所不在的"物联网"通信时代即将来临,世界上所有的物体从轮胎到牙刷、从房屋到纸巾都可以通过因特网主动进行交换。射频识别技术(RFID)、传感器技术、纳米技术、智能嵌入技术将得到更加广泛的应用。2008年3月在苏黎世举行了全球首个国际物联网会议"物联网2008",探讨了"物联网"的新理念和新技术与如何将"物联网"推进发展的下个阶段。

自2009年8月时任国务院总理温家宝提出"感知中国"以来,物联网被正式列为国家五大新兴战略性产业之一,写入《政府工作报告》,物联网在中国受到了全社会极大的关注,其受关注程度是在美国、欧盟以及其他各国不可比拟的。物联网的概念与其说是一个外来概念,不如说它已经是一个"中国制造"的概念,它的覆盖范围与时俱进,已经超越了1999年Ashton教授和2005年ITU报告所指的范围,已被贴上"中国式"标签。

(五) 区块链

区块链就是一个又一个区块组成的链条,每一个区块中保存了一定的信息,它们按照各自产生的时间顺序连接成链条,这个链条被保存在所有的服务器中,只要整个系统中有一台服务器可以工作,整条区块链就是安全的。这些服务器在区块链系统中被称为节点,它们为整个区块链系统提供存储空间和算力支持,如果要修改区块链中的信息,必须征得半数以上节点的同意并修改所有节点中的信息,而这些节点通常掌握在不同的主体手中,因此篡改区块链中的信息是一件极其困难的事。相比于传统的网络,区块链具有两大核心特点:一是数据难以篡改、二是去中心化。基于这两个特点,区块链所记录的信息更加真实可靠,可以帮助解决人们互不信任的问题。例如,2020年5月,江苏省南京市江北新区泰山街道推出的一款基于区块链技术的小区自治微信小程序,初步设置了公共资金监管和投票表决等功能。它针对居民医疗资源配置、群众议事机制等重点关注问题,成功增设了业主大会、线上投票、人工智能人脸信息识别等功能。公共收益基金与维修基金等情况在"链"上定期公示,监管部门可以作为"链"上的一个节点全天候关注。所有居民进出通过人脸识别确认身份信息,做到"一次扫脸,顺利通行"。①

(六) 人工智能

人工智能,英文缩写为AI。它是研究、开发用于模拟、延伸和扩展人的智能的理论、方法、技术及应用系统的一门新的技术科学。尼尔逊教授对人工智能的定义是,"人工智能是关于知识的学科——怎样表示知识以及怎样获得知识并使用知识的科学。"而美国麻省理工学院的温斯顿教授则认为,"人工智能就是研究如何使计算机去做过去只有人才能做的智能工作。"这些说法反映了人工智能学科的基本思想和基本内容,即人工智能是研究人类智能活动的规律,构造具有一定智能的人工系统,研究如何让计算机去完成以往需要人的智力才能胜任的工作,也就是研究如何应用计算机的软硬件来模拟人类某些智能行为的基本理论、方法和技术。在新一轮科技革命和产业革命中,人工智能技术发挥着"头雁效应",不仅有利于提升国家科技实力、引领产业革命变革、提升人们的生活体验,同时还为加强和创新社会治理带来了前所未有的机遇。

二、基础设施建设

2018年12月11日国家发改委办公厅和工信部办公厅印发的《关于组织实施2019年新一代信息基础设施建设工程的通知》指出,目前我国信息基础设施建设主要呈现出发展不平衡、不充分的问题,未来我国信息基础设施建设将聚焦于全局性、基础性、战略性的重大项目,关注发展的重点方向和关键环节。

---

① "南京江北新区首创'区块链+社会治理'",《新华日报》,2020-05-22。

（一）通讯基础设施建设

信息基础设施主要指光缆、微波、卫星、移动通信等网络设备设施，既是国家和军队信息化建设的基础支撑，也是保证社会生产和人民生活基本设施的重要组成部分。信息基础设施的建设特点是投资量大、建设周期长、通用性强并具有一定的公益性，也更具有军民共用的性质。信息基础设施是信息化各领域开展建设和应用的前提和基础，同时也是信息化水平的一个体现。随着信息通信技术的发展和创新，信息基础设施也在不断向新的方向发展。近几年宽带网络的建设被置于首位，高速的宽带网络成为许多国家和地区追逐的目标。世界主要国家纷纷制定国家宽带战略，把普及宽带网络和提升宽带应用作为发展目标，尤其强调宽带的普遍服务，注重扩大对弱势地区和弱势人群的宽带投入。例如，美国《国家宽带计划》提出未来十年将现有普遍服务基金规模提升到155亿美元。印度《关于推进国家宽带计划的建议》提出尤其是要普及农村宽带。同时，美国、德国、英国、韩国等国家还将建设智能电网、智能交通等智能基础设施作为刺激经济振兴的优先战略行动。

对于任何国家而言，现今工业化世界的生存全都离不开电力、通信和计算机这三类关键基础设施的交互作用。工业和信息化部于2021年11月1日印发实施《"十四五"信息通信行业发展规划》（以下简称"规划"），目的是为指导信息通信行业未来五年发展。按照国家发改委有关表述，新型基础设施主要包括信息基础设施、融合基础设施、创新基础设施。结合新发展阶段信息通信行业范畴拓展的实际情况，《规划》将信息基础设施和数字形态的融合基础设施归为新型数字基础设施，作为行业"十四五"期间布局"新基建"的落脚点。《规划》提出五项重点任务，包括全面部署5G、千兆光纤网络、IPv6、移动物联网、卫星通信网络等新一代通信网络基础设施，统筹优化数据中心布局，构建绿色智能、互通共享的数据与算力设施，积极发展工业互联网和车联网等融合基础设施，加快构建并形成以技术创新为驱动、以新一代通信网络为基础、以数据和算力设施为核心、以融合基础设施为突破的新型数字基础设施体系。

（二）公共治理数据库

我国电子政务建设工作将主要围绕"两网一站四库十二金"重点展开。"两网一站四库十二金"于2003年开始实施,覆盖了中国电子政务亟须建设的各个方面,涉及信息资源开发、信息基础设施建设与整合、信息技术应用等领域。其特点各异,又相互渗透和交融,将初步构成中国电子政务建设的基本框架。其中"一站",是指政府门户网站;"两网",是指政务内网和政务外网;"四库",即建立人口、法人单位、空间地理和自然资源、宏观经济等四个基础数据库;"十二金",则是要重点推进办公业务资源系统等十二个业务系统。这12个重点业务系统又可以分为三类,第一类是对加强监管、提高效率和推进公共服务起到核心作用的办公业务资源系统、宏观经济管理系统建设;第二类是增强政府收入能力、保证公共支出合理性的金税、金关、金财、金融监管(含金卡)、金审等五个业务系统建设;第三类是保障社会秩序,为国民经济和社会发展打下坚实基础的金盾、社会保障、金农、金水、金质等五个业务系统建设。目前,国家正在启动的基础信息库有人口基础信息库、法人单位基础信息库、自然资源和空间地理基础信息库、宏观经济数据库。2017年11月21日,国家人口基础信息库建设项目顺利通过专家组审查和验收委员会竣工验收,标志着国家五大基础信息资源库之一的国家人口基础信息库已率先建成并投入应用。截至2021年12月底,我国有23个省级(71.9%)和31个重点城市(96.9%)地方政府明确了政务数据管理机构,承担起数字政府建设工作。①

(三) 在线服务平台

党中央、国务院高度重视电子政务发展,提出以信息化推进国家治理体系和治理能力现代化,统筹发展电子政务,构建一体化在线服务平台。数字公共治理的在线服务平台包括国家政务服务平台、各级政府网站、各省级移动政务服务平台APP等。2017年6月8日,国务院办公厅《关于印发政府网站发展指引的通知》正式公布。该指引的基本原则包括:

1. 分级分类。根据经济社会发展水平和公众需求,科学划定网站类别,分类指导,规范建设。统筹考虑各级各类政府网站功能定位,突出特色,明确建设模式和发展方向。

2. 问题导向。针对群众反映强烈的更新不及时、信息不准确、资源不共享、

---

① 王伟玲:"中国数字政府形态演进和发展瓶颈",《行政管理改革》,2022(05):23—30。

互动不回应、服务不实用等问题,完善体制机制,深化分工协作,加强政府网站内容建设。

3. 利企便民。围绕企业群众需求,推进政务公开,优化政务服务,提升用户体验,提供可用、实用、易用的互联网政务信息数据服务和便民服务。

4. 开放创新。坚持开放融合、创新驱动,充分利用大数据、云计算、人工智能等技术,探索构建可灵活扩展的网站架构,创新服务模式,打造智慧型政府网站。

5. 集约节约。加强统筹规划和顶层设计,优化技术、资金、人员等要素配置,避免重复建设,以集中共享的资源库为基础、安全可控的云平台为依托,打造协同联动、规范高效的政府网站集群。①

随着数字公共治理的不断发展,各级政府都建立了网站,形成了政府网站体系。因此,为了进一步管理政府网站建设,充分发挥政府网站的功能和作用,一般需要制定相应标准,以地方标准《政府网站服务功能规范》(DB34/T4081—2021)为例,该标准适用于政府网站服务功能的设计、开发与运维,确立了政府网站服务功能的基本要求,并规定了网站首页、信息发布、政府信息公开、解读回应、办事服务、互动交流、数据服务、个性化服务、外文版网站、政务新媒体服务等功能要求,对确保全省各级政府网站服务功能的协调统一、规范有序以及建设整体联动、高效惠民的网上政府具有十分重要的作用与意义,对促进政府治理体系和治理能力现代化建设,推动"放管服"改革和优化公共服务环境,让企业群众有更多的获得感、幸福感和安全感,也具有非常积极的现实意义。

(四) 数字化监管平台

数字化监管是推动市场监管现代化、推进国家治理体系和治理能力现代化的有效途径。构建高效、完善、智能的数字化监管平台,有助于增强政府公信力和执行力,激发各类市场主体活力。

加快构建数字化监管体系需要依托全国一体化在线监管平台,加强各地区

---

① 《国务院办公厅关于印发政府网站发展指引的通知》(国办发〔2017〕47号),中国政府网,2017-06-08,https://www.gov.cn/zhengce/zhengceku/2017-06/08/content_5200760.htm?eqid=bbbb83900002d561000000036486dd3a。

各部门"互联网＋监管"系统互联互通,推进数字化监管平台建设,全面落实监管责任,完善分级分类监管政策,健全跨部门综合监管制度,建立规范的监管标准和规则体系,不断增强数字化监管能力。通过智慧监管等手段,增强监测预警能力,提升事中事后监管水平,实现精准化、规范化监管。[①]

第二节 数字公共治理的技术规制

一、技术规制基础

技术规范是对标准化的对象提出技术要求,也就是用于规定标准化对象的能力。在数字公共治理过程中互联网、大数据、人工智能等技术手段被广泛运用于行政管理中,新技术的广泛应用冲击了现有的法律法规和标准规范体系,所以需要对数字公共治理的技术性能、技术设备进行总体规范。而规制是指政府根据相应的规则对微观主体行为实行的一种干预。技术规制是在技术规范的基础上多了制度化约束。

技术规制的范式基础依然是占据自工业革命直至 20 世纪中叶的技术工具理论。也许是因为技术工具理论基础范式的惯性,或许是因为技术进步对人类发展的重要性,又或许是因为技术对民族国家在世界之林地位的重要性的认知,从而使"技术工具理论"成为"现代政府和政策科学所依赖的占主导的观点"。我国对技术的政策从国家战略性纲要到具体的法律制度,无不体现了对技术研究与应用的促进原则。这与技术对我国处于转型发展关键时期的重要性确实匹配与相称。但相对而言,技术规制立法政策相对较少,社会实际所反映存在规制真空或监管不力却表明技术工具理论范式的技术规制所致后果已经开始在中国现实生活中凸显。所有这些都表明我国技术规制应该从技术工具理论的基础范式向技术批判理论的基础范式转换,并且应该坚持前述的"技术研究与技术应用的结合规制、清晰的责任制度、技术民主与技术规制的国际合作与协调"等四个原

---

① 王益民:"以数字政府建设推进职能转变",《经济日报》,2022-09-10。

则,尤其应该承担起一个大国的责任,在国际社会相应技术领域倡导节制研究、开发与应用特定技术、倡导建立技术规制的补偿机制,以使在风险社会中,有效治理技术风险。

对技术的规制自然通过国家的法律与政策进行,而国家对技术规制的立法与政策的颁行则以对技术本质的价值判断为基础。对任何领域的规制总是以共有的价值判断作为其基础范式,而这种基础范式又决定法律与政策对该领域的规制原则。①

二、技术标准需求

技术标准是对标准化领域中需要协调统一的技术事项所制订的标准。它是根据不同时期的科学技术水平和实践经验,针对具有普遍性和重复出现的技术问题,提出的最佳解决方案。

数字技术作为多种数字化技术的集称,包括区块链、大数据、云计算人工智能等,针对不同的技术需要制定不同的技术总体规范,由于这些技术已经运用于数字化生活的方方面面,所以各部门在制定过程中还要结合相应的领域背景。如央行发布《金融大数据平台总体技术要求》、国家广播电视总局关于发布《网络视听收视大数据技术规范 第1部分:总体要求》等。另外制定数字公共治理的技术总体规范时必须注重落实数字化管理模式,在治理过程中应坚持以人为本的原则。数字化管理需要进一步加强数字化分析能力,同时要进行科学规划、合理建设、民主管理等提供有理、有据、有可操作性的咨询和指导意见。数据是否完整、准确、及时,直接关系到数字化管理的成败。必须从全局、从整体出发,系统地掌握企业的信息流向,有针对性地开展信息的收集、整理工作,抓好数据的源头工作,并以此为标准制定数字公共治理的技术总体规范。

为加强电子政务领域标准化顶层设计,推动电子政务标准体系建设,支撑电子政务实施应用,市场监管总局办公厅、中共中央办公厅机要局、国务院办公厅电子政务办公室、中央网信办秘书局、国家发展改革委办公厅、工业和信息化部

---

① 刘铁光:"风险社会中技术规制基础的范式转换",《现代法学》,2011,33(04):68—78。

办公厅等六部门印发《国家电子政务标准体系建设指南》(以下简称"指南")。电子政务标准体系框架由总体标准、基础设施标准、数据标准、业务标准、服务标准、管理标准、安全标准七部分组成。此外,针对制约电子政务发展的主要矛盾和突出问题,围绕政务数据开放共享、公共信息资源开发利用、电子文件、"互联网+政务"等重点工作,提出了相应的标准子体系框架及建设重点。《指南》延续了前期政务基础设施建设的宗旨和精神,将继续聚焦于电子政务公共基础设施的集约化,大力推广政务云平台,推动计算资源、存储资源、服务支撑、安全保障等共性基础资源的集约共享。

具体而言,总体标准主要包括电子政务总体性、框架性、基础性的标准规范,如术语、标准化指南、参考模型等。基础设施标准包括政务硬件设施标准、政务软件设施标准和政务网络标准。数据标准主要包括元数据、分类与编码、数据库、信息资源目录、数据格式、开放共享、开发利用、数据管理等标准。业务标准主要包括业务流程、业务系统等标准。服务标准主要包括政务服务基础标准、服务应用标准。其中基础标准主要明确电子政务服务市县的要素设置、材料要求和电子政务服务流程,对电子证照、电子合同、电子票据等内容进行规范;服务应用标准主要对政务服务平台、政务服务移动端、政务服务自助终端等进行规范,支撑"互联网+政务服务""互联网+监管"等电子政务服务应用。管理标准包括运维运营标准以及测试评估标准。安全标准包括安全管理标准、安全技术标准与安全产品或服务标准。[1][2]

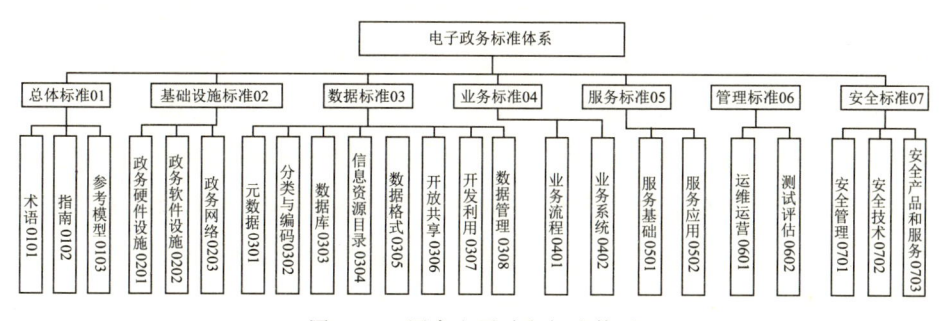

图 5-1 国家电子政务标准体系

---

[1] 程红琳:"六部门印发《国家电子政务标准体系建设指南》",《中国政府采购报》,2020-06-22。
[2] 《国家电子政务标准体系建设指南》,2020-06-18。

在数字公共治理技术自主化方面,由于工业互联网的核心是基于全面互联而形成数据驱动的智能系统。互联网共性的基础和支持可以从网络、数据和安全三个方面来理解:网络是基础。通过物联网、互联网等技术实现全系统的互联互通。安全是保障。通过设备安全、网络完全、控制安全、数据安全及应用安全五大方面构建涵盖全系统的安全防护体系,保障工业智能化的实现。数据是智能化的核心驱动。实现数字化需要建立数据的采集,交换,集成处理,建模分析,决策优化和反馈控制等。这一系统既离不开包含生产环节、数据采集环节、控制环节及数据处理环节在内的硬件设施,也离不开对数据进行建模、分析的各类工业软件。信息管理类软件能够帮助政府提高管理水平,提升物流效率和信息流效率,主要包括ERP(Enterprise Resource Planning,企业资源管理计划)、CRM(Customer Relationship Management,客户资源管理系统)、SCM(Supply Chain Management,供应链管理系统)等产品。软件是实现公共治理智能化的核心,关系到我国国家安全等一系列重要问题。"卡脖子"现象将威胁我国信息安全。国家信息安全需求和国外技术封锁迫使自主可控成为必要。整体而言,我国互联网基础技术空心化严重,相关标准空白严重,实现自主可控需求迫切。

三、技术规制构成

(一) 技术标准化

标准化是保障数字政府规范建设的重要技术基础,是促进政府管理更加科学、监管更加有序、服务更加高效的重要技术手段,已成为各级数字政府建设工作的重要组成部分。《国务院关于加强数字政府建设的指导意见》明确提出健全标准规范,将标准化作为数字政府建设制度规则体系中的重要内容。但目前业界针对数字政府标准体系的研究还不够深入,适应数字政府特点的标准体系还未建立,如何构建多维数字政府标准体系已成为数字政府标准化工作的关键问题。

随着数字政府建设的加快,"放管服"改革的持续深化,以及政务信息系统整合共享、政务信息资源交换共享与开发利用、"互联网+政务服务"的不断推进,对数字政府标准化工作也提出了新的需求。

一是数字政府标准的基础保障作用更加凸显。标准是构成数字政府技术制度的基本单元,众多标准形成的数字政府标准体系构成了数字政府建设中所需遵守的技术制度。数字政府建设中应遵守的技术、数据、安全、管理等方面的基本要求通过标准的形式进行规定,这是数字政府健康有序发展的基础,作为数字政府建设的技术准则,保障数字政府建设的稳定性。

二是数字政府标准的互联互通作用更加明确。在数字政府建设中,按照统一的数据元、接口、数据字典、电子证照、电子文件等标准,对政务数据进行采集、处理、治理、管理,使得数据在各类政务信息系统间畅通无阻,为数字政府的互联互通提供基础支撑。标准化可以有效连接数字政府所有业务环节,利用技术准则协调不同部门间的工作,实现数字政府在技术上的协调以及整体效能的提高。

三是数字政府标准的创新引领作用更加急需。标准是促进数字技术广泛应用于政府建设、管理、服务等的有效手段之一,可为云计算、大数据、物联网、人工智能、区块链、数字孪生等新一代信息技术在数字政府中的合理应用提供技术支持。发挥标准基础性、引领性作用,推动技术标准在数字政府建设中的应用,可有效推动数字政府应用创新、服务创新和模式创新。[1]

(二) 技术规范化

首先,关于技术性能规范。2015年1月底国内第一个大数据产品和服务基准测试规范《大数据平台基准测试技术要求》公开发布,该基准测试规范的评价对象主要包括大数据软件平台、大数据软硬一体机和云端大数据服务三大类。数据分析是大数据的特点和难点,标准规范较为缺乏;在数据访问方面,目前在研究多项数据库、云数据存储和管理类标准,使用与大数据底层数据接口,但是尚缺乏数据导入、导出标准;数据安全方面,部分现有标准使用尚缺乏针对大数据的安全框架、隐私、访问控制类标准;数据质量是大数据应用和发展的基础,目前有多项在研标准,但均尚未发布,较为缺乏。

其次,关于技术参数规范。技术参数是指针对某一事物在规定的检测条件下得出的相对数据,一般是指设计或生产时做的性能测试报告。大数据、互联

---

[1] 于浩、张群:"构建多维数字政府标准体系的思考与建议",《中国发展观察》,2022(07):23—27+33。

网、人工智能等公共治理的技术参数设置需要兼顾数据流通与数据安全,加快推进公共数据资源的共享和社会化开发利用,以建立健全电子政务标准体系、验证机制、监督机制以及评价机制为契机,促进数据全过程全领域的标准化。政府需要联合平台企业、社会相关组织共同构建技术参数规范,以此来指导数字公共治理技术的顺利运行。

最后,关于技术总体规范。技术规范是对标准化的对象提出技术要求,也就是用于规定标准化对象的能力。它是标准文件的一种形式,属于规定产品,过程或服务应满足技术要求的文件。它可以是一项标准(即技术标准)或一项标准的一部分抑或一项标准的独立部分。其强制性弱于标准。当这些技术规范在法律上被确认后,就成为技术法规。

(三) 技术治理

在新一轮科技革命的时代背景下,大数据、云计算、区块链、人工智能、传感技术等信息技术加速普及,与移动互联网融合发展愈渐深入,多种形式的技术治理手段不断深入改变着人民的日常生活和各级政府的治理方式,网格化、数字化的时代新特征充分体现。[①] 技术治理(technocracy)有时也作"技术统治论""专家治国论",具有两个方面的维度:其一是利用科学技术成果治理社会,其二是强调受过自然科学与社会科学训练的专家的治理主体地位。[②] 技术治理之所以越来越得到关注,原因在于现代科学技术能够在复杂的社会治理中发挥重要作用,不仅以自然科学为基础的自然技术能够极大提升社会治理的效率和效能,而且以社会科学为基础的社会技术能够极大提升社会治理的专业化和理性化程度,而科学技术中蕴含的技术理性也在社会治理过程中显著地影响着人们的思维观念。

就概念而言,"技术治理"可以有两种不同的理解,一是技术作为治理对象,即由于科技革命对传统社会安全、价值和伦理等方面带来的冲击,需要对科学技术加以治理,使其符合现行的社会规范。如有的学者提出,"技术必须被驯服,只有这样才能把加速推进的势头置于控制之下。"二是技术作为治理方式,即运用

---

① 陶冰玥,施生旭:"我国技术治理研究领域文献计量分析",《科学观察》,2022(05):11—23。
② 李尉博:"智慧城市的技术治理问题及其应对",《中国社会科学报》,2022-07-20。

科学技术的高效性来提高社会运行效率,增强社会福祉。"所谓'技术治理',指的是在社会运行尤其是政治、经济领域当中,以提高社会运行效率为目标,系统地运用现代科学技术成果的治理活动",它主张以科学理性原则推进社会运行,为此必须让受过专业训练和掌握专业知识的专家积极参与其中。① 技术治理强调科技手段在公共治理中的应用,偏重技术的工具理性。对于某些公共事务,技术治理确实具有精准、快速和高效等特征。一定程度上,技术治理的兴起优化了公共治理结构,丰富了公共治理内容,提升了公共治理能力。随着信息技术等现代科技在公共治理中的广泛应用,技术治理在推动公共治理方式变革,使公共治理朝着精细化、数字化和智能化发展等方面越来越展现出其独特作用和优势。然而,数字技术在赋能万业的同时,也带来诸多困扰和风险。比如,数字技术加剧了"数字鸿沟",让很多老年人成为数字社会"边缘人";技术深度介入和捆绑人的生活,造成信息茧房、算法偏见等负面效应;过度收集和利用个人信息,侵害用户隐私权,甚至诱发信息贩卖、网络诈骗等违法犯罪行为。特别是数字技术一旦滥用于行政领域,不仅侵害公民合法权益,而且会动摇公众对于法治建设的信任,危害不可谓不大。

在治理实践中,治理主体在治理场域中依靠内在制度与外在技术两个层面的相互作用,最终实现治理目标。在治理场域中的内在制度主要为治理主体提供外部框架性的支持,通过规则设计、体制设计以及制度设计在治理场域中搭建框架外壳,为技术治理提供规范化、科学化的保障。而外在技术主要为治理主体提供工具性以及手段性的支持,通过以云计算、互联网、大数据为主要代表的现代信息技术为治理活动提供技术性的支持,提高技术治理的效率和精准度。②

对数字技术的规范,并不是抵制新技术,而是要以新技术来实现对技术的"治理"和"智理"。比如,数据来源是否合法,使用是否合规?每个环节的审批者是谁?数据安全由谁负责?应该全流程留痕,可追溯可审计。再如,应设置预警机制,对于存在违规风险的操作自动提示或警告,并送监管部门备案和审核;建立大数据安全融合平台,如把相关职能部门的数据分类整合到平台,实现"数据

---

① 程海东,陈凡:"从实践语境理解技术治理",《中国社会科学评价》,2021(03):83—90+159。
② 施生旭,陈浩:"技术治理的反思:内涵、逻辑及困境",《天津行政学院学报》,2022(02):13—23。

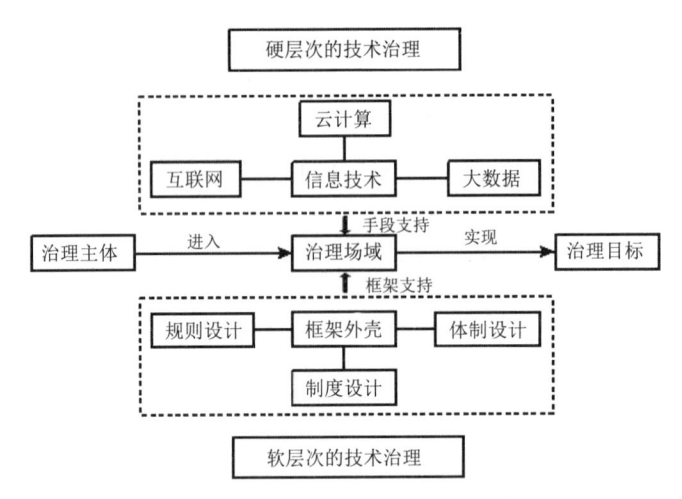

图 5-2 技术治理路径的逻辑框架

不动程序动""数据可用不可见"等,提升数据安全管理能力等。

数字技术发展到今天,给社会和个人带来了诸多便利、效率和颠覆性的变革,未来还将持续推动经济发展和社会进步,可以说,数字技术巨大的"向善"潜力是以往任何技术都无法比拟的。对于相关部门而言,应尽可能构建一个系统完备、科学规范、运行有效的规则体系,确保数字技术在法治和伦理的轨道运行,让数字技术真正为人所享、为人所用,更好造福社会、造福于人。

(四)技术伦理

伦理是指在处理人与人、人与社会相互关系时应遵循的道理和准则,是指一系列指导行为的观念,是从概念角度上对道德现象的哲学思考。它不仅包含着对人与人、人与社会和人与自然之间关系处理中的行为规范,而且也深刻地蕴涵着依照一定原则来规范行为的深刻道理。

数字技术的快速发展推动了数字化进程的加快,但是数字技术也带来了个人隐私保护的隐忧,由此产生的责任问题给传统伦理观带来了新挑战,所以在分析数字伦理问题时需要考虑到技术伦理这一因素。技术伦理是指通过对技术的行为进行伦理导向,使技术主体(包括技术设计者、技术生产者和销售者、技术消费者)在技术活动过程中,不仅考虑技术的可能性,而且还要考虑其活动的目的、手段以及后果的正当性。通过对技术行为的伦理调节,协调技术发展与人以及社会之间的紧张的伦理关系。由于现代工程越来越无法摆脱作为技术手段对活动的支持,而越来越复杂的现代技术则需要更多地依托于工程来实现。技术与工程的区分是相对的,在特定的条件下,技术与工程的区分才有意义。技术伦理与工程伦理的区别也是相对的。技术伦理着重解决技术活动中的伦理问题,是研究以利益为基础的人们在从事技术活动中应遵循的道德原则、规范与追求的道德价值目标。数字技术借助政府公权力广泛采集处理个人数据,提高了政府决策效率,也为个人隐私带来风险。传统个人隐私权向数字空间转移,对建构相适应的法律保护模式提出需求。此外,人工智能或"类机器人"在政府治理中的应用,需要从法律上明确其主体地位,从道德上予以约束规范其行为,以有效避免产生社会伦理冲突。[①]

第三节 数字公共治理的技术体系构建

一、建立技术标准组织

全国专业标准化技术组织是在特定专业领域内,从事国家标准起草和技术审查等标准化工作的组织,对于各专业技术领域标准化工作的展开与标准制定质量的提高有着重要作用,在我国标准化体系建设中有着重要地位。目前我国已经设立国家标准技术评审中心,其目的在于进一步加强国家标准技术审评工作,确保标准质量,提高标准制定效率和实施效益。

新的标准化技术组织的组建将有利于完善标准化技术组织体系,推动对应专业领域的标准化工作进展。近年来,随着中国在国际技术标准组织影响力的上升,欧美国家的智库、政府官员、立法机构甚至西方七国集团的数字和技术部长,都将注意力转向了数字技术标准的制定。[②]

[①] 王伟玲:"中国数字政府形态演进和发展瓶颈",《行政管理改革》,2022(05):23—30。
[②] 刘国柱:"'数字威权主义'论与数字时代的大国竞争",《美国研究》,2022(02):35—57+6。

二、推进技术标准制定

中国高度重视新一代信息技术发展及其标准竞争。2010年10月发布的《国务院关于加快培育和发展战略性新兴产业的决定》(以下简称"决定")正式确立新一代信息技术产业为战略性新兴产业。该《决定》还提出,为培育良好的营商环境,促进企业技术创新,提升产业核心竞争力,需要加快建立有利于战略性新兴产业发展的行业标准和重要产品技术标准体系,鼓励企业和研发机构参与国际标准的制定,鼓励外商投资企业参与中国技术标准制定,共同形成国际标准。

第一,加快完善新一代信息技术标准化发展的顶层设计。基于中国标准化发展水平及国际竞争态势,出台与《中国制造2025》《新一代人工智能发展规划》等国家重大战略对接的新一代信息技术标准发展规划。

第二,加快推进新一代信息技术与传统产业的融合发展,推动兼容性技术标准发展。推动实施"互联网+""智能+"等战略,加快新一代信息技术对传统产业的数字化、网络化和智能化改造升级,在这一过程中建立适合中国产业、技术发展要求的新一代信息技术兼容性标准,并借助于这一标准,进一步深化新一代信息技术对现有产业的改造升级和融合发展。

第三,加强新一代信息技术的关键共性技术研究。标准是研发过程的一部分,其核心和根本因素是技术,因此,关键共性技术的研发与突破对标准竞争具有决定性影响。

第四,优化新一代信息技术标准的组织结构。首先,提高政府机构对标准研发与制定的参与程度。在新一代信息技术标准制定过程中,应借鉴美国等发达国家的经验,使政府机构在各标准发展组织和技术委员会中获取成员资格。其次,促进新一代信息技术标准化组织建设。最后,鼓励相关企业联盟协同进行标准研发。基于企业联盟的市场机制和组织机制相结合的技术标准形成机制,是中国信息技术标准制定机制的现实的选择。

第五,增强新一代信息技术标准化发展的国际合作。积极参与国际标准制定,加强与经济合作与发展组织国家、金砖国家和"一带一路"沿线国家之间的标准化合作，联合建立以中国为主导的新一代信息技术国际标准化组织，负责制定新一代信息技术国际标准，协调各国标准化组织之间的工作，预测国际标准发展趋势与需求；鼓励本土企业积极参与国际标准化会议，构建高效的国际间技术标准交流机制，促进国际标准的合作交流与研发；同时，应注意对有控制性份额的外国大公司要防止其滥用知识产权、标准优势的行为以及对中国企业不合理的并购行为。最后，加大标准化国际高端人才的引进力度。与全球顶尖研究机构、标准组织和科技企业等建立广泛合作，吸引全球标准化方面的知名专家来中国工作，鼓励该领域出国留学人员回国创业。[①]

三、营造技术创新环境

2021年9月29日，国家互联网信息办公室、中共中央宣传部、教育部、科学技术部、工业和信息化部、公安部、文化和旅游部、国家市场监督管理总局、国家广播电视总局等九部门联合发布《关于加强互联网信息服务算法综合治理的指导意见》，提出"利用三年左右时间，逐步建立治理机制健全、监管体系完善、算法生态规范的算法安全综合治理格局"的主要目标，并确立了坚持正确导向、依法治理、风险防控、权益保障、技术创新等五项基本原则，在政策层面营造技术创新环境。未来，我国可继续从推进企业合规的创新措施，着力健全科技成果转化机制，着力强化科技金融支持，着力强化人才支撑。优化人才服务，国际化人才特区加快建设等方面进行完善发展。[②]

完善法律监管体系。具体的法律制定应具有一定的前瞻性、全面性和可操作性。前瞻性为数字技术的发展留出了一部分空间，有助于鼓励和支持技术创新。[③] 同时，还可以通过深化政府组织机构改革，为数字技术创新及其应用提供缓冲地带，降低新兴技术带来的风险。[④]

[①] 杜传忠，陈维宣："全球新一代信息技术标准竞争态势及中国的应对战略"，《社会科学战线》，2019(06)：89—100+282。
[②] 张吉豫："数字法理的基础概念与命题"，《法制与社会发展》，2022(05)：47—72。
[③] 罗喜英，唐玉洁："平台企业数字伦理困境与重塑"，《财会月刊》，2022(03)：132—138。
[④] 管志利："政府数字化转型的总体性分析及合作治理之道"，《行政与法》，2022(10)：22—33。

四、提升公民信息素养

党的十九届四中全会指出，建设学习型社会。信息素养是学习型社会人们需要具备的一种基本能力和素质。"信息素养"（Information Literacy）的本质是全球信息化需要人们具备的一种基本能力。信息素养这一概念是信息产业协会主席保罗·泽考斯基于1974年在美国提出的。简单的定义来自1989年美国图书协会（American Library Association，ALA），内容包括：文化素养、信息意识和信息技能三个层面，能够判断什么时候需要信息，并且懂得如何去获取信息，如何去评价和有效利用所需的信息。加快提升国民信息素养，既是塑造信息时代国家竞争新优势的战略选择，也是建设学习型社会、提高国民素质的重要举措。

我国发布的《关于发展数字经济稳定并扩大就业的指导意见》提出，到2025年我国国民的数字素养不低于发达国家国民数字素养的平均水平。面向"十四五"，迫切需要加强统筹谋划，完善政策措施，多措并举提升我国国民信息素养。

第一，加快实施信息素养全面提升行动。进一步深化教育体制改革，优化学科结构，以提升信息能力为目标，科学设置多学科交叉融合的课程体系。加快推进适应数字经济需求的新工科建设，扩大物联网、大数据、云计算、人工智能等信息人才培养规模。面向新成长劳动力群体，鼓励政产学研用相结合，高科技创造型企业开展场景式应用型培训，加大芯片设计、软件编程、数据分析、工业软件、信息安全等职业技能培训力度。面向孤寡老人、留守儿童、残障人士等特殊人群，有针对性地开展信息技能帮扶，帮助他们融入信息社会。

第二，加快以信息化驱动教育现代化。加快研制教育信息化中长期发展规划、教育信息化"十四五"规划，打造符合国情实际的网络化、数字化、个性化教育体系，促进优质教育资源共建共享。进一步办好网上教学，完善教育资源、工具和服务的教育服务测评和监管机制，加强在线教育典型经验宣传和培训，激发教师提升信息素养的动力，帮助师生养成信息化教与学的习惯。

第三，加快构建适应数字化转型的人力资源结构。推进智慧教育创新发展行动，建立数字化人才供给即时感知并及时响应需求变化的人力资源管理机制。

加快构建适应数字化生产、智能化制造、网络化服务等场景的人才培育体系,提升数字化人才培养的质量及效率。

第四,加快建设新一代信息基础设施。一方面,加快5G建设和商用步伐,加快建设空天一体、泛在移动、智能宽带的新一代信息基础设施,优化网络部署、资源配置和服务质量;另一方面,加快实施数字乡村战略,深入推进电信普遍服务,大力开展提速降费行动,持续提高乡村偏远地区、贫困地区的网络覆盖水平,打通群众上网用网"最后一公里"。

第五,加快提升个人信息保护能力。加快推进互联网相关立法进程,把提升国民信息素养、保障个人信息安全纳入法治轨道。加强公民个人信息保护意识和技能宣传培训,提高个人信息保护能力,切实维护公民在网络空间的合法权益。[①]

五、落实数字转型工作

数字化转型是指组织响应环境变化并通过数字技术改变组织的价值创造,其关涉业务流程的变化、组织结构与战略模式的变革,是在新一代信息技术背景下经济、社会、政府的变革和重塑过程,数据是其关键驱动要素。

数字化转型(Digital transformation)是建立在数字化转换(Digitization)、数字化升级(Digitalization)基础上,以数字化技术、数字化产品和数字化平台的基础设施为支撑起点,进而引发个人、组织、产业等多个层面变革的过程[②]。数字化转型是组织响应环境变化并通过数字技术改变组织的价值创造,其关涉业务流程的变化、组织结构与战略模式的变革,是在新一代信息技术背景下经济、社会、政府的变革和重塑过程。[③] 2018年左右,随着人工智能、区块链、5G等新技术的兴起,企业界、政府部门掀起新一轮"数字化转型"热潮。[④] 2020年5月13

[①] 温锐松:"提升国民信息素养 建设学习型社会",《中国教育报》,2020-04-09。
[②] 曾德麟,蔡家玮,欧阳桃花:"数字化转型研究:整合框架与未来展望",《外国经济与管理》,2021(05):63—76。
[③] 管志利:"政府数字化转型的总体性分析及合作治理之道",《行政与法》,2022(10):22—33。
[④] 何秀全,欧阳剑,张鹏:"新时期的高校图书馆数字化转型策略研究",《图书馆杂志》,2021(11):117—124。

日下午,国家发展改革委门户网站发布"数字化转型伙伴行动"倡议。倡议提出,政府和社会各界联合起来,共同构建"政府引导—平台赋能—龙头引领—机构支撑—多元服务"的联合推进机制,以带动中小微企业数字化转型为重点,在更大范围、更深程度推行普惠性"上云用数赋智"服务,提升转型服务供给能力,加快打造数字化企业,构建数字化产业链,培育数字化生态,形成"数字引领、抗击疫情、携手创新、普惠共赢"的数字化生态共同体,支撑经济高质量发展。[①] 十三届全国人大四次会议2021年3月11日表决通过的《中华人民共和国国民经济和社会发展第十四个五年规划和2035年远景目标纲要》的第五篇提出,要"加快数字化发展,建设数字中国","迎接数字时代,激活数据要素潜能,推进网络强国建设,加快建设数字经济、数字社会、数字政府,以数字化转型整体驱动生产方式、生活方式和治理方式变革"。[②] 加快数字转型至少要做到以下三方面。

(一)抓住数字技术及数字产业化有利条件适时转型

新世纪以来,云计算、大数据、区块链、人工智能、移动互联网等基础性技术和前沿热点技术加快迭代演进,深度融入社会各个领域,不断迸发创新活力,信息化日益成为推动经济社会发展的先导力量,数字经济正在成为全球产业变革和经济增长的核心要素,各主要国家都把数字化、智能化升级作为谋求国际竞争新优势的战略方向。特别是随着数字技术快速发展,人们获取、存储、分析数据的能力不断增强,全球数据呈现爆发式增长、海量集聚的特点,数字技术价值扩张很快。近几年的时间,数字经济的发展已进入跨界融合、系统创新、智能引领的新阶段。我国数字经济和产业数字化的加速发展将带动巨大需求,无疑对全行业都将是重大机遇。数字经济社会变革的整体趋势冲击着传统经济、社会和文化,以数据为基本手段和新一代信息技术为载体的新社会形态正在世界范围内形成,数字化转型正当其时。

在信息数字智能技术的发展中,数字经济和社会的成长很不平衡,如何把握数字技术广泛运用的条件,促进更大范围的经济社会转型,目前已经成为各国竞

[①] "'数字化转型伙伴行动'倡议发布",人民网,2020-05-13,http://industry.people.com.cn/n1/2020/0513/c413883-31707721.html。

[②] 《中华人民共和国国民经济和社会发展第十四个五年规划和2035年远景目标纲要》,新华社,2021-03-12。

争的一个主要内容,各国彼此都在抢夺先机。数字经济和社会的不平衡有的是客观因素导致的,需要促成数字技术的广泛运用,有的是企业、社会组织和政府的主动作为和积极推进还不够。因此,有序推进转型,在于把握和争取各种条件,及时制定政策,积极予以鼓励。如果条件不具备,过早转型就会效率低,浪费资源,条件充分而行动迟缓就会丧失最佳机会。美国是数字科技领先的国家,中国在5G、量子通信、语音识别、超级计算机等前沿科技领域也不断取得突破,正在从"跟跑"向"并跑""领跑"转变,移动支付、共享经济、在线购物、机器人制造等数字技术的运用和产业化蓬勃发展,特别是消费互联网、数字技术运用在全球领先,实现了历史性的进步。科技革命和创新是转型的重要前提,但是科技产业化是数字转型的直接条件。中国是同时具备先进的制造业技术和数字技术优势的国家,近10亿网民习惯于数字化环境的使用,中国各行业的产业数字化升级在未来10年面临加速发展的巨大机遇。因此,推进数字化、智能化升级是抓住科技革命和产业革命历史机遇的重大举措,也是升级治理方式的重要机遇。历史表明,科技革命和产业革命深刻改变着世界发展格局。把握科技革命和产业革命的时机,及时组织和引导转型,就能走在时代前列、引领新的发展。

(二) 注重在思想观念、体制机制、基础设施上积极转型

政府治理要践行"中国之治"的价值追求,承担价值引领职责,包括"以美好生活作为价值目标,坚持公平正义的核心价值导向和以人民为中心的价值立场",以坚持正确的政治方向,激发政治价值认同,在国家治理数字化全域、全方面、全过程和全生命周期贯彻落实全面依法治理方略和社会主义核心价值观。

《国务院关于加强数字政府建设的指导意见》提出的"坚持以优化政府职责体系引领政府数字化转型,以数字政府建设支撑加快转变政府职能,推进体制机制改革与数字技术应用深度融合,推动政府运行更加协同高效"等路线方针为其落实提供了基本思路。在思想引领方面,就是要坚持用习近平新时代中国特色社会主义思想指导数字化建设及转型工作,即在其创生过程中用先进的思维、观念和意识武装治理主体的头脑,以进一步巩固"完整、准确、全面贯彻新发展理念,着力推动高质量发展,主动构建新发展格局"的成果。①

在全球抗疫特殊时期,数字化转型和推进虽然因此受到冲击,但疫情防控的过程中数字技术支持的各种产品和提供的各种便利服务也带来新的机遇。这些缩短了数字化转型的进程,加快了观念转变、监管转变、基础设施转型的步伐。相关研究成果发现,"数字化建设能够有效提高政府治理水平,在线服务、电信基础设施建设和电子参与均能对政府治理水平产生积极影响。"实践发展同样证明,只有与现代治理理念和治理环境相适配的、严密的、系统的数字化转型才能整体驱动生产方式、生活方式和治理方式变革,为数字化建设成果及其应用紧密嵌入社会网络带来实际效用。

(三) 协调并引导经济、社会、文化各方面实施全面转型

习近平总书记指出:"加快完善数字基础设施,推进数据资源整合和开放共享,保障数据安全,加快建设数字中国,更好服务我国经济社会发展和人民生活改善。"数字化转型就是致力于数字化、网络化、智能化技术在经济和社会领域的推广和运用,调动经济、社会、文化运用数字化技术的热情,发挥它们各自的优势,促进数字经济社会的平衡发展,培育普遍的相互带动的数字经济社会形态。② 因此在公共治理数字化转型中应倡导:思想解放、职能转变、流程再造、组织结构调整、管理方式创新、行政体制改革、文化创新扩散、行为能力定位和培养等适应能力要素准备,使其内在变革自我并满足其他协同治理主体的创新需求。保证政府同企业和社会在开展治理合作中集聚集体智慧并采取集体行动,联合应对国家治理数字化建设及应用与数字化转型中可能出现的各种复杂性问题,建构有机生态。

---

① 《习近平:高举中国特色社会主义伟大旗帜 为全面建设社会主义现代化国家而团结奋斗——在中国共产党第二十次全国代表大会上的报告》,中国政府网,2022-10-25,https://www.gov.cn/xinwen/2022-10/25/content_5721685.htm。

② 邵春堡:"新时代数字技术、数字转型与数字治理",《中国井冈山干部学院学报》,2020(06):55—64。

关键术语

技术要素 是指构成技术的基本组成部分。

技术规范 是对标准化的对象提出技术要求,也就是用于规定标准化对象的能力。

技术治理 是指在社会运行尤其是政治、经济领域当中,以提高社会运行效率为目标,系统地运用现代科学技术成果的治理活动。

专栏5-1 贵州启动首个"大数据综合试验区"建设

2015年9月18日贵州省启动我国首个大数据综合试验区的建设工作,力争通过三至五年的努力,将贵州大数据综合试验区建设成为全国数据汇聚应用新高地、综合治理示范区、产业发展聚集区、创业创新首选地、政策创新先行区。围绕这一目标,贵州省将重点构建"三大体系",重点打造"七大平台",实施"十大工程"。"三大体系"是指构建先行先试的政策法规体系、跨界融合的产业生态体系、防控一体的安全保障体系;"七大平台"则是指打造大数据示范平台、大数据集聚平台、大数据应用平台、大数据交易平台、大数据金融服务平台、大数据交流合作平台和大数据创业创新平台;"十大工程"即实施数据资源汇聚工程、政府数据共享开放工程、综合治理示范提升工程、大数据便民惠民工程、大数据三大业态培育工程、传统产业改造升级工程、信息基础设施提升工程、人才培养引进工程、大数据安全保障工程和大数据区域试点统筹发展工程。

此外,贵州省将计划通过综合试验区建设,探索大数据应用的创新模式,培育大数据交易新的做法,开展数据交易的市场试点,鼓励产业链上下游之间的数据交换,规范数据资源的交易行为,促进形成新的业态。

资料来源:刘秀红:"贵州启动首个'大数据综合试验区'建设",中国日报网,2015-09-21。

问题与思考

1. 数字公共治理的关键技术构成是什么?
2. 数字公共治理的技术规制的基本构成要素有哪些?

第六章　数字公共治理的安全体系

> 焦点问题：
> - 数字公共治理的安全需求有哪些？
> - 数字公共治理的安全威胁及来源是什么？
> - 数字公共治理的安全体系构成、监管体系的内容包括哪些？
> - 数字公共治理的技术、制度以及信息资源安全策略有哪些？

安全体系是数字公共治理的重要支柱，总体国家安全观强调既要安全又要发展，安全与发展永远是辩证的关系，安全是发展的前提，发展能够提升安全能力。数字公共治理安全体系中最重要的是数据的安全，数据不仅关乎公民自身安全，也关乎国家安全。除此之外，还要重视技术安全、制度安全、文化安全等，它们与数据安全一起共同组成数字公共治理安全体系。

第一节　数字公共治理的安全需求

一、基本需求

（一）数据安全需求

党的二十大报告提出："要强化经济、重大基础设施、金融、网络、数据、生物、资源、核、太空、海洋等安全保障体系建设。"数据是数字公共治理的基础性战略资源，数据的开发应用赋能于数字公共治理的同时，也带来了数据安全的威胁与挑战。数据安全覆盖数据生命周期的各个环节。在加强数据开发应用、释放数据红利的同时，统筹好发展与安全，对数据安全基本需求加以保障，对数据安全威胁进行有效预测与控制，已成为构建数字公共治理的数据资源体系的关键一步。

2021年6月，我国出台了《数据安全法》，以法律规范数据处理活动，保障数据安全，促进数据开发利用，进而保护个人、组织的合法权益，维护国家主权、安全和发展利益。对数据安全的需求覆盖数据处理和管理的每个环节，基于数据生命周期理论，其基本安全需求主要包括四个方面：一是数据存储安全需求，二是数据使用安全需求，三是数据共享安全需求，四是数据安全管理体系需求。

数据存储安全需求。数据的处置和管理离不开安全高质量的存储。在硬件方面，存储设备必须安全可靠、运行稳定，以适应数据安全存储和有序增量的需求。目前，在数字公共治理中较多运用云计算等技术，但无论是以数据存储为主的存储型平台、以数据处理为主的计算型平台，还是以计算和数据存储处理兼顾的复合型平台，数据存储的安全性都是重要的考量因素[1]。

数据使用安全需求。数据使用过程往往涉及政府、企业、个人等多方主体，在操作过程中必须保证数据的安全有序。此外，目前数字公共治理的数据资源体系往往通过外包的方式进行开发维护，由各外包公司掌握着各类系统的应用程序源代码、服务器权限、数据库权限等核心信息，这也要求必须对这些数据的使用安全加以控制。

数据共享安全需求。依据《中华人民共和国统计法》相关规定，在共享相关数据时，应禁止政府部门发布可能被识别、推断出个体或企业的相关信息，以确保统计研究对象的信息安全。数据的挖掘分析、开放共享在增强数据应用价值的同时，也增加了数据的透明程度，尤其是将数据集中在一个大环境时，一些敏感隐私的数据就有可能被泄露或非法使用，这给数据的安全与隐私保护带来更加严峻的挑战。[2] 因此，数据共享的安全需要主要在于避免包含个体隐私信息、

---

[1] 朱圣才：" 大数据时代高校数据安全需求与挑战"，《中国教育网络》，2017(09)：14—15。
[2] 杨琳，高洪美，宋俊典，张绍华：" 大数据环境下的数据治理框架研究及应用"，《计算机应用与软件》，2017(04)：65—69。

商业机密或涉及国家安全的敏感、高风险数据泄露。①

数据安全管理需求。目前我国高度重视数据安全问题,《中华人民共和国网络安全法》《中华人民共和国数据安全法》《中华人民共和国个人信息保护法》和《数据安全管理办法(征求意见稿)》等法律法规的相继出台,都对数据安全提出了更高的管理需求。但没有任何一个法律法规能够做到面面俱到,大数据环境下追求"零信任"数据安全管理成为组织的急迫需求。

(二) 技术安全需求

数字技术为实施数字公共治理、解决各类治理难题提供了新思路、新方法、新手段。随着数字技术深层次的、渗透式的应用,数字治理的方式也随之创新与重塑,不仅推动了数字治理方式的科学精细化,也助推了国家和社会治理的愈加科学化、精细化、高效化。但同时技术是一把双刃剑,数字技术的迅速革新对传统的政治、经济和社会产生巨大冲击,在治理实践过程中也显现出一些棘手问题,对技术安全的需求是重中之重。

一是技术伦理的安全需求。一旦信息技术嵌入公共治理,就不再是纯粹的技术,而是一种具有公共性的治理工具。② 技术嵌入需要警惕技术带有开发者个人利益的偏好,导致技术失去中立性的应有立场,在实际利用过程中可能会在政府依托技术工具所做的决策中体现,从而使政策成为少数人利益的追求。另外,当技术本身体现中立,使用者增加条件或改变技术利用环境时,也会使技术利用效果降低,使技术成为使用者意识的"发言人"。因此需要注意技术的伦理问题,它与掺杂在其中的人的主观意志多少有关系。

二是技术更新的安全需求。随着大数据、物联网、区块链逐渐应用于公共治理场景,技术更新带动了治理工具的更新。技术的更新是制胜法宝,是避免遭受黑客攻击、出现安全漏洞的最佳措施。同时,技术更新能够解决以往数字系统中的"难题",让数字治理系统更加完善。

(三) 管理安全需求

"网络空间一体化"使得数字政府网络空间和物理空间相互融合与渗透,数

---

① 李宇航,金明:"政府微观数据共享的价值、挑战与建议",《四川省情》,2022(08):63—64。
② 王晓燕:"地方政府电子政务内卷困境与数字治理",《领导科学》,2021(16):121—124。

字治理使得网络空间面临的安全风险将会延伸到现实的物理空间。① 政府期望通过依托大数据等技术实现精细化的管理,做到"精、准、细、严",从而降低管理成本、提高管理效能。技术化的治理工具变得重要的同时带来了该背景下的管理安全需求。

一是数据作为资源的安全管理需求。数据作为生产要素,提高了政府工作效率,数字化技术的应用更让一些政府部门尝到先进化的"甜头",但同时也出现"重发展,轻安全"的心态,存在逃避网络责任的心理。数据管理部门与业务部门的权责不清晰,是制约数字政府运行效率提升的主要原因之一。② 当政府数据采集者、管理者和使用者的权责尚未明晰时,如部门的"数据职责"尚未实现清单化管理,将导致数据采集生成、更新维护、共享使用难以实现规范化管理。为避免造成无法挽回的损失,例如大型数据库泄露等问题,需要加强以数据生命周期方面的安全管理工作。除此之外,还要考虑数据的备份,数据恢复等的工作,以及通过管理工作实现对数据的容灾建设、数据备份和灾难恢复等。

二是数据作为工具的安全管理需求。数据技术作为一种新的治理工具,渗透至政府的每一个部门和每一项工作。理想的数字公共治理是高度互联的,无论政府内外,都可以对数据进行访问。但实际工作过程中考虑到私密性,需要通过身份认证、访问控制等实现政务应用的相互访问,通过防火墙、网闸等实现区域间的访问控制;虚拟资源层中的虚拟化应用程序本身,以及基于虚拟环境开发的第三方应用程序可能存在漏洞,漏洞被利用后直接影响到业务运行,甚至导致数据泄露。在这种情况下的安全管理工作,应当考虑如何设置策略实现流量之间的横向隔离;安全管理中心是整个电子政务云防护体系建设的重点,通过安全管理中心实现对威胁情报的应急响应、健康及漏洞状态的实时监测等。③

(四) 服务安全需求

新一代数字技术在政府公共服务供给过程中的运用与嵌入,能够实现全流程在线支持、全过程智能辅助、全方位信息公开,能够打造泛在可及、智慧便捷、

---

① 张滨:"数字政府安全保障体系研究",《电信工程技术与标准化》,2022(12):1—7。
② 任晓刚:"数字政府建设进程中的安全风险及其治理策略",《求索》,2022(01):165—171。
③ 王斌,范松豪:"基于电子政务云的网络安全架构治理探讨",《电子产品可靠性与环境试验》,2022(05):7—11。

公平普惠的数字化服务体系,能够不断提升社会服务数字化普惠水平、推动数字城乡融合发展、实现智慧共享的新型数字生活。[①] 由于技术成熟度的不足以及新型数字化风险影响,对政务服务过程中的安全问题与公民权益问题进入视野。

一是公民权益保障和隐私安全需求。政务过程的数字化,使公民之间的"数字鸿沟"和各种形式的数字不平等以及"数字歧视"现象更加明显,另外公民在政务服务过程中的数据也面临着隐私安全问题。数字化技术下的公民权益也应当得到保障,例如麦肯锡认为,"健康码"这种数字身份应当是"高可靠性、唯一性、知情同意和隐私保护"。

二是政务服务的安全需求。由于政务数据的统计参数、口径、标准不一,给数据的采集、定价、共享、交易、开发利用带来困难,也由于政务服务运行不规范、区域和城乡政务服务发展不平衡、线上线下服务不协同、数据共享不充分等问题仍然不同程度地存在,给当前政务服务工作带来了一定的困难,使得有些服务变得不那么安全,从而影响政府公信力。因此数字时代的服务安全都是至关重要的。

二、数字公共治理的安全威胁

党的二十大报告指出:"推进国家安全体系和能力现代化,坚决维护国家安全和社会稳定。必须坚定不移贯彻总体国家安全观,把维护国家安全贯穿党和国家工作各方面全过程,确保国家安全和社会稳定数字公共治理所面临的安全威胁涵盖多个方面。"科学技术的发展使得政府所面临的威胁,从传统到非传统,从简单到复杂,从一元到多元,数字公共治理中的数据、个人、组织都面临着安全威胁,这种威胁来自物理空间的管理、数据等,以及非物理空间上的技术、思想等。为贯彻落实总体国家安全观,切实维护国家安全,必须对其安全威胁进行明确的辨析。

[①] 陈潭:"党建引领、数据赋能与信息惠民——理解中国数字政府建设的三重界面",《行政论坛》,2022(05):37—43。

(一) 传统安全威胁

传统安全是指与战争、军事、强力政治密切相关的安全领域。也有将传统安全认定为是国际关系的主题,一般指与国家间军事行为有关的冲突,主要指的是国家安全。习近平总书记在总体国家安全观的论述中包括十一个安全:政治安全、国土安全、军事安全、经济安全、文化安全、社会安全、科技安全、信息安全、生态安全、资源安全、核安全,其中政治安全、国土安全、军事安全属于传统安全构成,其余则是非传统安全。传统安全威胁根据不同国家,不同地区,不同时间,其内容也不尽相同。例如,历史上的不同时期,我国的国家安全来自于不同的侵略者,同一时期的不同国家,面临的侵略者也是不同的。只要有国家的出现,传统安全威胁就一直存在。

随着全球化的推进,安全的内涵不断丰富,安全的外延不断拓展,传统安全开始向非传统领域扩展,越来越多的非传统安全问题、威胁、危机超乎意料地接踵而来,甚至以军事武力为标志的传统战争也开始向"不对称战争""超限战争""金融战争""网络战争""混合战争"等"非传统战争"形式扩展。传统安全"非传统化"成为了历史的新趋势。[1]

(二) 非传统安全威胁

相较于传统安全,非传统安全的内涵更加丰富,主要是关涉社会与民生的经济安全、社会安全、科技安全以及新兴领域安全等等一些内容。但是需要注意的是,全球化的"介质"使安全问题具有了"跨国性""普遍性"与"共治性"的特征,[2]因此"传统"和"非传统"的边界不再那么清晰。例如互联网作为信息时代最伟大的发明,深入到人们的经济、文化等生活,似乎属于非传统安全领域,但是其全球互联性决定了它不仅仅如此。实践证明,传统安全逐渐向非传统安全转变,传统安全威胁与非传统安全威胁相互交织。

从政府的角度来看,依托数字技术进行公共治理,所面临的安全威胁,成为

---

[1] 余潇枫:"跨越边界:人类安全的现实挑战与未来图景——统筹传统安全与非传统安全解析",《国家治理周刊》,2022(06):14—20。

[2] 同上。

"共享安全"①也好,"网络安全"也好,其威胁来源都是技术引发,具体到数字化时代的技术安全威胁,主要包括以下几个方面:

一是来自技术层面的安全威胁,主要指数据或信息安全问题。数据使用阶段是整个数据生命周期安全的薄弱环节,但为了保证能够充分发挥数据的价值,该阶段的安全性在生产环境中难以引起重视。数据使用中可能产生的安全问题主要是计算的不可信问题以及对原数据的窃取行为。计算的不可信问题是潜在的恶意攻击导致人们难以相信计算结果,对原数据的窃取行为是计算方能够通过内存攻击等手段窃取数据内容。② 这些技术问题的发生,缘于以下原因:一是关键核心技术的发展滞后。关键技术的发展是数字公共治理效率和治理安全的保障。按照《科技日报》梳理的"卡脖子"技术清单,我国至少有 35 项技术与国外先进水平还存在较大的差距。关键核心技术的发展对技术标准规范、技术支持、技术防护、技术法律法规等方面都会产生影响,是上述技术风险产生的原因。③二是数字公共治理的信息系统不完善。不完善的系统会出现系统易受攻击、信息安全漏洞等现象并最终导致信息安全问题的发生。由于硬件、软件及协议在实现过程中或系统安全策略上具有缺陷,恶意程序能够从硬件、软件及协议中窃取内存空间信息,从而造成用户信息、账户信息、用户密码、密钥以及其他可存储于内存中的信息外泄。④

二是来自管理层面的安全威胁,主要来自于政府治理和社会治理两个方面。政府治理方面,一是数字公共治理的体制革新缓慢。当前以数字技术为依托的数字政府建设面临着技术应用逻辑与科层组织逻辑之间的冲突,现实梗阻从以往技术层面主导因素的限制转移到如何重构根深蒂固的科层制组织结构。⑤ 科层体制下的纵向权力结构,属地管理原则下的地方本位主义,条块分割体制下信

---

① 余潇枫:"共享安全:非传统安全研究的中国视域",《国际安全研究》,2014(01):4—34+157。
② 吴振豪、高健博、李青山等:"数据安全治理中的安全技术研究",《信息安全研究》,2021(10):907—914。
③ 王广辉、郭文博:"数字政府建设面临的多重风险及其规避策略",《改革》,2022(03):146—155
④ 王念新、施慧、王志英等:"信息安全威胁的应对行为——基于云计算情境的实证研究",《系统管理学报》,2018(04):683—693。
⑤ 刘祺:"当代中国数字政府建设的梗阻问题与整体协同策略",《福建师范大学学报》(哲学社会科学版),2020(03):16—22+59+168。

```
          核心技术的发展滞后    体制革新缓慢          数据收集存储缺乏标准
          信息系统不完善        法律法规不健全        数据开放使用问题突出
          ……                   治理模式有待完善      数据处理监管不足
                                经济、教育、信息素养  ……
                                
                        管理层    数据层    技术层
                        
                        数字公共治理系统
```

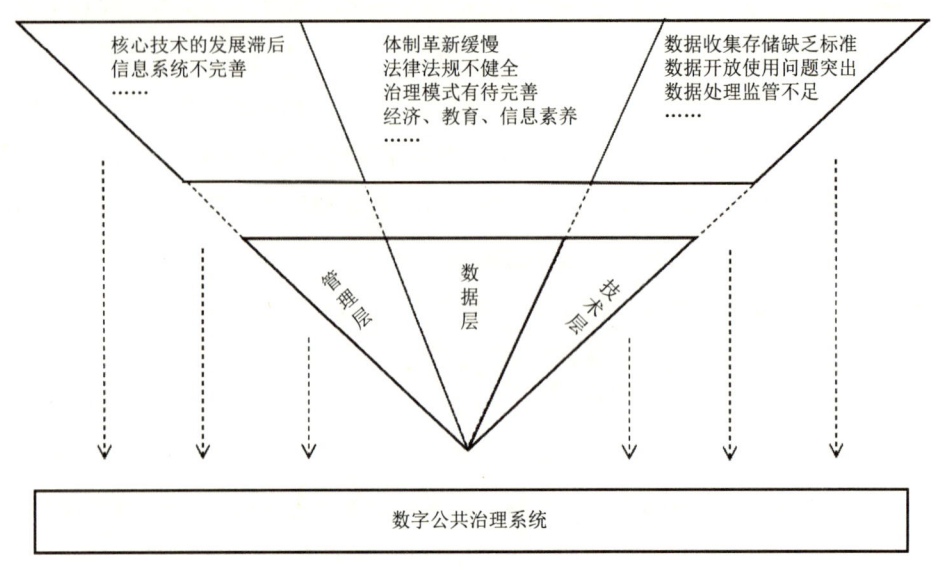

图 6-1　安全威胁来源

息系统碎片化等的现行体制问题的解决任重道远。二是法律法规不健全。我国虽出台《中华人民共和国网络安全法》《中华人民共和国密码法》和《中华人民共和国信息安全技术个人信息安全规范》等法律法规来保护信息安全,但数字经济的发展是瞬息万变的,法律法规在数字公共治理方面必然会有一些真空领域。三是政府治理模式有待完善。在社会治理方面,经济发展,教育水平,信息素养等是政府在公共治理过程中依托数字技术的"土壤",是数字政府建设的生态环境之一,如果不适应环境,那么政府在建设过程中成本增加,效率低下等问题将会层出不穷,而且当建设产生路径依赖之后,各种风险和安全问题频次增加。

三是来自数据层面的安全威胁,从数据生命周期的角度来看,要提升政府数据安全治理效能,必须实现政府数据安全的全流程治理。[1] 一是数据收集存储缺乏标准。纵观我国政府数据采集运行现状,存在"有权采集"的误读,对程序规则的轻慢,比例原则的失洽及监管制度的缺位等问题。[2] 原数据的收集决定了

---

[1] 胡峰:"基于压电式理论的政府数据安全治理体系构建及实现路径研究",《电子政务》,2021(11):103—116。

[2] 王真平,彭箫剑:"政府数据采集的法治路径",《图书馆》,2021(12):17—24+46。

数据开放的质量,进而影响依据该数据所做出的决策,这对政府来说是至关重要的。二是数据开放使用问题突出,该阶段是数据安全问题发生率最高的阶段,在研究和实践中也得到了较多重视,但是数据显示,2019年1月至2020年8月,在被报道出来的420起全球政企机构重大数据安全事件中,有10.7%涉及政府机构、事业单位的数据安全。[1] 因此在推进政府数据开放进程的同时,仍须做好数据安全的风险防控。三是数据处理监管不足。当前,我国公共数据的编目、归类、采集、汇集等方面均存在指标口径差异、技术标准不一等问题,导致数据难共享、难整合、难流动。因缺少统一元数据标准,不同系统、部门间数据兼容性欠缺,数据流通性和共通性弱,造成数据封闭现象。[2]

此外,数据伦理风险也是值得警惕的安全威胁之一,主要表现为个人隐私暴露问题、信息安全隐患问题、数据不公平问题,其中数据不公平又包括数据鸿沟和数据霸权两个方面。[3] 数据本身是中性的,数据利用过程中的决定者是人,因此数据伦理问题说到底是人的伦理问题,数字时代的信息素养亟需重视。

综合而言,我国同国际上的数字强国相比,面临着更为严峻的传统威胁和非传统挑战,系统安全存在较大风险,安全威胁呈现出"来源更隐化、方式更复杂、对象更广泛"等特征,[4]数字公共治理安全保障体系亟待完善。

第二节 数字公共治理安全体系的原则和构成

总体国家安全观要求既要重视发展又要注重安全,安全发展是新发展理念的重要原则。数字社会形态有两个基本特征:国内视角,数字世界与物理世界相互影响、融合共生的一般趋势;国际视角,网络空间跨越地理疆界而全球互联的事实存在。前者需要做到发展与安全并重,后者则要做到统筹国内、国际两个大

---

[1] 齐安信行业安全研究中心:《中国政企数据安全风险研究报告》,2022。
[2] 王广辉、郭文博:"数字政府建设面临的多重风险及其规避策略",《改革》,2022(03):146—155。
[3] 董军,程昊:"大数据技术的伦理风险及其控制——基于国内大数据伦理问题研究的分析",《自然辩证法研究》,2017(11):80—85。
[4] 尚晨:"数字化治理发展现状、问题及建议",《黑龙江金融》,2022(08):75—77。

局,共同构成了指导数字治理体系和治理能力现代化建设的两个指导思想与基本原则。[①] 数字公共治理以数字化转型为背景,数字化转型以及数据治理都必须依赖的一个基本前提是安全。当前我国数字化转型新模式下的整体安全体系以及数据治理安全体系都尚未健全,亟需开展数据安全保障体系规划工作。

一、数字公共治理安全体系的原则

新信息时代的国家体系,已经不能简单地被看作是一种庞大地域范围的极具多样性的松散结构,至少在数据层面,新信息技术已经极大地增加了国家宏观数据治理能力。在主权范围内的一切数据都变成可以访问和管理的,甚至对于大的跨国公司而言,对全球范围内的数据进行一体化管理亦是一种现实。而在统一的数字体系之上,传统分立式的治理架构亦会逐渐改变。因此,国家数字治理安全体系架构必须围绕以下原则[②]进行。

(一)统一是建设原则

从长远来看,国家数字治理的基本建设原则和发展,是构建一个完备统一的数字治理体系。这一数字治理体系,能够对主权范围内的所有机构与个体所产生的数据进行统一的管理,从而构建起足以针对每一个个体的精准公共服务能力,并汇聚支持在国家层面的宏观政策。

统一并不是意味着要像传统的模式一样,将数据集中汇聚在一个地方,而是逻辑上的统一和标准上的统一。数据为了安全和高效的可达,必然会形成国家范围内的分布式存储。从逻辑体系而言,这些数据都是逻辑统一的,可以在国家层面进行便利的全数域范围内的可达访问。从统一的建设原则而言,实现过程极为困难。首先,面临着不同的数据标准和格式问题,从市场竞争的角度,各个数据技术服务公司和应用主体各自开发出了自己的数字标准和格式,导致数据的统一要逐渐实现对各自数据标准的兼容或者有效的转化。这种转化将会耗

[①] 鲍静,贾开:"数字治理体系和治理能力现代化研究:原则、框架与要素",《政治学研究》,2019(03):23—32+125—126。

[②] 何哲:"国家数字治理的宏观架构",《电子政务》,2019(01):32—38。

费大量的人类劳动和计算能力。未来这种数据的兼容，将主要由人工智能来进行。其次，面临着分立的数据所有者的同意和支持问题。就行政体系而言，行政体系的强制性可以逐渐做到所有行政分支的数据的统一归总管理。然而，对于商业组织而言，行政强制则显然是无效的，这要求在国家立法层面形成法律约束，实现商业组织的数据开放和管理权的提交。

总之，统一原则可以简化为一句话，即国家拥有对主权范围内数据体系的最高管理权。在传统时代，主权范围内的一切资产，理论上来看国家都有管理权，即使是私有财产，国家主权都要进行登记、备案和确权，并根据需要进行各种管理，例如征税或者保护。而在数字时代，数据作为重要的资源体系，国家也拥有最高的管理权。这种管理权与商业组织的数据拥有权并不冲突，商业组织可以继续保持其使用权，但国家要掌握其具体的数据资源情况，并具有最高范围的控制权以构建整体的国家数据体系以及根据需要用于应对特殊情况。

（二）流通是运作原则

在数据统一的基础上，下一步就是要实现数据的流通。这种流通，其根本目的就是在分立的社会分工部门之间建立横向的联系。而这种横向流动，是长期以来传统分治式的治理体系一直梦寐以求但无法实现的。

数据的水平流通是逐渐实现的。首先，是行政体系内的数据流通。行政体系因为其自身的强制性，可以要求整个行政体系内的数据统一体系后进行横向流通。其次，是企业之间的数据流通。企业内部的数据流通类似于行政体系。跨越企业组织边界的数据流通，则需要通过市场的原则进行。再次，是政府与企业之间的数据交换。这里面亦有三个原则：一是最高管理权原则，在法律要求下企业要无条件向政府备案所有的数据或者上交管理权，以用于主权范围内的数据统一；二是在具体的行政管理要求下，企业要基于监管配合政府具体部门的行业监管或者公共安全监管，提供相应的数据交换；三是政府基于信息与数据公开的原则，将不涉及隐私与安全的、有益于社会公共服务提升的大数据进行无偿公开，从而促进统一的数据体系运作。

（三）安全是底线原则

任何时候，国家数据体系的建设都应该以安全作为底线原则。这种安全包括三个层面的安全：一是作为数据本身的安全；二是作为数据流通的安全；三是作为数字权利的安全。

所谓数据本身的安全，就是要求任何时候数据能够被无损地存储与获取，并且不受第三方的破坏与窃取。数据流通的安全则是指数据在不同主体之间交互传输与使用环节，同样是可靠、无损与避免被第三方破坏与滥用。数字权利的安全，则是指数据在存储交互使用过程中，不会对数据所对应的个体、组织产生权利的损害，乃至危害整个社会秩序的有效运转。

以上三个层面的安全，数据本身安全主要是指在技术层面建立有效的数据备份、数据组织和数据防护。数据流通的安全，则是要在技术上建立更为安全的传输体系，同时在制度上形成对数据采集、流通、使用的规范。数字权利安全则是在更为宏观的法律制度层面，来保障数字时代每一数字主体的基本权利，并对整个社会的数字体系进行政治安全的评估和纠正机制。

二、数字公共治理安全体系的构成

安全体系是数字公共治理的重要支柱，总体国家安全观强调既要安全又要发展，安全与发展永远辩证的关系，安全是发展的前提，发展能够提升安全能力。《国务院关于加强数字政府建设的指导意见》指出，数字政府建设应当坚持安全可控的原则，全面落实总体国家安全观，坚持促进发展和依法管理相统一、安全可控和开放创新并重，严格落实网络安全各项法律法规制度，全面构建制度、管理和技术衔接配套的安全防护体系，切实守住网络安全底线。[①] 数字公共治理最重要的安全是数据的安全，数据不仅关乎公民自身安全，也关乎国家安全。除此之外，还要重视技术安全和制度安全，它们与数据安全一起共同组成数字公共治理的安全体系。

根据前述的体系建设原则，并总结已有研究观点，数字公共治理安全体系应该分为三个层次，分别是管理层、信息层以及技术层，如图 6-2 所示。

---

① 《国务院关于加强数字政府建设的指导意见》(国发〔2022〕14 号)，中国政府网，2022-06-23，https://www.gov.cn/zhengce/zhengceku/2022-06/23/content_5697299.htm。

第六章　数字公共治理的安全体系

```
管理层：  制度    机制    监管
            ↓      ↓       ↓
         统一的大数据管理
数据层：数据采集安全 数据处理安全 数据存储安全 数据共享安全 数据销毁安全
            ↑
技术层：云计算  ←  信息技术安全  →  物联网
       人工智能 ←                → 区块链
```

图 6-2　数字公共治理安全体系

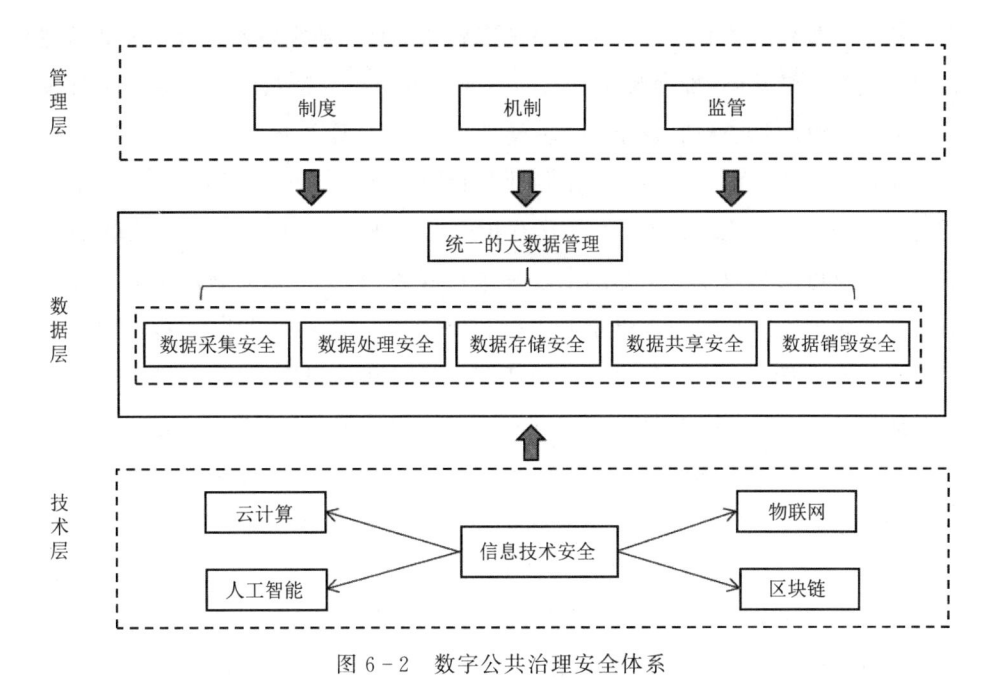

数据层是整个安全体系最重要的部分。管理层和技术层服务于数据层。国家完整的大数据管理体系，由一个独立的国家大数据管理机构居于核心位置进行统筹管理。加强政府数据的生命周期管理有利于明确政府数据管理步骤，优化政府数据开发流程。以大数据管理机构的大数据管理平台为依托，对数据进行生命周期管理对数据增值利用尤其是对数据开放具有重要意义。总共分为五个阶段：数据采集是政府数据管理的最初阶段，政府部门在日常业务中产生大量数据，需要对这些数据的质量、内容、准确性加以严格筛选，作为政府数据开放的储备资源。在数据处理阶段，根据一定的标准，对数据类目、元数据元素、数据格式等加以规范组织，规范标准和处理依据是主要的安全问题。数据发布是政府数据开放中最为实际和关键的一步，通过特定的技术平台，将数据资源在政府门户网站上发布，是最容易发生数据泄露的阶段。需要注意的是，并不是所有的数据需要公布。数据销毁是政府数据生命周期的后期环节，当数据公布期限截止，已发挥价值的数据可以进行销毁工作，在此过程中，将有新的数据资源被创建和采集，进而进入下一个政府数据开放生命周期的循环。

技术层是数字公共治理安全体系的基础和工具。数字技术是数字公共治理得以发展的经济基础,推动政府形态的转变。推动数字公共治理的数字工具包括云计算、物联网、人工智能、区块链等。一是云计算技术,云计算是通过Internet提供动态的、易扩展的、虚拟化的计算资源的一种计算方式,用户不需了解"云"中基础设施的细节,不必具有相应的专业知识,也无需进行直接地控制。它不仅可以为数据全生命周期管理进行服务,而且可以为利用服务资源进行复杂问题的决策与优化提供重要支持和保障。二是物联网技术,物联网指通过信息传感设备,按照约定的协议,把任何物品与互联网连接起来,进行信息交换和通信,以实现智能化识别、定位、跟踪、监控和管理的一种网络,它是在互联网基础上延伸和扩展的网络。[1] 将"物"纳入"网"中,则是信息化发展的一大趋势。物联网的体系架构对整个信息化的发展具有推动作用。三是人工智能技术,人工智能的特长是从复杂的事务中找到潜在支配的规律,并按照这些规律精准地预测和完成某些任务。[2] 数字公共治理是一个复杂的过程,人工智能可以在治理过程中帮助寻找治理重点,在安全保障中精准执行。四是区块链技术,区块链技术具有分布式记账、可追溯性、公开性和透明性等特点,其可形成自信任体系、跨组织边界和降低中间成本等的特点。当前区块链技术是数字技术嵌入政府场景的研究热点,它的很多特点与政府公开化、透明化的目的高度一致,可以解决现代政府治理中的许多问题,包括信息公开等。

管理层是对整个安全体系的支撑。技术与制度是相互塑造的,离开制度的技术难以充分发挥其效力,脱离技术的制度则难以充分转换其效能。统一的数据管理机构除了需要现代信息技术层作为"硬支撑"外,还需要一系列配套制度作为"软支撑",具体而言,这种软支撑至少包含几个方面。一是管理制度。虽然国家相关部门先后出台了《促进大数据发展行动纲要》《个人信息保护法》和《数据安全法》等,但这些制度规范只为数字公共治理提供了宏观指引,数字公共治理中安全工作如何开展,开展的标准等等的制度都需要不断进行完善,数字公共治理的安全需要具体管理制度的规范和保驾护航。二是运作制度。数字公共治

---

[1] 《2010年国务院政府工作报告》,2010-05-12。
[2] 李利文:"人工智能时代的公共服务供给模式创新:类型、适应与转向",《社会主义研究》,2019(04):87—95。

理除了保障技术层面和数据层面的畅通外,还需要考虑与具体的执行机制相衔接。如果仅仅停留在信息沟通和传达层面,那么数据安全只会沦为忙忙碌碌的"花架子",因而设置匹配的执法机制是数字公共治理的安全工作能否落实的关键。三是监管工作。国家大数据管理工作开展,依靠于一个独立的国家大数据管理机构,这一机构,本质上属于相对独立的国家法定机构,既可以属于行政机构的一部分,也可以相对独立。这一机构一方面要服从来自于立法与司法机关的法律监督,修改其法律授权和对其行政执法进行监督。另一方面也受到来自于权力机关和监察机关的政治监督,以确保其实现公民利益和维护国家安全与政治安全。[1]

除上述三个层面以外,数字公共治理的安全还应涉及文化安全方面。在我国"总体国家安全观"战略体系中,文化安全是核心内容之一,在整个安全体系中,文化安全的影响是潜移默化的,虽然看不见摸不着,但是文化安全是当今国家安全战略的基础组成部分,也关联着中国国家利益。一方面,"大数据"正在成为引领时代发展的新生力量,通过对数据资源的收集和深度发掘,实现技术创新和产业革新。另一方面,数字技术的应用重构了文化产品的供给方式,给文化消费者带来更加便捷、更具吸引力的文化体验。通过文化与科技的融合,可以提高文化产业和服务的整体水平,促进文化生产力提高。[2] 因此,数字化时代的文化安全在原有文化基础上,增加了数字技术与人的安全合作文化,最关键的是人应当是处于中心地位,由此产生的安全问题至关重要。其次,数字技术带来生活便利的同时,对传统文化的挑战也略有显现,如何在适应社会文化创新的同时保障安全是重要议题。

三、数字公共治理安全体系的实践探索

数字公共治理的安全体系建设应当是包括上述安全问题,但是在实践中,安全体系的建立仍旧是处于探索阶段,对体系建设的完整性仍有待考量。其中制

---

[1] 李利文:"乡村综合整治中的数字监管:以 D 村经验为例",《电子政务》,2020(12):13—23。
[2] 胡涌哲:"文化强国战略下的文化产业发展之路",《文化产业》,2022(24):157—159。

度、机制等的安全仍旧是不断完善中。许多体系建设主要遵循数据是核心的观点,建立以数据风险防控或者数据流动为核心的安全体系,如下述两个实例。

某省数据安全运营平台,依据 IPDR[①] 数据安全治理的思路,建立一套从资产梳理、数据分类分级、安全策略管理、数据流转监测与防护、持续风险分析到响应处置的动态、闭环管控体系。如图 6-3 所示,通过建设数据安全管控平台,形成"数据资产管理、规范和策略管理、风险事件监测、风险态势分析"四大核心能力,实现数据安全"统一运营、集中管控",提升数据安全技术职称保障能力。

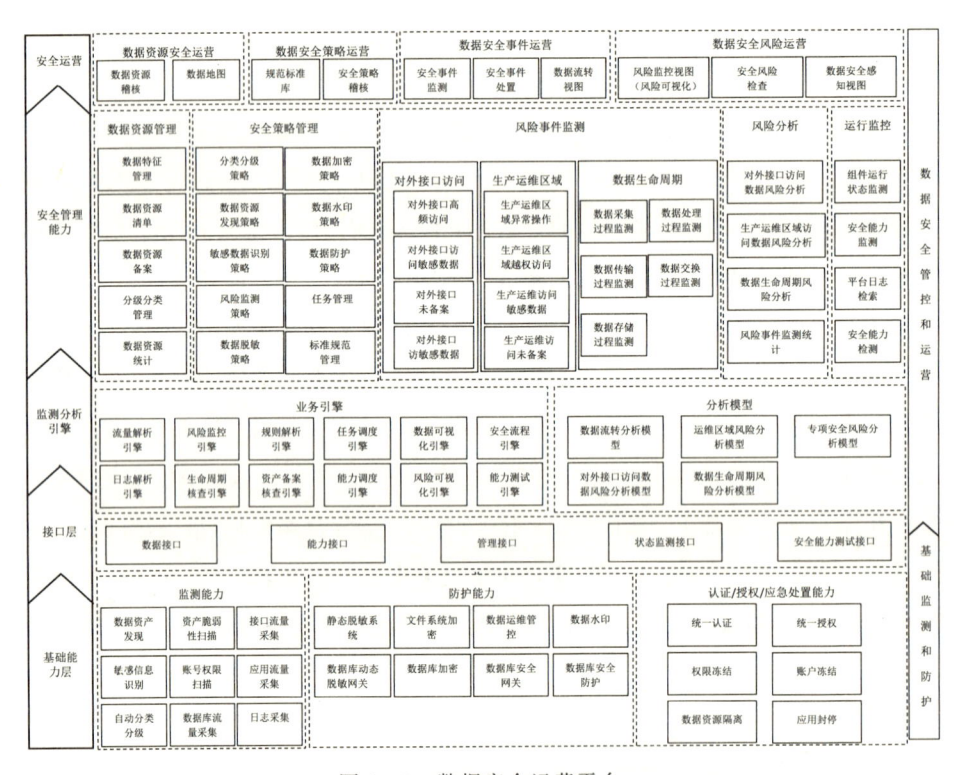

图 6-3 数据安全运营平台

某省大数据局的安全运营平台功能架构图 6-4,分为四个层次:数据采集层、安全与运营分析层、业务支撑层、数据展示层。安全运营平台实现了大数据

---

① IPDR:Identify(识别),Protect(防护),Detect(检测),Respond and Recover(响应恢复)

局安全流程标准化、安全运营数字化、安全处置自动化、安全决策科学化。在应用层面,降低了网络、数据安全威胁及新技术应用风险;在日常工作层面,支撑了大数据局开展规范化的业务、服务和安全管理;在合规层面,落实了网络安全法、数据安全法等要求;在安全可控层面,建立了威胁发现、分析、响应和运营处置的安全闭环管理。

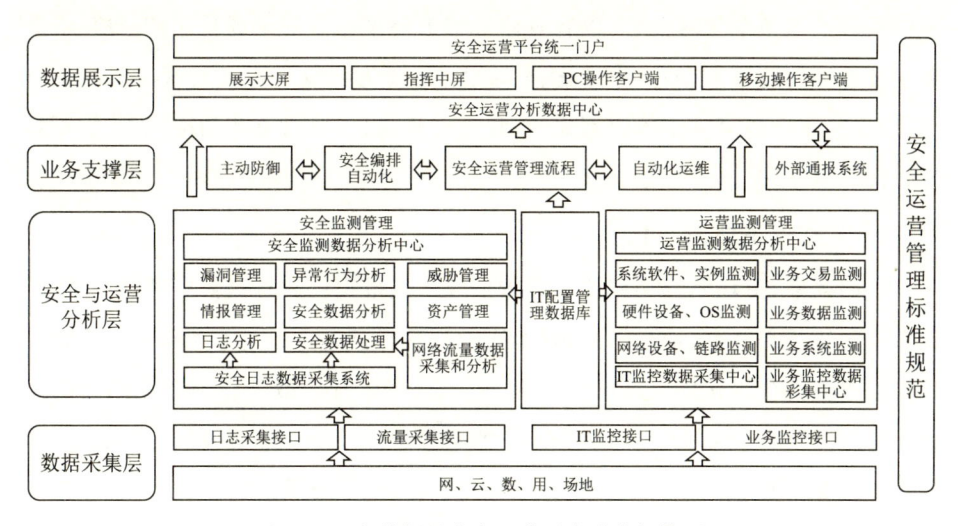

图6-4 大数据局安全运营平台功能架构图

第三节 数字公共治理的监管体系

近年来,我国市场主体数量快速增长,市场活跃度不断提升,全社会信息量爆炸式增长,数量巨大、来源分散、格式多样的大数据对公共安全提出了新的挑战,传统监管体系和监管手段已不能适应数字技术和互联网经济发展要求,需要借鉴国内外数字公共治理中的监管经验,以数字赋能提升监管效能、以数字协同促进精准监督、以数字共享助理合力问责。

一、数字赋能提升监管效能

《国务院关于印发促进大数据发展行动纲要的通知》指出,"充分运用数字技术支撑构建新型监管机制,加快建立全方位、多层次、立体化监管体系,实现事前事中事后全链条全领域监管,以有效监管维护公平竞争的市场秩序。"当前,借助数字技术推动监管数据化、精细化、科学化、高效化已成为各级监管部门的重点工作,主要体现在监管主体协同化、监管过程链条化、监管方式精准化、监管工具智能化五个方面。

(一)监管主体协同化

长期以来,市场监管领域涉及主体呈现出数量大、分布广、信息散的特点,监管主体间信息交互少,信息不对称,无法做到互联互通。政府层面,2018年国务院机构改革整合组建国家市场监督管理总局,将原有分散于各个专业部门的监管职责进行整合,形成了在生产、流通、消费等领域综合化监管体制。社会层面,数字赋能促进政府监管和社会监督有机结合,通过政府信息公开和数据开放、社会信息资源开放共享,提高了市场主体生产经营活动的透明度。有效调动社会力量监督市场主体的积极性,形成全社会广泛参与的市场监管、跨部门数据资源共享共用的格局,推动实现主体协同、社会共治。

(二)监管过程链条化

首先,健全事中事后监管机制。数字技术的利用可以创新市场经营交易行为监管方式,在企业监管、环境治理、食品药品安全、消费安全、安全生产、信用体系建设等领域,推动汇总整合并及时向社会公开有关市场监管数据、法定检验监测数据、违法失信数据、投诉举报数据和企业依法依规应公开的数据,鼓励和引导企业自愿公示更多生产经营数据、销售物流数据等,构建大数据监管模型,进行关联分析,及时掌握市场主体经营行为、规律与特征,主动发现违法违规现象,提高政府科学决策和风险预判能力,加强对市场主体的事中事后监管。对企业的商业轨迹进行整理和分析,全面、客观地评估企业经营状况和信用等级,实现有效监管。建立行政执法与司法、金融等信息共享平台,增强联合执法能力。

其次，建立产品信息溯源制度。对食品、药品、农产品、日用消费品、特种设备、地理标志保护产品等关系人民群众生命财产安全的重要产品加强监督管理，利用物联网、射频识别等信息技术，建立产品质量追溯体系，形成来源可查、去向可追、责任可究的全链条，方便监管部门监管和社会公众查询。

（三）监管方式精准化

充分运用大数据技术，积极掌握不同地区、不同行业、不同类型企业的共性、个性化需求。在注册登记、市场准入、政府采购、政府购买服务、项目投资、政策动态、招标投标、检验检测、认证认可、融资担保、税收征缴、进出口、市场拓展、技术改造、上下游协作配套、产业联盟、兼并重组、培训咨询、成果转化、人力资源、法律服务、知识产权等方面主动提供更具针对性的服务。

通过高效采集、有效整合、深化应用政府数据和社会数据，提高监督管理的精准性和有效性。借助大数据实现政府负面清单、权力清单和责任清单的透明化管理，完善大数据监督和技术反腐体系，促进政府简政放权。

丰富经济统计数据来源，实现对经济运行更为准确的监测、分析、预测、预警，提高决策的精准性、科学性和时效性，提升宏观调控以及产业发展、信用体系、市场监管等方面管理效能，保障供需平衡，促进经济平稳运行。

（四）监管工具智能化

传统政府监管偏向经验式治理，人工痕迹明显，其决策基于个体能力如经验、智慧、个人直觉等，执行依赖于工作人员的现场调查、取证以及监督。而在数字赋能背景下，智能监管的本质是"循数"监管，"以数据管数据"，凸显数据、信息的关键作用。运用大数据、区块链、人工智能等技术，建立信息化、智能化、智慧化的监管方式，全面提升监管效能。

二、数字协同驱动精准监督

《中央纪委国家监委信息化工作规划（2018—2022年）》明确指出，为依规依纪依法履行好纪检、监察职能提供有力的科技辅助和技术支持。规划印发实施以来，各级纪检监察机关主动使用新时代全面从严治党的要求，充分运用大数据、人工智能等信息科技手段,积极探索"互联网+"与纪检监察工作的深度融合,推动纪检监察工作向数据化、精细化方向发展。

(一) 以用权公开实现全过程监管[①]

将数字技术应用于政务运行的基础就是权力运行的在线化,政务信息的生成、流转都在数字平台上运行,就必然会形成权力运行痕迹。依据痕迹及其回溯机制可以较好地实现对权力全过程监督。

(二) 以阈值管理实现实时监督

通过权责体系的标准化制定,为权力的规范运行设定标准和轨道,一旦出现与系统设定不符的现象,系统则立即发出提醒,使相关部门能够及早发现并处置权力运行的失范行为,甚至可以通过趋势分析进行权力失范行为的风险预警。换言之,数字技术以刚性的制度与程序约束将自由裁量权压缩在合理的空间内,以技术约束权力运行增强对权力运行的问责。

(三) 以数据共享打破信息困局

信息是监督的必要条件。在传统的监督实践中,监督对象的实际信息与监督机关所掌握信息之间的不对称问题始终存在,由此影响精准监督。将数字技术应用于监督,首先,可以建立所有监督对象的数字档案及其关联档案,为纪检监察办案提供基础信息;其次,可以联通多个基层治理相关数据库,通过数据库之间的碰撞、组合,在一定程度上缓解"信息不对称"问题。例如,通过将"三资"管理、惠农政策补贴、脱贫攻坚等数据整合到权力监督平台中,基层监督可以通过数据库的比对发现权力失范行为。

(四) 以监督合力提升监督效能

当前,国家监督体系主体多元化的趋势较为明显,对公权力的监督主要包括纪检监督、监察监督、审计监督、司法监督、人大监督、政协监督、民主党派监督、媒体监督、公民监督、网络监督、社会组织监督等,但这些监督力量仍然呈碎片化分布,没有形成较强的监督合力。因此,寻求协同效应是权力监督体系建设的必

---

① 皇甫鑫,杨亚星:"数字技术何以形塑基层监督体系?——一个地方项目运作过程的分析",《廉政学研究》,2022(01):70—84+290—291。

然要求。随着监察体制改革的持续推进，监督合力和协同效应的提升有其必要性。在此过程中，凭借数字技术构建的监督平台可以较好地整合现有监督力量，在监督平台上进行信息汇总与分类处置，从而提升监督精准性和聚合力。

第四节　数字公共治理的安全策略筹划

贯彻落实总体国家安全观要求，必须既重视外部安全，又重视内部安全；既重视国土安全，又重视国民安全；既重视传统安全，又重视非传统安全；既重视发展问题，又重视安全问题；既重视自身安全，又重视共同安全。数字公共治理的当下，因数字技术相联，使得各种安全风险牵一发而动全身，并且各种风险也皆与此有关。基于前文对安全威胁的分析，应采取以下几个方面的安全策略，以期对数字公共治理的安全提供保障。

一、信息资源安全策略

为规范数据处理活动，保障数据安全，增强数据利用价值，有关数据安全相关法律法规相继发布实施。《中华人民共和国数据安全法》明确提出要建立健全数据安全治理体系；《中华人民共和国个人信息保护法》提出以数据中的个人信息为对象，划定生命周期处理的保护规则；行政法规《关键信息基础设施安全保护条例》重点强调对数据安全的保护；《深圳经济特区数据条例》《上海市数据条例》《贵州省大数据安全保障条例》等都提出统筹数据发展与数据安全并重。以上表明，我国的数据安全进入"强监管"时代。

一是提升信息安全技术水平，维护信息安全。提升信息安全技术水平是防范信息安全风险的关键，也是实现政府政务数据开放共享的保障。信息安全技术的水平越高，越有利于降低遭受网络信息攻击和阻止信息安全漏洞出现的概率。一方面，构建以基础研究、应用研究、前沿技术、科技成果转化为核心的现代国家技术创新体系，明确各类技术创新主体在技术创新链中不同环节的功能定位，激发技术创新主体活力，夯实原始创新的基础。另一方面，推动技术突破与数字政府建设进程中重大技术需求的有机结合,全力提升信息安全技术能力。

二是构筑数据安全规范体系,维护数据安全。加快构筑数据安全规范体系,是应对网络攻击和安全漏洞相关措施的根本途径,也是信息数据不被滥用与不易泄露的根本保障。越健全的数据安全规范体系,越能够降低信息数据滥用及信息泄露的概率,越有利于发挥数字政府数据开放带来的经济价值、科技价值和社会价值。第一,建设数据安全防范数据库。数据安全防范数据库作为数据信息收集、共享、修复、防范的基础,有利于实现数字政府对数据发现、创建、获取、采集、整理、处理、储存、共享、增值等运行环节的监控和管制。第二,健全完善数据安全法规,不断细化数据安全政策法规实施细则,并促进数据安全保障机制升级,实现从领导小组数据管理到标准化首席数据管理升级。第三,加强数字政府数据安全评估体系建设,制定多层次、多指标的信息安全、数据安全风险评估指标体系,判定数字政府建设进程中何种指标应该提升到关注的地位。第四,建立政府数据资源清单,加强政府数据分级分类管理,根据政府数据开放共享优先原则和开放共享标准,对开放共享数据与敏感数据进行区分管理。

三是健全数字公共治理模式与运行机制,保障数据安全治理。首先,健全数字政府治理模式,推动政府职责体系与机构设置适应数字治理的要求。以业务协同为导向,明确政府各部门各层级数据职责,并进一步细化职责分工及履行流程、方式、方法,明确各部门各岗位采集、共享、使用的数据清单的权责,整合线上职责与线下部门分工对应协调,理顺线上线下业务部门的协调关系,同时建立健全数据治理制度和激励标准体系,强化数据治理能力。要更注重包括数据生命周期各个环节在内的全动态治理的监督,实现"安保意识主动化,防控措施精密化,预防预警智能化,管控治理集成化"。[1] 其次,推动数据要素市场化。建立并完善数据要素市场的法律法规、政策制度,从立法层面和制度层面确定数据资源的所有权、使用权、流转权等,进而保障数据采集、传输、存储、处理、交换等过程有序进行,最大化发挥数据要素市场化的价值。最后是建立一体化数字资源系统。重构数字资源身份信息,以数字资源生命周期作为主要管控对象,对数字资源进行全面盘点,并形成数字资源智能化系统。

---

[1] 程琳:"构建'技术安全+管理安全'大数据安全生态",《中国信息安全》,2018(02):83—85。

四是提升社会公众数字素养,提升治理效率。提升社会公众数字素养就是要提升社会公众的数字经济意识、数字经济知识、数字经济技能以及数字安全水平等,从而提升社会公众数字经济认知能力,提高社会公众在大数据和网络化大环境下应对数字安全产生威胁的应急反应能力。首先,提升数字政府建设进程中各个参与主体、治理主体、应用主体的数字素养水平,树立大数据安全意识。其次,加快数字安全战略力量建设,打造数字安全的中流砥柱。① 可以着眼推动建设学习型政党、学习大国,搭建数字化终身学习教育平台,构建全民数字素养和技能培育体系。把提高领导干部数字治理能力作为各级党校(行政学院)的重要教学培训内容,持续提升干部队伍数字思维、数字技能和数字素养,创新数字政府建设人才引进培养使用机制,建设一支讲政治、懂业务、精技术的复合型干部队伍。②

二、技术安全策略

在以数字时代为背景的国家治理新形态下,数字政府旨在通过数字技术的利用,协同多方主体,以革新政府治理理念,提高政府治理能力,建设服务型的数据驱动型政府。数字技术不仅仅是一种资源,它能够为政府治理"赋能"以及"赋权"。因此技术的安全至关重要,技术安全策略需要筹划。

一是技术发展的创新与升级。数字技术正成为政府回应社会偏好的重要机制。③ 应当加强自主创新,加快数字政府建设领域关键核心技术攻关,强化安全可靠技术和产品应用,切实提高自主可控水平。技术发展可以减少安全漏洞的存在以及被恶意攻击的机会。首先,政府应当给予更多的政策财政支持。政府需要将技术发展放在必要战略位置,促进技术创新的同时与企业联动,发挥政府引导作用,尽可能地掌握技术主导权,提升国内国际话语权。其次,培养优秀的

---

① 任晓刚:"数字政府建设进程中的安全风险及其治理策略",《求索》,2022(01):165—171。
② 《国务院关于加强数字政府建设的指导意见》(国发〔2022〕14号),中国政府网,2022-06-23,https://www.gov.cn/zhengce/zhengceku/2022-06/23/content_5697299.htm。
③ 孟天广:"政府数字化转型的要素、机制与路径——兼论'技术赋能'与'技术赋权'的双向驱动",《治理研究》,2021(01):5—14+2。

技术人才。当前我国存在许多"卡脖子"技术问题，之所以难以突破，原因之一在于关键核心技术、关键核心零部件等的"卡脖子"问题往往涉及不同学科、不同行业的知识。① 因此，充分发挥并联合政府、社会、学校、实验室等的力量培养综合人才，为技术创新的发展做好人才储备工作。

二是法律制度建设与创新。法规制度与标准化规范体系是确保政府技术治理发展走上健康、有序轨道的重要条件和内在要求。首先，技术嵌入与制度吸纳应当互为动力。② 技术嵌入是市场、政府和社会多层面驱动的结果，然而市场与社会的不足又决定了政府治理的技术嵌入离不开制度规范的有效保障。政府应当建立健全数据分类分级保护、风险评估、检测认证等制度，加强数据全生命周期安全管理和技术防护。其次，技术升级与制度的变迁互为前提。政府治理的技术升级根本目标就是为公众提供高效优质的服务。然而，技术升级的最大困难就是政府体制的障碍。政府体制决定着技术治理的高效性和政府管理的方式的现代化。政府体制改革的重要前提就是要求制度的创新。

三是问责体系的建立与完善。重铸"共建共治共享"的社会治理格局，塑造"成果共享、权责同担"的责权体系，在政府的指导下建构参与主体多层次、管理宽领域、监督全方位的新型治理格局。这种新型治理格局强调政府、市场以及公民社会各司其职，以适当的角色加入协同治理之中。政府应该基于人本主义的发展理念总体布局数字技术的国家发展方略，引导技术发展，满足人民的生产生活需求，调节技术不平衡不充分发展；同时作为国家利益和人民权益的守护者仍需肩负制定技术标准和法律法规的责任。企业既要承担数字技术突破的重任，同时还要肩负起如数据保护、隐私安全等企业社会责任与伦理责任。公民社会更要主动出击，全方位参与到法律与规则制定中，监督政府与企业在各环节中的权责实行情况，夯实自上而下、自下而上的双向协同治理体系。③

---

① 张治河，高中一，檀润华等：“突破'卡脖子'技术的思维模式——基于 TRIZ 的设计”，《科研管理》，2022(12)：54—68。
② 沈费伟：“技术嵌入与制度吸纳：提高政府技术治理绩效的运作逻辑”，《自然辩证法通讯》2021(02)：80—86。
③ 王小芳，王磊：“'技术利维坦'：人工智能嵌入社会治理的潜在风险与政府应对”，《电子政务》，2019(05)：86—93。

三、制度安全策略

制度作为数字公共治理安全体系的"软支撑",理应充当先行者角色,对数字公共治理的若干事宜进行规范保障。技术的应用不必然带来制度的变化,但制度的设立不应阻碍技术的发展与利用,因此制度应当对数字公共治理的平稳运行进行支持。

一是加强顶层设计。新时期数字政府建设在核心目标层面的变化,对应到顶层设计层面就表现为从流程范式向数据范式转变。这个转变不仅是对"运用大数据提升国家治理现代化水平"的落实,也是数字政府内在发展演进的必然趋势。从流程范式向数据范式的转变首先是思维方式的变化。与流程导向的设计不同,数据导向的设计从根本上来说是面向服务对象的,或者是按照服务对象的逻辑来展开的。社会大数据的价值仍然根源于人的价值。对于数字政府而言,无论是决策、管理或服务,数据范式或数据导向的思维就是要以人或者服务对象为中心来创造价值。数字政府的意义显然不是为了政府能够获得某种技术而是让政府利用数据,并为数据所指称的对象创造更大的价值。其次是设计模式或者说系统组织模式的变化,首先要做的便是如何让用户觉得方便,从用户的角度出发来思考如何组织相关事项和流程——技术的实施不是因而是果。所有流程的目的都是为了让数据更好地流动,数据才是实现数字化的价值所在。①

二是政府工作流程优化。政府数字化转型既是技术变革,也是制度变革,倒逼政务服务的业务重组与流程再造。从当前看,权力清单标准化不够,群众办事流程不统一、标准不一致,企业投资项目、不动产登记、商事登记、证照联办等尚未形成标准化流程是数字政府建设的拦路虎。要全面推进群众办事指南规范化和企业投资项目审批事项标准化,加快制定办事事项和审批事项标准化流程,办事目录、流程、格式、文本、技术等必须全要素全流程标准化,重点在跨部门跨层级跨领域联办事项上突破,破解企业投资项目审批涉及"部门多、层级多、事项多、中介多"等难题。深化企业投资项目审批便利化改革,加快在线审批监管平

---

① 黄璜:"数字政府:政策、特征与概念",《治理研究》,2020(03):6—15+2。

台建设,推广"一口受理、在线咨询、网上办理、代办服务、快递送达"办理模式。加强行政审批中介服务改革,全面推广施工图联合审查以及联合测绘、联合验收、竣工测验合一,建立统一的网上"中介超市"和"竞价平台"。[①]

三是政府职能转变。国家治理现代化背景下的政府职能转变应当是从渐次改进转向整体建构。首先要在政府、市场、社会三者能力的权衡中动态调整政府职能边界。其次要将政府职能转变的治理理念与治理方法和治理工具有机统一起来。最后推动治理方法和治理工具的应用创新是提高政府治理效能的重要路径。充分发挥数字技术创新变革优势,优化业务流程,助力营商环境改善,从而精准政府职能定位。技术赋能于政府工作,强化数字经济、数字社会、数字和网络空间等治理能力,最终实现政府治理与数字技术应用深度融合,推动政府运行更加协同高效。

四是开展试点示范。坚持加强党的领导和尊重人民首创精神相结合,坚持全面部署和试点带动相促进。立足服务党和国家工作大局,聚焦基础性和具有重大牵引作用的改革举措,探索开展综合性改革试点,为国家战略实施创造良好条件。围绕重点领域、关键环节、共性需求等有序开展试点示范,鼓励各地区各部门开展应用创新、服务创新和模式创新,实现"国家统筹、一地创新、各地复用"。科学把握时序、节奏和步骤,推动创新试点工作总体可控、走深走实。从全国视角来看,数字政府建设初期有着地方先行的趋势,地方建设的经验教训对推动全国的数字政府建设有很大影响。相应地,数字技术推动制度转变,制度的科学性、适用性等,同样可以进行试点工作来证明实践。

在数字化浪潮席卷全球的今天,数字公共治理已成为提升政府治理能力和效率的重要手段。而制度安全策略作为数字公共治理的基石,其重要性不言而喻。通过构建科学、全面、高效的制度安全策略,我们不仅能够确保数字技术在公共治理中的安全应用,还能够为数字政府建设提供坚实保障,推动政府治理体系和治理能力现代化。因此,我们必须持续关注数字公共治理的制度安全策略建设,不断完善和优化相关制度和规范,以适应数字化时代的新要求和新挑战,

---

[①] 刘淑春:"数字政府战略意蕴、技术构架与路径设计——基于浙江改革的实践与探索",《中国行政管理》,2018(09):37—45。

为构建更加安全、便捷、高效的数字政府贡献力量。

关键术语

数字公共治理 数字经济的主要组成部分之一,包括但不限于多元治理,以"数字技术+治理"为典型特征的技管结合,以及数字化公共服务等。

安全威胁 是指某个实体(人、事件、程序等)对数字公共治理的机密性、完整性、可用性在进行时可能造成的危害。

安全体系 即安全管理体系,是指基于安全管理的一整套体系,包括硬件、软件方面。

监管体系 基于某种目的而进行监督管理的一整套体系。

专栏 6-1　广东省的"三横四纵"[①]

为深入贯彻落实习近平总书记对网络安全和信息化工作提出的"网络强国""数字中国"战略部署,广东省一直将网络安全的建设作为数字政府的生命线,而其中网络安全体系建设是数字政府平稳运行的重要基础及保障,省政务服务数据管理局编制并实施全国首个省级数字政府安全体系总体规划及实施方案。《广东省"数字政府"网络安全体系建设总体规划(2019—2021年)》通过"三横四纵"的体系架构,广东数字政府已建立了职责明确的安全机构,涵盖项目生命周期的安全制度及"日常监测、横向联动"的监管机制,快速构建并持续完善"三横四纵"的网络安全体系架构保障广东省数字政府的整体安全。

"三横"包括政务云平台、"一网共享"平台、政务应用,涵盖了数字政府建设的核心场景。

"四纵"包括安全管理体系、安全技术体系、安全运营体系、安全监管体系。四大安全体系贯穿数字政府云平台、"一网共享"平台、政务应用各核心系统建设的全程。

[①] 湛江市雷州市政务服务数据管理局:《广东省数字政府改革建设成果》,2022-09-06。

> 该体系与数字政府网络安全管理机制共同为广东省"提升网络安全防护能力,保障数字政府安全平稳运行"助力。广东省数字政府安全发展实践实现了数据安全"零事故"、云平台安全"零事故"、安全重保"零事故"的成效。

问题与思考

1. 数字公共治理下的安全需求都有什么?
2. 数字公共治理的安全体系的构建原则是什么,有哪些构成?
3. 数字公共治理下监管体系的内容包括什么?
4. 数字公共治理下安全问题面临哪些挑战? 有什么应对措施?

第七章 数字公共治理之党的建设

> 焦点问题：
> - 努力发展数字化党建工作的重要意义是什么？
> - 数字党建与智慧党建有哪些不同？
> - 数字公共治理下党的建设能力构成与挑战等内容有哪些？

数字党建作为数字公共治理的重要内容和党的建设未来发展的重要组成部分，正在扮演着越来越重要的角色。党的建设转型不仅仅是改变工作方式，更是工作思想、工作内容、工作程序的与时俱进。本章详细介绍了党的建设转型的历史背景，数字公共治理要求党组织具备的建设能力和体系，党组织在数字化改革过程中遇到的挑战，以及提出相应的应对策略。

第一节 党的建设转型：党务建设、数字党建与智慧党建

一、党的建设内涵与发展

（一）党的建设的内涵

党的建设简称党建，是马克思主义建党理论与党的建设实践的统一，是马克思主义党的学说的应用。党的建设包括三个方面的涵义，一是研究党的建设的理论科学；二是在马克思主义党的学说指导下进行党的建设的实践活动；三是作

为理论原则与实际行动两者中介的约法规章。党的建设对于实现中华民族伟大复兴意义重大,影响建设中国特色社会主义社会。党的建设既包括党的工作,又涉及党务工作,党为了保持自己的性质进行的一系列自我完善的活动,其中政治建设、思想建设、组织建设、作风建设、纪律建设和制度建设等是重要的建设内容。

在党的十九大报告中,首次将党的政治建设纳入党的建设的总体布局。党的政治建设包括理论和实践两个方面的内容。在理论层面,党的政治建设包括党的政治人建设、政治组织建设和政治制度建设等;实践层面包括党内政治生活建设、党内政治文化建设和党内政治生态建设等。[①] 将党的政治建设放在首位决定着党建这项伟大工程的成败,这不仅是时代发展的现实要求,更是建设强大马克思主义政党的本质要求,保障党伟大事业的兴旺发达。

思想建设是党的基础性建设,是提高党建工作质量的先决条件。数字化时代的背景下,党的思想建设作为解决党内问题、巩固党的执政地位提供了理论依据,为提升党的领导能力和执政水平提供了理论指导,为世界政党建设和发展提供了中国方案。[②]

在数字化公共治理的发展趋势下,党要实现各个历史发展阶段的任务,必须将党的组织建设摆在突出的位置。党的组织建设包括党的组织制度、党的中央组织、党的地方组织、党的基层组织、党的干部、党的纪律、党的纪律检查机关、党组等内容。这需要创新党组织建设的方法,使用新媒体技术构建各级组织沟通交流平台,整合党组织建设所需资源,打造便民利民的服务平台。

在革命、建设、改革的伟大历史实践下,党通过其优良作风和传统美德团结人民取得历史阶段的胜利。中国共产党所具备的光荣传统和优良作风集中体现了党的宗旨和原则,也是区别于其他政党的显著标志。回顾过去,习近平总书记概括提炼出新时代我党的优良作风,即对党忠诚、理论联系实际、密切联系群众、批评与自我批评、敢于斗争。

十八大后,党中央将党的纪律建设放在更加重要的位置,是全面从严治党的

[①] 黄敏:"以政治建设统领党的建设新的伟大工程",《学习论坛》,2018(03):29—34。

[②] 孙国华,魏扬明:"思想建党助力提高党的建设质量的时代价值与路径探析",《公关世界》,2021(17):78—80。

治本之策。党的纪律是成文的规矩,是刚性的规矩,是全体党员和组织必须遵守的行为规范和准则。总体概括为政治纪律、组织纪律、廉政纪律、群众纪律、工作纪律、生活纪律六项内容,其中最重要、最根本、最关键的纪律是政治纪律。[①] 遵守党的政治纪律以坚持党的全面领导为核心。

在数字化和信息化的新时代下,制度建设在党的建设中具有全局性、根本性的地位。制度建设是管党治党的必然要求,保障党的先进性和纯洁性,推进实现国家治理的现代化。制度治党是党自身发展过程中总结的成功经验,党的长期执政需要行稳致远,通过完善各项制度推进建设工作,提升党的治理能力和面对现实风险和挑战应对能力。[②]

(二)党建工作的发展历程

党的建设需要与时俱进,遵循根据党和人民事业的发展状况和发展阶段推进党的建设的原则。党的建设需要全国上下齐心协力共同努力,无论是党中央、地方基层都需要重视建设党的工作,都需要促进党建工作高质量发展。

简单梳理党的建设的发展历程,党的十四届四中全会第一次提出党的建设是新的伟大工程,明确新的历史时期党的建设的总任务和总目标,将党建设成为用中国特色社会主义理论武装头脑,全心全意为人民服务,无论是在思想上还是在政治组织上,能够抵制风险,始终走在时代前列的马克思主义政党。党的十五大,阐述了党建伟大工程的重大意义,进一步概括了党建工作的总任务和总目标。党的十六大针对党员干部存在的问题,提出必须加强并改善党的领导,全面推进党的建设的伟大工程。党的十七大提出,要提高党的执政能力和先进性,以改革创新的精神,坚持党要管党、从严治党,坚持立党为公、执政为民、求真务实、清正廉洁等的精神,全面推进党的建设的伟大工程。面对党的建设面临的严峻挑战,党的十八大提出,全面加强党的建设的八项重要任务,提高党的建设的科学化水平。在思想上坚定共产党的思想信念,发展党内民主,坚持党管人才,改革制度提高队伍素质,坚持清正廉洁;行动上坚持走群众路线,创新基层党建工

---

① 王士龙:"新时代党的纪律建设的理论发展、实践逻辑和体系构建",《思想理论教育导刊》,2021(12):57—61。
② 魏振英:"新时代推进中国共产党制度建设的实践路径",《人民论坛》,2020(30):110—111。

作,加强党的纪律建设。在中国共产党带领全国各族人民实现"两个一百年"奋斗目标、实现中华民族的伟大复兴的特殊历史节点下,党的十九大提出,坚持以改革创新的精神推动党的建设的伟大工程,以党的政治建设为统领,全面推进党的政治建设、思想建设、组织建设、作风建设、纪律建设,将制度建设贯穿其中,深化反腐败斗争。坚持党对一切的领导,贯彻党政军民学、东西南北中,党是领导一切的党建引领原则。

二、数字化党建的演进历程

世界正面临百年未有之大变局,工业文明向网络信息文明演变,中国共产党领导下的中国各个领域呈现现代化、数字化的特点。数字中国、数字社会、数字经济、数字教育等重塑国家的发展模式,党的建设需要进行数字化的伟大工程。

数字时代的到来催生开展数字化党建工作。党的十八大提出,互联网是国家发展、社会进步所面临的最大变量。应对新形势首先需要解放思想,提高认识新事务和解决新问题的能力。党的十九大提出要善于运用互联网技术和信息化手段开展工作,同时将加快建设数字化中国作为适应互联网时代发展的重要措施。数字化党建是建设数字化中国的关键环节。党的十九大报告中提出,新时代党的建设要以"调动全党的积极性、主动性、创造性为着力点",党建工作结合数字化时代特有优势,采用信息化手段、数字化方法调动党员的改革热情。"十四五"规划纲要提出"迎接数字时代,激活数据要素潜能,以数字化转型整体驱动生产方式、生活方式和治理方式变革"。党的十九届六中全会再次强调"过不了互联网这一关就过不了长期执政这一关"。在信息化建设的新趋势下,利用信息技术、网络资源,改进党务管理,灵活构建党务管理新模式,推进基层党建工作,成为建设服务型党组织的必然要求。

相对于传统媒体的传播局限,数字化时代凭借云计算、大数据、移动互联等技术的飞速发展,数字信息逐渐渗透在"技术、资本、商业以及劳动"等各领域,通过后台算法,应用程序终端精准向用户投送具有一定属性的意识形态、价值取向、目标倾向等内容,影响着用户的现实选择。网络信息来源庞杂难辨、自媒体风起云涌、后台算法无孔不入等网络安全问题亟待规制,同时影响着党建工作。

数字化党建是数字公共治理发展到一定阶段下的产物,表现为将网络通信、计算机、数字平台等技术应用于整合党组织资源、提高党员素质、宣传党的规章制度等党务管理工作中,党的建设工作实现数字化、网络化、便捷化。数字党建未来发展趋势呈现阵地平台化、组织矩阵化、思想可视化、功能模块化、制度集成化和方法智能化六大特点。

在客观环境背景和党的执政地位双重作用下,数字化党建成为必然选择。改进优化党的建设,不断提高党的执政能力,巩固党的领导地位,是永葆党的先进性的一条历史经验。充分利用互联网技术,在网上建立服务渠道,利用网络服务人民群众,高效解决社会问题。数字党建有利于提高党建工作效率,建立党建数字化平台方便党员培训。

三、数字新时代的智慧党建

"智慧党建"首次在2019年1月提出,最初是为了实现党组织的发展,应用大数据、互联网、物联网等新技术,创新党务管理方式、党组织活动方式、信息管理方式等,提高党的执政能力和执政水平,实现新时代数字化党建的新格局。

智慧党建具有信息化、科学性、移动性、实时性的特点。数字新时代背景下的智慧党建适用对象广泛,各级党组织、党员、入党积极分子、群众和志愿者等都包括在内,全方位多层次满足不同主体需求。在新技术的加持下,智慧党建不受时间地域限制,通过手机移动终端、智能电视、智能大屏、一体机、管理平台、门户等都可以实现党务管理,学习党的新思想。

智慧党建作为综合性信息服务提供平台和党务管理平台的重要创新方法和组织手段,创新了党思想建设的新方式。智慧党建平台的建设有利于科学决策。智慧党建平台的建设有助于科学管理。智慧党建平台的建设明确考核体系。智慧党建平台的建设增强了党组织的凝聚力。

第二节 数字公共治理之党的建设能力与体系建设

一、数字公共治理之党的建设能力构成

自十八大召开后,党中央重点加强党的建设,按照从严治党"八项要求"进行自我革命。之后,党的十九大报告明确表明,基层党组织建设在政策实施、夯实执政地位、联系群众等方面具有举足轻重的作用。在数字时代迅猛发展的洪流下,公共治理成为未来发展潮流,党的建设需要具备新能力应对新时代的新需求、新挑战和新困境。

(一)数字公共治理下党建需要具备政治领导能力

无论在何种时代背景下,各级党组织始终要坚持将政治建设放在首位,每位党员要具备政治领导能力,把握好党建工作高质量发展的正确方向。中国共产党成立一百周年以来,具有坚固的领导力,党组织上下始终需要保持思想一致、步调一致,保证领导地位不动摇。加强党建工作中的政治建设,探索适合中国国情的政治建设路径,提高党的政治领导力成为现实所需。

(二)数字公共治理下党建需要具备学习能力

数字化时代涌现出许多新思想、新知识、新现象等,为了保证党的先进性和纯洁性,最简单有效的方法是党员通过学习,做到思想不僵、观念不老、能力不减。党组织要加强学习,提高党员学习的自觉性和及时性。通过定期开展党员培训活动,网上网下方式相结合,保证党员思想政治意识的先进性和坚定性,同时为党员树立终身学习的理念,将中国共产党建设成学习型政党。要注意学习的方式和方法,中国共产党是实践性政党,在学习的过程中理论与实践要相结合,学习内容要有助于党建工作的完成;不能只追求速度、学习行为、做面子工程,产生不求甚解、囫囵吞枣、死读书、读死书的怪象。数字化时代下的学习能力需要具有实效性的特点,每个人的时间和精力是有限的,数字化党建平台能够通过算法为党员推荐个性化的培训任务,以工作任务为导向,依据工作需求和时间

进行定期培训,实现以用促学,学用所长。同时建立健全系统化考核机制,学习成果用考核指标进行测量,考核结果与党员干部教育培训、监督管理、选拔任用、激励约束等工作融合起来。

(三) 数字公共治理下党建需要具备创新能力

数字化的党建只有依据新形势的新需求,创新出新方法、新理念、新技术、新载体才能应对新挑战,推动党建工作的发展。提升党的建设能力,既要继承发扬优秀传统,又要以包容开放的新思维和形态与时俱进。把握好党建工作的实质和规律,认真研究党中央和上级的政策会议精神,分析新形势下党建工作的变化状况,指出数字公共治理对党建工作的新要求,引进新方法,用新方法解决问题。[1] 创新党建工作思路,尤其是要创特色、创亮点、创典型,加强党建工作的针对性。党员干部要具有引领示范作用,需要具有独立思考能力,用创新性思维发现问题、解决问题,在日常党建工作中寻求突破,实现超越。

(四) 数字公共治理下党建需要具备队伍战斗能力

中国特色社会主义发展进入新阶段,数字化新时代赋予党建工作新任务,这就要求中国共产党有足够战斗力去解决新任务。中国共产党要至死不渝地进行伟大斗争、建设伟大工程、实现伟大梦想、实现中华民族的伟大复兴等伟大事业,战斗力是实现诸多事业的重要保障。党中央必须首先制定正确的方针、路线、政策,各级党组织认真贯彻落实上级指令。其中,基层党组织是党的全部工作和战斗力的基础。基层党组织需要将上级指令与本地党建工作实际情况相结合,转化成为本地群众和党员可以贯彻执行的实际行动。增强基层党组织的战斗能力、生机活力,需要配备高素质的基层党员队伍,更好服务人民群众,凝聚人心,推进基层党建新格局。中国共产党需要在新时代继续走好群众路线,探索新的服务群众的思想和路线。基层党组织需要密切联系群众,积极开展群众活动,党员做好表率,号召人民群众推进党建工作,形成凝聚力。

(五) 数字公共治理下党建需要具备组织协调能力

数字化公共治理的党建工作是一个有机整体,党员干部要具有较高的整合

---

[1] 国明理:《新时代国有企业基层党组织工作的重要指引》,东方出版社,2020。

组织能力，发挥出党组织的引领带动作用，实现党务工作的合理分配。数字公共治理下的党建工作是一个有系统工程，促进党建工作的有机融合，发挥数字时代下的"党建＋"和"＋党建"的优势，切实推动党建各项工作的有效落实。通过搭建数字党建平台，积极带动"智慧党建"的发展，借助数字化手段去整合调配组织资源。党员要具有组织协调意识，积极承担起不同情境中党员应该履行的责任，自己要积极主动配合别人负责牵头的工作、与他人合理沟通认真完成由自己牵头的工作。党组织需要加强自身建设，提升各级党支部的组织力，调动每个党团的凝聚力和积极性，发挥党支部战斗堡垒作用。各级党组织要站在全局的角度去思考党建问题，做好事前调研工作，参考国家大政方针、上级党组织、党规等的基础上调配资源、分配任务。

二、数字公共治理之党的建设体系完善

（一）完善党的纪律监督体系

建党百年以来，中国共产党之所以取得革命、建设、改革的胜利，优于其他政党，是因为中国共产党始终深化纪律建设，已经将纪律严明深深刻入党的发展基因中。中国共产党胜利取得执政地位只是阶段性的成功，想要长期稳定执政，需要推进纪律建设继续取得新成效，始终保持党的先进性和纯洁性。[①] 古人言，不以规矩，无以成方圆。中国共产党需要继续完善党内法规制度，在数字公共治理下，常态化发展完善党内法规制度，统筹推进依法治国和依规治党的重大举措。党需要继续深化纪检监察体制的改革创新，明确并细化监督范围，改革纪检监察机构，全面监督新时代党建工作。坚定党内监督为主体，充分发挥媒体监督、社会监督等其他各种辅助方式，重点加强对领导的监督，建立高效实用的"大监督"体系。

（二）完善区域化党建联盟体系

数字化时代正面临社会转型的关键时期，社会从封闭静态向开放动态逐渐

[①] 辛艺萱："法治构建：新时代推进党内法规制度建设的逻辑遵循"，《理论导刊》，2022(05)：10—18。

转型、单位制社会向新单位制社会逐渐转型、同质二元社会向异质多元社会逐渐转型，由此背景下产生区域化党建。现代化的区域化党建需要从四个维度党建主体多元化、党建格局模块化、党建组织网络化、党建活动法治化，实现区域资源的整合和重组。①

区域化党建联盟体系需要进行组织共建，区域化党建布局具有模块化的特征，不同层级、不同位置的地理模块需要建立标准接口系统，实现区域化党建的现代化。构建区域化党建联盟体系需要党组织进行资源融合，统筹规划使用纵向和横向资源，形成资源共享的新格局。②区域化党建联盟体系需要保障实现互利共赢，各级党组织、各社会组织、人民群众等各主体共同实现利益互惠，是区域化党建持续发展的动力支撑。

（三）完善基层党组织体系

基层党组织关系党员作用的发挥、中国共产党执政根基的牢固和战斗力的强弱。中国共产党具备严密组织体系的优良传统，在领导中国革命、建设、改革的历史时期，基层党组织始终发挥战斗堡垒的作用。中国共产党的力量来源于组织，基层党组织能够凝聚党员力量，深化人民群众对基层党组织作用及领导地位的认同和支持。

数字公共治理需要继续巩固党的执政基础，完善基层党建工作，加强党的自身建设，促进国家发展、党的建设、社会进步。为了实现治理现代化，基层党组织建设要与基层治理相结合，强化基层党组织人才队伍建设，提高基层党员素质。发挥党建中组织建设优势，基层党组织要密切联系人民群众，凝聚民心，显示出主心骨的地位。③

（四）完善数字平台体系

"互联网＋"已经在当下蔓延到社会各个领域中，顺应时代发展潮流，党建工作与信息网络技术相结合，构建出"互联网＋党建"的数字党建平台。智慧党建平台成为数字党建平台的典型代表，在智慧理念的指导下，将智慧技术手段应用

---

① 孙林："构建区域化党建现代化的四个维度"，《理论视野》，2015(10)：52—55。
② 中共江苏海安市委组织部："以区域化党建引领城市社会治理创新"，《领导科学》，2019(01)：46。
③ 岳奎，张鹏启："新时代党建引领农村基层治理路径探析"，《行政论坛》，2022(03)：82—89。

于党建工作，在密切党群关系、优化党组织管理、规范党员行为等方面优势明显，有利于提高党的执政能力和执政水平。

党员首先需要树立"互联网＋"思维，在思想上减轻党员学习信息技术、数字化管理的心理负担，学习数字平台知识，配备网络条件，整合可以利用的网络平台。各级党组织应该投入资源积极开发数字平台，紧跟时代潮流建立政务微信公众号、政务抖音号、政务快手号、政务B站号等，发挥信息时代优势，借助新媒体平台传播公共政策信息、党建知识、新时代党的思想等。

三、数字公共治理与党的建设互促共生

信息时代的迅速发展，要求党的建设工作适应时代需求，同时能够带动信息技术的进步，推动数字公共治理的纵向发展。党建工作在新时代下会遇到新挑战、新问题、新困难，利用数字时代赋能下的新技术、新方法、新手段，促进党建工作的深入发展，利于建设成为社会主义现代化政党。

加强党建工作，是实现社会主义现代化的重要保证。中国共产党必须在新的历史阶段，提高自己的执政能力和领导能力，在社会主义现代化建设中更好发挥领导核心作用。其中，党的基层组织是党的基础，党的基层组织建设事业的发展状况，直接关系到党的先进模范功能、战斗堡垒作用、党路线方针等的实现。只有强化基层党组织建设，发挥基层党组织优势，才能保证党建工作的健康持续发展。基层党组织负责宣传、落实、引领党的方针政策，上传下达公共政策，部署基层党建工作，沟通联系群众。基层党组织担负树立形象的特殊使命，通过党员的言行举止和党务活动，让群众了解基层党组织，影响人民对党的信任和拥护。加强基层党建工作，是强化党风廉政建设的关键环节。只有抓好党的建设，才能够保证党风廉政建设取得胜利。在基层党建工作中，对党员进行党的宗旨教育，树立艰苦奋斗精神，强调群众路线，虚心接受人民群众和其他社会组织的监督，党只有不断强化自身建设，才能早日带领人民建设成社会主义现代化国家。

第三节　数字公共治理之党的建设面临的挑战

一、数字时代对党的建设挑战

（一）信息安全

随着数字时代的科学技术不断进步，计算机管理党务日益普及，所处理的信息数据越来越庞大，保障信息安全成为新时代党建工作的重要挑战之一。通过在数字党务平台建立数据模型，收集、存储、加工、传输党员信息和党建档案，提高信息处理和党务管理效率。在实践过程中，各级党组织进行信息整合时，档案信息化的意识不高，忽视了档案的利用价值，降低了档案利用率，信息安全意识薄弱，容易造成个人信息泄露。同时党务档案管理的信息化管理手段单一，管理模式处于探索期，缺乏纪录和整合信息的管理软件。

（二）新数字鸿沟

由于数字时代互联网接入的普及，传统数字鸿沟得到较大程度的改善，新数字鸿沟问题逐渐显现。新数字鸿沟更加强调在互联网络、电子设备等普及的背景下，用户对信息技术的理解、掌握和使用等方面存在巨大差异。在党建工作中，各级党组织在信息技术的使用、电子技能的掌握、数字资源的应用等方面存在差异，由此产生了新的不均和不公。同时我国数字产业的空间分布呈现"南强北弱，东强西弱"的特征，各不同地区对数字党建提供的支持资源存在差距，导致不同区域的数字产出效率、数字应用效率等差异显著。

（三）数字工作的倦怠思想

做好数字化公共治理下的党建工作，首要任务是解决党员干部的思想认识问题。部分党委、政府部门、社会组织对数字时代所要求的党建工作认识不到位。各级党委意识不到发展数字化党建工作的重要性，部分党员干部认为只是转变活动方式，在数字平台上开展党员教育、收取党费、学习文件，忽视各级党建工作在数字发展全局中起到的重要作用。各级党委在执行新时代党建工作时存在空喊口号现象,遇到党务工作说起来重要,做起来次要,实践中取得的成果甚微。

(四) 信息化治理党组织的挑战

随着社会的持续发展,治理逐渐取代管理成为数字时代发展的推动力,治理更加强调公共和私人部门等多元主体为了获取不同利益进行协调活动的过程。各级党组织在信息化治理过程中,信息技术嵌入治理体系存在诸多问题。在组织建设方面,互联网信息技术具有离散性、开放性、及时性打破了传统信息传递方式和资源分配模式,要求建立矩阵化的党组织结构,拓宽管理幅度,减少管理层级,增强不同部门、层级、地域的协同合作。

二、数字党建与智慧党建面临的实践困境

(一) 数字孤岛

随着数字公共治理的日益普及,政府内各个部门都有各自的数据,各级党委、各部门之间的数据往往各自定义、自行存储。在数字化党建过程中,各部门数据像一座座孤岛一样,与其他部门难以进行数据互动,无法进行关联,导致彼此的数据库兼容性差,信息更新困难。

数字党建过程中的数字孤岛分为两种类型:一种是物理性的数字孤岛,是指数据在不同类型的政党组织中相互独立储存,独立维护,彼此之间相互孤立;另一种是逻辑性的数字孤岛,代表一些相同的数据被不同类型的政党组织赋予了不同的含义,增加了各政党组织间数据合作的沟通成本。

(二) 专业运营人才匮乏

在数字党建平台与智慧党建平台研发与维护时期,需要大量与计算机、互联网通信技术、党建政策等方面相关的专业人才,开发数字平台过程中既需要掌握信息技术的实践人才,又需要熟悉党务管理的理论人才,二者将业务与技术相结合,实现党建管理的信息化建设。

将数字网络应用并普及于党建工作中,本身对党务干部具有一定的挑战。利用互联网开展党务管理,需要党务干部、党员了解信息技术,具备数据管理能

力,熟悉党务管理活动。数字化时代需要党员干部、党务干部、党员接触信息技术,了解信息处理相关技术,尤其是培养既了解党组织管理活动又掌握网络信息技术的复合型党务人才。

(三) 数字形式主义

数字党建存在形式化考核、考核过度精细、考核注水等形式主义危害。存在数字形式主义的根源在于党建制度与数字技术的脱嵌,即各级党组织将数字技术视为减轻个人责任的捷径,仅是利用网络信息技术提升党务管理效率,忽视更新深层次的资源结构、组织制度、运行程序、权力关系等。

一方面,数字党建和智慧党建过程中的数字形式主义,体现为重数据数量,轻数据质量。各党组织部门信息系统、收集标准、收集程序等不统一,甚至为了应付检查编造数据,难以实现数据共享。另一方面,体现为重表面热闹,轻实际成效。数字平台上的"信息轰炸""文山会海""积分排行"等成了表面工作,信息是否传递、文件是否落实、思想是否贯彻等最终效果并没有得到真正关心。

三、数字公共治理之党的建设的应用难题

(一) 新媒体应用困难

在数字化时代,科学技术影响深远,党建工作深受到新媒体的影响。新媒体时代充斥着海量的信息、知识、内容,党建工作需要在虚拟空间收集利用信息,利用数字党建平台进行党务管理。新媒体相较于传统媒体,在信息表达方式、信息传播方式、信息存储方式等方面优势突出,同样要求用户具有数据辨别、数据收集、数据整理等能力。党员需要与时俱进了解信息工作的方式,掌握新媒体信息传播特点,学习新媒体使用方法。

(二) 党建活动过时

数字公共治理下的党建工作,需要把握新时代党建工作重点和党务活动特点,将信息技术引入党务工作中,结合时代背景丰富党务活动的内容,让党建活动与时俱进,更能激发党员和人民参与的积极性、主动性。但实际党务工作,只是披着信息技术的外衣,党建活动并没有真正结合新时代、新需求进行创新,各

级党委举办的宣传活动存在重形式、轻效果的现象。

第四节　数字公共治理之党的建设的应对策略

一、加强基础设施建设

（一）加强思想教育

在新媒体迅速发展的背景下，充斥着海量的虚假信息，各级党组织要加强思想政治工作，深化党员对党章、社会主义核心价值观等的理解，降低不良信息影响。新时代坚持和发展中国特色社会主义需要党员勇于自我革命，自我学习，始终保持党的先进性和纯洁性。

党员需要加强思想教育工作，保证心中有党。心中有党体现为，党员不忘初心牢记使命。通过缅怀先烈教育活动，重温庄严的入党誓言，铭记中国共产党的初心使命，在伟大新征途中继承遗志，坚持矢志奋斗的决心。

（二）规范党建经费使用

党建工作信息化、智能化、移动化建设是一项长期性、持续性、巨额的工程，特别是信息化软件和硬件系统的开发、维护和更新，需要有充足的建设资金，持续不断进行建设和完善。

一方面，保障信息化党建拥有充足建设资金，在财政预算建立专项资金、更新经费、维护经费等，保障党建工作信息化建设水平不断提高。另一方面，严格管理党建经费，从源头规范信息化党建经费使用，依照程序进行事后问责，做到一分支出取得一分成效。加强经费监督力度，保障党建经费使用的透明度，各级党组织要接受党内外的监督，保证每一分钱花在刀刃上。

（三）加强队伍建设

数字公共治理需要大量优秀人才投入党建工作中，党员干部作为各级党组织内部的领头羊，本身起着带头示范作用，肩负建设社会主义现代化政党的历史使命。在数字时代，中国共产党党员要牢记自己的使命，牢记自己的初衷，使党建工作适应新时代发展需求，同时能够为时代发展注入活力。一方面，数字公共治理需要一批"党性强、态度正、业务精"的党员干部引领新时代党建工作，这是保障党建工作顺利开展的根本前提。另一方面，为了适应数字时代，党组织需要定期开展党员培训教育活动，在思想上，党员要坚定正确的政治立场，克服难以应对新技术的恐惧心理；在行动中，党员需要进行技术培训，遵循学以致用的原则，将实际党务工作与技术培训相结合。

二、优化应用场景开发

（一）坚持改革创新

新时代需要提升党组织的凝聚力和战斗力，增强党组织的生命力和活力，积极探索和创新党建工作的形式，通过技术推进现代化建设。

一是改革宣传方式，将信息技术与传统方式相结合，官方可以利用新媒体发布党建信息。开通微信公众号、抖音号、微博号、快手号等各类党建载体，借助数字平台开展理论学习、文化交流、组织生活等活动，向社会公众展现党建工作进展情况，发挥中国共产党的引领带动作用。二是改革活动方式，通过创新党建工作开展方式，建立党建工作网络，根据党务发展实际情况，以各党支部为中心，统筹协调党建工作和业务工作。各地要积极本地的党建品牌，明确各级党组织建设目标，各党员工作任务，统筹分配本品牌党建工作任务，形成权责清晰、有规可依的工作方式。

（二）明确职能定位

数字时代下，想要提高党建工作的科学性，需要各级党组织建立明确的职责关系，增强党建工作的针对性和可行性，明确责任主体，清晰职责定位。在官方平台上明确表明各级党组织的职责地位、构成人员、工作任务等基本信息，让社会公众了解各级党组织，以便进行党外监督。

落实党建工作要从实际出发，重点关注基层党组织建设，建立基层责任工作制，明确列出各级党组织、各单位党组织、社会组织党组织等的责任清单，形成各司其职，各尽其责，齐心协力实现社会主义现代化。

三、推动功能体系整合

（一）完善党建制度

在数字化智能时代的背景下,为了推进党建工作高效进展,需要坚持完善党建工作中形成的好制度,分别产生党组工作制度、干部选拔任用制度、党组理论学习中心组学习制度、党支部"三会一课"制度、党务政务公开制度、民主生活会制度、组织生活会制度、民主评议制度、机关党员干部学习制度、党员领导干部调查研究工作制度、党支部主题党日制度、党组织选举制度、理论学习中心组学习档案制度等。落实这些党建制度完成党建工作的重要基础,用制度进行党务管理,规范组织活动,提高党建工作的实效性和规范性。

一是坚持完善学习制度,通过开展中心组学习、"三会一课"、学习档案等制度,组织党员学习新时代中国特色社会主义思想,坚持党的理想信念,学习党务知识,用新思想武装党员头脑,适应新时代的技术创新。

二是坚持完善党务公开制度,为了维护党的公信力和领导地位,提高各级党组织决策科学化和民主化水平,保障社会公众和其他社会组织的知情权,需要提高政务工作和党务工作的透明度,自觉接受社会公众的监督。

（二）加强统筹协调

数字公共治理下的党建工作不单纯是党员干部的事,是整个组织、整个单位的事,需要大家统一思想,统筹协调,共同完成。

一方面,把握重点,统筹谋划党建工作。新时代党建工作要坚持把服务中心作为党建工作的重中之重,积极探索"互联网＋"与党建工作相结合的新路径,各党员学会在数字平台上开展党建工作。把握新时期党建工作重点,明确核心任务,将科学技术作为解决党建难题的突破口。党建工作需要选准用好载体,为党务活动顺利开展搭建平台,努力发挥各级党组织在现代化建设中的服务保障作用,提高完成党建工作的质量。

另一方面,凝聚共识,齐心协力,共同完成党建任务。各级党组织始终围绕党的建设目标,整合组织资源,相互协调配合,共同努力合理分配党建活动的各种资源,发挥人力、物力、财力等最大价值。党员干部要做好领头羊,在新思想上坚持新时代中国特色社会主义思想,在行动上遵循党中央的大政方针,带领大家完成党建工作。

(三) 完善考评体系

完善考评体系需要建立完善的党员积分考评系统。党员积分考评系统是信息时代发展到一定阶段的产物,系统以积分考核为核心,完善党组织考核体系,提高党员工作效率。在互联网信息技术的影响下,通过信息系统考核并记录党员职责的履行程度、参与活动的积极性、党务的完成程度等,便于对党员进行科学化的分类管理。考评系统设置合理的量化的考核标准,党员干部按照考核标准和考核结果对党员实行奖惩,有利于调动党员工作的积极性和主动性。党员在手机APP上或计算机上操作,运用互联网技术实现无纸化办公,系统后台自动统计党员获取积分情况,保证了积分考核的科学、公平、规范,便于党组织参考积分情况对党员实施精准化培训、晋升、惩罚等。

此外,也可以借助新媒体平台,通过微信小程序让党员考核打破时间地域的限制,党员可以在任何地方、任何时间完成考核任务,提升自己的考核积分。通过信息技术规范考核程序,可以采取周末考评、月末考评、季度考评等方式,党组织根据业务工作和党建工作完成情况进行初评,邀请党员代表对考评对象再次进行评议,将最终考评结果在系统平台公开公示,保证考评结果的公平公正。

关键术语

党的建设 党为了保持自己的性质进行的一系列自我完善的活动,主要包括政治建设、思想建设、组织建设、作风建设、纪律建设和制度建设等。

数字党建 将网络通信、计算机、数字平台等技术应用于整合党组织资源、提高党员素质、宣传党的规章制度等党务管理工作中的过程活动。

智慧党建 应用大数据、互联网、物联网等新技术,创新党务管理方式、党组织活动方式、信息管理方式等,提高党的执政能力和执政水平,具有信息化、科学性、移动性、实时性的特点。

专栏 7-1 "智慧党建"让阵地"活"起来

"透过'数字化党建',身临其境,穿越建党百年历史,让新时期党建工作插上了智慧的翅膀!""'初心堂、学习社、红旗室、爱心站、读书会',五大阵地建设让党员教育形式活、接地气、受欢迎,让人耳目一新!"日前,国家税务总局连云港市税务局一楼的党建文化展厅,迎来了江苏省委省级机关工委常务副书记李新平以及来自省辖市的 60 余位党务工作者。

兴致勃勃戴上 VR 眼镜,体验了一把"数字化党建馆"的炫酷和科技感,李新平高度肯定了连云港市税务局机关党建工作做法。当了解到连云港市税务部门创新开展"主题党日+""党建优品荟"等活动,尝试把特色党支部的建设成果转化到推动税收治理现代化的目标上,努力探索党建和业务深度融合的路径时,李新平表示:"这些创新做法是推进党建与业务融合的有力抓手,这才是真正的党务工作内行!"

今年以来,江苏连云港市委市级机关工委以连云港市机关党建智慧馆、市税务局党建文化展厅、市检察院党建活动中心、"自然之家"党性教育室等为龙头,全面推动机关党建活动阵地建设,每年参观交流达 2.5 万余人次。同时,聚焦决策部署、主责主业和高质量发展,制定"讲政治举旗帜"十大党建举措,深度培育以"奋进新征程•勇当排头兵"红旗党支部品牌为抓手,着力促进"党建+业务"一体推动、深度融合、同向发力,让阵地"活"起来。

连云港市税务局党委坚持将党建嵌入税收业务各环节,打造"一党委一品牌,一支部一特色",释放"蓝海红心"党建品牌的集成效应。连云港市水利局着眼建设自然生态美的水利,以项目党建为载体,常态推进党建与业务的深度融合。围绕"安全水利、节水水利、生态水利、民生水利、清廉水利、文明水利"6 个项目党建,察实情、访民意,找准水利建设问题的堵点、痛点,为项目党建找准目标树立靶心。连云港市人社局创新打造"连心 361"党建服务品牌,上线一体化信息平台,开展综合柜员制改革,实施人社快办行动,先进经验获国家人社部认可,被评为"全国人社系统优质服务窗口"。

第七章　数字公共治理之党的建设　　155

围绕"一支部一特色"品牌创建,市级机关各党支部活动也是精彩纷呈,工作热情高涨。连云港市工信局组建项目攻坚党支部,逐步将政府部门面向群众的服务事项搬上网,深化简化办、就近办、移动办,全面推进"一网通办"。连云港市局第三税务分局党总支突出党建引领,推出涉企服务"E税通"支部工作法,创新开展减税退税"码"上指导、税票速递等特色服务项目,持续提升纳税人缴费人的满意度和获得感。积极探索实行"实在路上、做在组上"的支部工作法,灵活利用学习强国学习平台、钉钉课堂等功能,打造支部党员的"随身党课",做到支部学习与业务推进两个目标一起定、两个责任一起担、两个成果一起要。

2022年3月初,新一轮疫情发生后,市、区两级机关工委充分利用机关党建智慧平台和"红润港城"党建联盟"上下联动、互联互动"联动机制,构建"机关党总支(党支部)＋街道党工委＋社区＋小区党支部＋网格长"防控新模式,体现了城市的温度。

资料来源:"连云港:'智慧党建'让阵地'活'起来,中国江苏网,2022-09-16,https://jsnews.jschina.com.cn/lyg/a/202209/t20220916_3076810.shtml? isappinstalled＝0。

专栏7-2　龙泉数字赋能绘制基层党建"智慧底色"

"上个月水南社区总分达到了180分,排名第一。接下来,我们必须加把劲追上去……"日前,在龙泉剑池街道数字党建大屏平板一体机前,各村社党组织书记认真关注着刚刚动态更新的数字党建工作排名。

据了解,数字党建主要是以适应数字化时代和数字经济发展为总要求,实现对党建各方面工作的高效管理和党建措施的智慧生成,以现代信息通信技术的使用为重要推力,引导和实现党建资源的快速优化配置与再生,实现党建工作效率提升和党建质量提高。

今年以来,龙泉以"互联网＋党建"为目标,以云计算、大数据、互联网为基础,全力推进数字党建建设多维度全覆盖。"以前就是闷头做,比其他人好在哪或差在哪没有明确概念,现在数字党建打分情况公布出来,才知道之前因为忙于项目而忽视了一些重要的党建任务。"水南社区党总支书记刘建云说,数字党建让党建工作"看得见",也为他们理清工作思路提供了很大帮助,"这个月我们把协助水南区块项目征收工作作为主题党日的特色活动,组织党员入户走访,把党建引领延伸到征迁一线,既助力推动征收工作,又能把党建分数提上去。"

剑池街道相关负责人介绍,以往党建考核工作大多是通过人工统计,存在数据杂、工作量大、溯源难等弊端。今年是浙江省数字化改革之年,为了紧跟数字化改革转型步伐,街道以"剑池牛"党建品牌为载体,创新推出了"剑池牛"数字党建系统,制定数字化考核细则,从日常党建任务、主题党日、学习强国、重点项目推进等方面进行数字化赋分,实现党建工作有据可循、有档可查。

自推行数字党建以来,该街道各村社党建工作积极性显著提高,掀起了"党建提质、能力提升"大比拼的浓厚氛围。

"推进数字党建工作以来,大家对基层党支部标准化建设有了更加深刻的认识,工作思路更加清晰,工作动力也更强了,能够对标对表找差距、抓落实,支部工作的政治性、严肃性、庄重性得到很大改善和提升。"龙泉市委组织部相关负责人表示,下一步,将不断研究、不断探索符合新时代党建要求的数字化党建产品,自我革新、自我迭代,更好地管理、监督和服务广大党员,为全市党建工作高质量发展提供有力支撑。

资料来源:"紧跟数字化改革转型步伐 龙泉数字赋能绘制基层党建'智慧底色'",丽水市人民政府网,2021-04-27,http://www.lishui.gov.cn/art/2021/4/27/art_1229218391_57319470.html。

问题与讨论

1. 党建工作的六项重要建设内容都是什么?
2. 数字公共治理下党的建设能力构成是什么?
3. 数字公共治理下哪些党的建设体系需要完善?
4. 数字公共治理下党的建设面临哪些的挑战?有什么应对措施?

第八章　数字公共治理之经济调节

> **焦点问题：**
> - 数字公共治理之经济调节的体系与能力建设现状如何？
> - 数字公共治理之经济调节的内涵与价值是什么？
> - 数字公共治理之经济调节面临的挑战及应对策略有哪些？

21世纪以来，大数据、人工智能、区块链等数字技术的创新突破为经济高质量发展增添了新动能。经济合作与发展组织将"走向数字化（Going Digital）"作为一项重大国际议题。我国党中央、国务院高度重视经济调节的数字化转型。党的十八大以来，以习近平同志为核心的党中央从我国经济建设的实际出发，根据国内国际经济运行的新趋势、新变化，提出了我国经济发展进入新常态的重大判断。2022年6月23日，国务院印发的《关于加强数字政府建设的指导意见》围绕经济社会数字化转型趋势及治理体系和治理能力现代化，对宏观经济调节提出了更高要求。党的二十大报告中同样指出，要加快建设网络强国、数字中国。数字赋能经济调节可充分释放数字化发展红利，全面提升经济调节效能和社会治理能力，开创数字政府建设新局面。而目前我国数据获取的准确度、安全性等尚有不足，数字化经济调节范围也与部分先进国家存在差距。如何高效利用数字化信息技术实现经济高质量变革，成为当前经济社会可持续发展的重大研究课题。因此，本章聚焦我国数字公共治理之经济调节实践，试图对经济调节的转型、数字公共治理之经济调节体系与能力建设、面临挑战及应对策略等内容进行系统探析，以期为数字经济发展的提质增效提供学理支撑和实践指导。

第一节　经济调节转型：经济控制、经济调节、数字化经济调节

一、经济调节的内涵与发展

经济调节是政府重要职能之一，其方式随着经济社会的发展而不断更新。西方学者一般将政府经济职能归结为三类，如马斯格雷夫将其归纳为经济稳定、收入分配与资源再配置，萨缪尔森将其归纳为提高效率、促进公平以及稳定宏观经济。国内学者汤在新、吴超林将政府的经济职能概括为创造和维护市场经济制度条件的一般职能、对微观经济的规制职能、对宏观经济的调控职能。[①][②] 党的十六大报告将政府的职能定位为"经济调节、市场监管、社会管理和公共服务"，其中经济调节是通过对社会总需求和总供给进行总量调节，利用产业政策等促进经济结构调整和优化，保持经济持续、快速、协调、健康发展。[③] 经济调节主要依靠经济和法律手段，同时通过制定规划和政策指导、发布信息以及规范市场准入（政府规制），引导和调节经济运行。[④]

经济调节由经济管制发展而来。新中国成立之初，我国实行计划经济体制，政府开展全面经济管制；计划经济向市场经济转轨时期，经济管制略有放松；社会主义市场经济条件下，政府进入到全面放松管制阶段。在政府全面管制阶段，政府控制着经济的方方面面，直接干预经济发展；在较为放松的管制阶段，政府退出主体地位，协助市场解决部分基础供应问题；在全面放松管制阶段，政府只在必需时进行宏观经济调节，不主动参与经济活动。在市场规律作用下，政府进

[①] 昌忠泽："国家经济调节方式的转变与新取向的选择——纪念改革开放 30 年"，《南开经济研究》，2008(06)：3—15。

[②] 汤在新，吴超林：《宏观调控：理论基础与政策分析》，广东经济出版社，2001。

[③] 江泽民："全面建设小康社会，开创中国特色社会主义事业新局面——在中国共产党第十六次全国代表大会上的报告"，《求是》，2002(22)：3—19。

[④] 付溶："当代中国政府经济职能的战略性重构探究"，《辽宁省社会主义学院学报》，2021(01)：104—106。

行经济调节的范围逐步缩小、主动性逐步减弱,经济管制逐步走向经济调节。近年来,随着大数据与数字化技术的迅猛发展,经济调节开始数字化转型。[①] 相较于传统的经济调节,数字化经济调节以大数据为核心基础,将数字技术应用于政府经济调节全过程,不断深入推动数字经济的创新发展。

二、经济调节方式的演进历程

(一) 经济控制(1949—1992)

经济控制阶段主要经历了两个时期,第一个时期是高度集中的计划经济时期的政府经济控制(1949—1978)。新中国成立初期,我国建立了几乎覆盖国民经济全领域的"无限""万能"政府。在这一时期,我国的经济控制以中央政府为中心,通过下发指令性计划和行政命令直接参与到社会生产生活的各方面,对关系国民经济发展的每一项计划的制定都不缺席。政府的经济控制也经历着有限干预(1949—1952)到全面干预(1953—1978)的内在调整。

第二个时期是经济转轨时期的经济控制(1978—1992)。[②] 1978年党的十一届三中全会后,我国由原来的计划经济向市场经济转型,并形成了多种经济成分共存的局面,我国政府从"全能政府"过渡到"有限政府"的新阶段。改革之初,计划经济是前提,市场调节发挥辅助作用,政府缩小了其经济控制范围,具体表现在以下几个方面:第一,政府运用指令性计划对国有经济,特别是关系到全局的龙头企业的生产和消费资料的生产、分配进行调节;第二,政府下放行政权力,鼓励国有企业在政府的指导下自主经营;第三,政府简化行政结构的经济部分。[③] 1984年10月党的十二届三中全会召开,我国经济体制进入了社会主义有计划的商品经济阶段。相应地,政府经济调节职能也有所转变,具体表现为:制定经济发展战略和计划,制定社会发展方针和政策,制定资源和智力开发方案以及技术改造方法;部署重点工程建设,尤其是能源和原材料等的工业建设;协调区域间的发展计划和经济关系;收集和发布经济信息;掌握经济调节手段并

---

① 王造鸿,迟文嘉:"我国政府经济管制的发展与存在问题探析",《时代金融》,2020(10):68—69。
② 王乐:"新时期市场经济下政府经济职能创新的路径探析",《中国商论》,2019(21):233—234。
③ 童本立:"政府经济职能的结构、层次及其转换分析",《浙江学刊》,1997(05):20—24+29。

合理运用；制定并且监督执行经济的法律、法规；管理对外经济的技术交流与合作。①

（二）经济调节（1993—2016）

1992年邓小平南方讲话后，我国逐步确立社会主义市场经济体制，进入建立社会主义市场经济时期。这一时期，政府主要制定宏观调控政策，为经济发展提供良好的宏观经济环境。这一时期的政府经济调节内容主要是维持经济总量平衡、调整经济结构与促进公平收入分配。具体而言，第一，维持经济总量平衡。政府通过制定适当的财政政策和货币政策组合进行宏观调控，以达到促进经济增长、增加就业、稳定物价、保持国际收支平衡的目标。② 第二，调整经济结构。政府主要从三方面进行经济结构的调整。首先，进一步调整我国所有制结构以建立充满生机和活力的市场经济体制。其次，加快国内产业结构的转型升级，采取鼓励性的政策措施促进出口，吸引外资，支持本国企业跨国投资经营，以应对加入世界贸易组织所带来的机遇和挑战。最后，促进区域经济结构调整，一方面为缩小城乡差别、促进城乡经济协调发展提供必要的制度保证和政策支持，另一方面对区域经济发展给予协调、指导和财政支持，促使东、中、西部地区发挥各自比较优势，实现协调发展。第三，促进公平收入分配。政府既通过调整工资政策直接调节收入分配，又通过税收、社会保障和政府救助等其他方式来调节，以实现收入分配的相对公平。③

（三）数字化经济调节（2017—至今）

2019年党的十九届四中全会首次提出"数字政府"的概念。数字政府是指在现代计算机、网络通信等技术支撑下，政府机构日常办公、信息收集与发布、公共管理等事务在数字化、网络化的环境下进行的行政管理形式。伴随"数字政府"的建设，政府的经济调节职能逐渐向数字化转型。2022年《国务院关于加强数字政府建设的指导意见》颁布，向全社会提出全面推进政府履职和政务运行数

---

① 孙学玉："我国后计划经济时期政府经济职能的选择与确立"，《云南社会科学》，1997(04)：16—20。
② 周绍朋："加强政府经济调节，改善宏观经济调控"，《天津行政学院学报》，2008(01)：73—76。
③ 汪海波："论政府经济职能的历史发展及其一般内容"，《广西经济管理干部学院学报》，2003(02)：1—12。

字化转型的要求,指出要"强化经济运行大数据监测分析,提升经济调节能力",首次传递出数字化经济调节的意蕴,政府经济调节正逐步转向数字化经济调节阶段。

三、数字公共治理之经济调节的内涵与价值

(一) 数字公共治理之经济调节的内涵

《国务院关于加强数字政府建设的指导意见》指出要构建协同高效的政府数字化履职能力体系,即全面推进政府履职和政务运行数字化转型,统筹推进各行业各领域政务应用系统集约建设、互联互通、协同联动,创新行政管理和服务方式,全面提升政府履职效能。这意味着政府经济调节进入数字化时代。数字化经济调节是政府职能的一场深刻变革,它是政府将数字技术应用于政府经济调节各方面,如宏观调控决策、经济社会发展分析、投资监督管理、财政预算管理、数字经济治理等。具体而言,第一,利用数字技术加强经济数据整合、汇聚、治理。全面构建经济治理基础数据库,加强对涉及国计民生关键数据的全链条全流程治理和应用,赋能传统产业转型升级和新兴产业高质量发展。第二,运用大数据强化经济监测预警。加强覆盖经济运行全周期的统计监测和综合分析能力,强化经济趋势研判,助力跨周期政策设计,提高逆周期调节能力。第三,提升经济政策制定的精准性。充分发挥国家规划综合管理信息平台作用,强化经济运行动态感知,促进各领域经济政策有效衔接,持续提升经济调节政策的科学性、预见性和有效性。[1]

(二) 数字公共治理之经济调节的价值

数字公共治理之经济调节的价值表现在以下四个方面:一是重塑经济调节职能。这意味着政府需要运用数字技术在社会经济领域重塑行政权力运行流程和模式,顺应"万物感知、万物互联、万物智能"趋势,依托政府的"全样、全量、全时"大数据进行动态分析,建立"用数据说话、靠数据决策、依数据行动"的经济运

---

[1] 《国务院关于加强数字政府建设的指导意见》,中国政府网,2022-06-23,http://www.gov.cn/zhengce/content/2022-06/23/content_5697299.htm?trs=1。

行调控机制,进而实现社会资源的合理配置,实现社会生产持续、快速、稳定、协调发展。数字技术显著推动了政府治理方式、流程、手段的系统改革和创新,在这一过程中,数字变革高地得以打造,经济调节职能得以重塑。[①]

二是优化经济调节体系。在数字经济时代,数字技术被广泛应用于感知经济社会发展态势、强化经济政策统筹协调能力等过程中。相较于传统的经济调节方式,政府的数字化经济调节以大数据为支撑,通过经济运行监测数字化推进经济治理现代化。建立经济运行全周期、全要素、全变量的大数据实时分析系统,实现经济运行指标的实时监测、经济质量演化的客观评价、经济运行态势的前瞻性预测,提升经济运行统计监测和分析研判的精准性、有效性。现阶段经济调节体系的优化主要表现在法律制度体系更加完善、安全保障体系更加健全、数据共享体系更加安全、数字信任体系更加牢固等方面。[②]

三是提升经济调节能力。政府数字化经济调节是政府使用云计算、大数据、人工智能等新一代信息和通信技术实现政府治理方式、手段和过程的数字化、网络化、平台化、智能化。政府以政务数据、社会数据为关键要素,在决策流、执行流、业务流等全程制定基于数据驱动的决策,实现安全的数据开放,增强经济调节决策指挥能力、重大决策部署落实能力以及运行监督能力,提升了政府经济调节的数字化、智能化水平。

四是构筑良好数字生态。一方面,数字化经济调节建立在数据基础制度体系之上,经济调节的数字化转型加快了数字技术与平台等基础设施的建设。同时,数字化技术在经济调节领域的普及可加快数据市场化突破,扩大数据要素市场主体范围。另一方面,数据的潜能被激活并充分融入经济社会的生产、分配、流通、消费和社会服务管理等各个环节之中,开放、合作、共享的理念不断传播,为数字生态共同体的良性发展创造了条件。

[①] 刘淑春:"中国数字经济高质量发展的靶向路径与政策供给",《经济学家》,2019(06):52—61。
[②] 李东洪:"加强数字政府建设,提升政府治理能力",《前进》,2022(08):32-35。

第二节　数字公共治理之经济调节的体系与能力建设

一、数字公共治理之经济调节的体系建设

党的十九届四中全会提出了推进国家治理体系和治理能力现代化的总体要求，强调建立健全运用互联网、大数据、人工智能等技术手段进行行政管理的制度规则，推进数字政府建设。数字化经济调节是数字政府建设的重要方面，推进政府数字化经济调节的体系建设是必然趋势。数字化经济调节体系包括法律制度体系、风险防控体系、数据共享体系和数字信任体系四方面。

（一）数字公共治理之经济调节的法律制度体系建设

法律制度体系作为数字化经济调节的保障，它包括相关的法律、行政法规、地方性法规和部门规章，有助于高效发挥政府数字化经济调节的职能优势。数字经济时代，数据成为关键性生产要素，[1]随之而来的数据孤岛、数据垄断和数据壁垒等问题亟需不同于传统规制经济行为的法律制度进行约束。而且我国数字化经济调节领域秩序构建尚未很好地契合数字经济时代法治需求，政府数字化经济调节行为缺少依据，其合法性也无法得到证明。因此，需要建设合理的数字化经济调节法律制度体系。首先，加快构建数字化经济调节的法律制度总框架，根据数字经济运行包含的三大主体——政府、个人与企业，完善与经济条件相关的基础法律制度；[2]其次，政府应着眼于数字经济运行具体环节，渐进式推进有关数据产生、收集、存储、加工、开放、共享、利用等各个环节法规制度的供给完善；最后，发挥企业在数字经济立法中的积极作用，警示企业在数字经济中加

---

[1] 胡光志，苟学珍："数字经济的地方法治试验：理论阐释与实践路径"，《重庆大学学报（社会科学版）》，2022（06）：218—230。
[2] 马费成，卢慧质，吴逸姝："数据要素市场的发展及运行"，《信息资源管理学报》，2022（05）：4—13。

强合规性体系建设，激发企业内部控制机制作用，协同提升法治实效以避免法律风险。①

(二) 数字公共治理之经济调节的风险防控体系建设

数字经济显现出蓬勃的生命力，但数字经济的网络化、共享化、智能化和全球化等特征导致数字经济发展面临黑客攻击、网络谣言、信息泄露、数据损毁、平台垄断以及核心技术依赖等安全威胁。例如，2021年7月IBM Security发布的《2021年数据泄露成本报告》显示，2021年数据泄露成本高达424万美元，数据泄露的平均总成本较2020年增加了10%。② 因此，数字化经济调节体制下的安全风险防控需求十分迫切，③我国政府亟需建立数字化经济调节风险防控体系。要防范数字化经济调节风险，首先，应从国家、社会、产业、企业和个人五个层面建立健全风险预警体系，包括基于国家层面构建数字、信息安全风险、政府监管治理安全风险预警系统；基于社会层面构建社会公平安全风险系统；基于产业层面构建产业发展安全风险预警系统；基于企业层面构建企业发展安全风险预警系统；基于个人层面构建生活福利预警系统、生活质量安全风险预警系统。④ 其次，网格化收集、分析、输出五个层面的安全风险信息，实现数字公共治理的实时化、精准化、数字化经济调节。同时应建立风险治理协同防控体系以打破现行行政体制纵向断层、横向分割的局面，全链条识别政府数字化经济调节漏洞。最后，政府应深度参与数字经济安全风险防控的国际合作以及全球数字经济治理规则和治理标准制定，提出中国方案，扩大中国话语权。

(三) 数字公共治理之经济调节的数据共享体系建设

数字公共治理之经济调节以数据为基础，对数据共享的要求提升，建设统一数据共享体系尤为重要。目前仍存在数据"不敢共享、不会共享、不能共享"的问

---

① 张昉骥，肖忠意："数字经济法治体系建设重点领域与有效路径"，《人民论坛》，2022(05)：94—96。
② IBM：《2021年数据泄露成本报告》，2022-03-08，https://www.ibm.com/cn-zh/security/data-breach。
③ 范柏乃，段忠贤："数字经济安全风险防控机制建设路径探讨"，《国家治理》，2022(05)：43—46。
④ 任保平，张陈璇："中国数字经济发展的安全风险预警与防范机制构建"，《贵州财经大学学报》，2022(02)：1—13。

题,数据重复、数据不一致、数据难以聚合等问题也普遍存在,数据的规范性、实时性、权威性、实用性难有保障,直接影响到数据的充分运用。因此,一方面,建立全国统一的政府数据共享政策体系。这是一个系统工程,涉及基础设施层、数据管理层、政府治理层的政策体系建设。在基础设施层方面,包括数据开放平台政策、数据中心政策、通信技术政策等领域的完善;在数据管理层方面,应建立健全覆盖数据共享全流程的政策规范,实现数据共享的全方位评价和监督,并组织相关机构实时追踪、评估和监督相关数据共享政策的执行;在政府治理层面,应完善组织支持政策、资金投入政策、人才培养政策等方面。除此之外,还应鼓励政府以外的主体参与到数据共享政策机制建设中,提升政府数据共享服务水平。另一方面,建立政府数据共享监督机制。首先应理清政府部门数据共享的职责,以实现精准追责,在追责环节强化电子监测和考核问责机制。其次应加强政府数据共享全过程监管,监管主体严格履行监管职责,利用"云系统"监管等安全监管技术,对平台、数据、主体等多方维度进行监测,推进数据共享全过程监管,确保各类主体开展的共享行为都在监管范围内,以便出现问题时能有效追责。最后,增强第三方监督机构的监管,政府可通过购买服务、设立职能机构等多元形式引进独立的第三方机构,由其监督政府数据开放共享情况,与政府协商制定合理的数据共享标准和规范,并进行周期性考核和评估,根据评估结果进行相应奖励和惩罚,提高政府数据共享意识和动机。[①]

(四) 数字公共治理之经济调节的数字信任体系建设

信任是经济活动和社会交往的基石,数字信任是数字经济创新和发展的基础。数字信任是数字空间中个人、企业和政府基于数字技术建立的数字身份识别的双向交互的新型信任关系,是人际信任和制度信任的拓展,是可信数据流通的必然要求。[②] 一方面,数字信任可显著降低经济交易成本,弥合数据使用鸿沟,是市场经济体制下企业升级转型的必备引擎;另一方面,数字技术在重塑经济活动和社会交往的同时,也从底层逐步瓦解了传统信任关系和信任机制。[③]

---

① 邓维斌,戴丽,张志程等:"基于演化博弈的政府数据共享协调机制研究",《情报科学》,2023(02):10—19。
② 欧阳日辉:"数字经济时代新型信任体系的构建",《人民论坛》,2021(19):74—77。
③ 陈玲:"数字信任和技术秩序:重塑智能时代的信任",《装饰》,2022(01):22—25。

因此政府经济调节亟需建设新型数字信任体系。首先,政府应秉持"以人为本"的理念,加强数字信任体系的顶层设计,从宏观战略层面构建数字信任与传统人际信任、制度信任协同作用的社会信任体系。其次,企业与政府应协同加强数字信任互联互通的基础设施建设,搭建云端互联、开放共享的互联网平台,以解决数字信任认证过程中的"条块分割"问题,确保数字交互关系的准确性、安全性、可靠性和便捷性。再次,应利用信息技术协调个人信任、制度信任、法律信任与数字技术信任间的耦合关系,为数字信任体系的建设提供有力支撑。例如,利用区块链技术重新构建法律信任,进而使得制度信任再次成为可靠的信任模式。同时法律制度也应通过对虚拟世界价值体系的引导和虚拟世界现实性规制的建构,建立起区块链信任,使得人们能够在信任区块链技术基础上产生数字信任,形成数字技术与法律制度良好互动的数字信任模式。①

二、数字公共治理之经济调节的能力建设

(一) 数据获取能力

在传统经济政策决策模式中,政府往往基于抽样数据、小样本或典型案例进行决策判断,甚至根据少数领导人的自身经验进行决策,其主观性和片面性较强,容易造成政策决策偏离实际现象,导致经济决策失误。② 进入数字化经济调节时代,迫切要求政府改革经济决策机制,应由主观经济决策向客观经济决策转变,由小样本或典型案例决策向大数据海量样本决策转变,不断适应信息化和大数据时代经济社会发展的新要求,③借助海量大数据提升地方政府经济政策决策能力。为此,政府应广泛收集、分析数据信息,依靠互联网、APP、公众号、微博、即时通讯等平台采集大量非传统经济信息数据,通过多元数据信息实时掌握经济决策数据的动态发展。其次,对线上、线下收集的多源数据信息进行全样本

---

① 张清,郭胜男:"人际信任、法律信任与数字信任:社会信任的谱系及其演进",《哈尔滨工业大学学报(社会科学版)》,2021(06):51—57。
② 陈讯:"运用大数据提升地方政府决策能力",《大数据时代》,2018(05):14-17。
③ 陈讯:"数字化普及、大数据应用与提升地方政府治理能力",《贵州社会科学》,2022(01):128—134。

和关联性分析,精准掌握经济动态和及时合理回应民众诉求,全面感知社会经济风险,对潜在经济危机进行精准预判,提升经济决策精准性和科学性。

(二) 数据运用能力

数据运用是数字化经济调节目标实现的必要途径,数字公共治理之经济调节对政府提出不同于传统经济调节的数据运用能力要求,而我国在施行数字化经济调节中存在数据运用意识淡薄、政府跨部门数据运用协调力度低、数据运用分散等困境,导致数字化经济调节的数据运用能力和效果降低。数字经济时代下数字经济作为一种新经济形态倒逼政府更新经济调节形式,传统调节经济的手段已不适应当前数字经济发展要求,在数字经济时代政府优化经济调节方式、提升数据运用能力是必要的。一是要构建经济数据流程跟踪平台,动态监督经济政策执行过程。实施"全程记录"和"处处留痕"经济督查政策,建立经济数据动态执行台账,对数据运用过程进行全程跟踪记录,防止数据在运用中层层过滤、不积极作为和阻滞现象,提升数据运用规范化和制度化,确保数据运用有效。[1] 二是要运用大数据技术不断优化政府数据运用环境,破解条块分割,打破信息孤岛,整合经济数据资源,增进数据运用合力,防止数据运用出现"碎片化"现象,以减少数据运用的外部环境制约,破解数据在执行过程中出现的"中梗阻""低效率""脱型走样"以及"观望症"等顽疾,不断提高数据运用有效性。

(三) 数据监管能力

数据要素的发掘、整合和使用是经济调节数字化转型的基础。在实际的经济调节过程中,面对海量经济数据资源,政府往往难免有限信息和有限理性的约束,在经济调节监管过程中存在着官员寻租、数据非法获取、数据垄断等系列问题。因此政府需建立"数据管理"和"数据监督"机制,融合现有系统资源、数据资源,不断提升数据管理监督能力,为数字化经济调节监管能力的现代化提供支持和保障。为此,政府首先应建立经济预测预警、决策、协调、执行和处置联动机制,依靠互联网技术,构建经济数据核心数据库,建立全方位、立体化的经济数据资源信息平台,同时加快健全组织体系以实现与数据管理平台的良好互动,完善

---

[1] 谭必勇,刘芮:"数字政府建设的理论逻辑与结构要素——基于上海市'一网通办'的实践与探索",《电子政务》,2020(08):60—70。

全链条防控体系,夯实技术支撑体系。① 其次,在技术、设施和组织层面协同推进经济数据管理机制创新,不断提升政府数字化经济调节的效用,使政府实现高效管理经济数据、精准把握经济发展方向的目标。最后,政府要与社会各方力量协同,持续开展反垄断市场监管,净化经济运行环境,助力经济高质量发展。

(四) 个性化服务能力

数字化经济调节在人工智能、大数据、互联网、物联网等高新技术支持下以数据为支撑,能满足多样化的经济需求,尤其是在提供个性化经济服务方面。数字经济调节涉及数据关联整合、数据共享交换、数据管理存储、数据分析应用、数据传输加密、数据隐私保护、数据对接互认、安全体系防护、系统平台支撑等相关工作环节。促进科学有效的经济数据资源整合共享有益于提升大数据资源利用效率,让数据汇聚得更全面、更迅速、更智能,不断满足公众"共性需求"和"长尾需求"。② 可充分利用大数据衍生价值,精准分析个性化经济数据服务需求;也应因地制宜进行数据挖掘,建立符合产业、区域特色的大数据综合分析平台,经济切实提高经济发展趋势研判的精准性。

第三节 数字公共治理之经济调节面临的挑战

一、数字时代对经济调节的挑战

(一) 制度体系建设的挑战

首先,数学时代政府进行经济调节与数学政府建设案密相关,但目前数字政府建设的体系框架不够完善,缺少数字政府建设的总体法治框架以及数字政府建设的具体法治措施。数字经济的快速发展不可避免地带来了数据孤岛、数据垄断和数据壁垒等问题,亟需不同于传统规制经济行为的法律制度进行约束,而

---

① 李清彬,宋立义,申现杰:"国家应急管理体系建设状况与优化建议",《改革》,2021(08):12—24。
② 袁刚,温圣军,赵晶晶等:"政务数据资源整合共享:需求、困境与关键进路",《电子政务》,2020(10):109—116。

我国数字化经济调节领域法治秩序构建尚未很好地契合数字经济时代法治需求，政府数字化经济调节行为缺少法律依据，其合法性也无法得到证明，产生许多"法治赤字"问题，影响数字政府经济调职能的高效运行。其次，数据资源体系与运维体系建设的相关政策法规滞后。例如，经济数据资源获取、使用和共享的相关立法缺位，对经济数据资源的使用、挖掘、共享、运营、授权等领域缺乏统一规范，经济数据资源的开放共享范围与使用的职责权限的界定尚不清晰。再次，数字化经济调节政策体系仍处于建设之中，当前阶段侧重于政策的建立和执行，政策评估和政策监督有待完善。最后，数字时代政府的经济调节也面临着建立"用数据说话、用数据决策、用数据管理、用数据创新"管理机制的挑战，需要加强顶层设计和统筹谋划[1]。

（二）数据共享与安全的挑战

数字经济时代下在企业数据与政府共享的实践中，企业虽一定程度上获得了利益，但同时也面临初始投资成本较高、个人数据保护、商业秘密保护等不确定性风险，由此导致"不敢共享、不会共享、不能共享"的问题，阻碍企业数据共享进程。现阶段，各级政府部门掌握80%以上的数据，但庞大的数据并未形成存储、治理及应用的统一标准。数据重复、数据不一致、数据难以聚合等问题普遍存在，数据的规范性、实时性、权威性、实用性难有保障，低效的数据使用，直接影响到数据供需的对接。只有实现数据互通互联、开放共享，让孤立数据成为可识别可关联数据，才能发挥数据的作用，进而实现有效的经济调节。同时，数字化经济调节需要兼顾数据共享和数据安全。对该共享的数据资源要及时开放和共享，对该保护的公民隐私信息要严格保护。当前数据的安全性仍面临巨大挑战，具体而言，包括政府数据安全和信息安全的风险评估机制和安全测评制度建立的挑战、信息系统安全等级保护制度和涉密信息系统的分级保护制度落实的挑战等，亟需从制度与技术层面加强对数据的监管[2]。

（三）政府协同合作的调整

数字时代对政府经济调节职能的要求更高，尤其是政府的协同效能。政

---

[1] 王孟嘉："数字政府建设的价值、困境与出路"，《改革》，2021(04)：136—145。
[2] 李东洪："加强数字政府建设，提升政府治理能力"，《前进》，2022(08)：32—35。

府协同是政府机构利用现代信息网络技术实现高效、透明、规范的内部协同办公和对外服务的过程,政府协同必然会对政府自身组织结构、运转方式、工作机制和行为模式以及政府与其他实体之间的相互关系产生重大影响。数字时代的经济调节需要各地、各级政府通力合作才能完成,但目前地方政府数字化进程和水平参差不齐,制约了政府、社会和市场的相互合作。一方面,政府职能部门职责划分不清晰,存在重复交叉管理领域,部门间尚未完全明晰对项目的归口管理权限,直接导致了政府、社会和市场之间协同合作路径和机制受阻。另一方面,地方政府上下级之间、部门之间、机构之间政策衔接不畅,致使政策零散化、碎片化,数据信息互联互通受到抑制,加剧了"信息孤岛"效应,不能有效形成共筹共建凝聚力、共享共治合力,阻碍了数字化政府经济调节的进程。[1]

(四) 实时监测预警的挑战

数字时代下经济监测存在指标落后、缺乏实时监测两方面的问题。首先,以互联网、大数据、分享经济等为代表的新经济领域,由于缺乏较为完善的统计指标体系,未能满足大型互联网企业和社会组织等主体对统计指标的需求,影响大型互联网企业和社会组织等主体适应数字经济的发展要求,导致经济行为滞后,影响经济发展。其次,目前中国现有预测模型监测预警周期长,但无论国家宏观经济政策、企业经营策略还是个人消费计划都对整个宏观经济数据的时效性、颗粒度和经济分析的精准度有较高要求,当前的宏观经济监测预测能力还不足以完全满足经济、社会发展需要。[2]

二、数字公共治理之经济调节面临的实践困境

(一) 数据运用困境

真正利用大数据进行经济调节在实践中具有一定困难。在传统经济制度的

---

[1] 魏琪嘉:"推进数字政府建设,完善宏观经济治理",《经济》,2022(09):24—27。
[2] 陈彩娟:"数据赋能全链条治理:市域社会治理现代化的路径选择",《中共杭州市委党校学报》,2020(05):45—53。

影响下,政府同级部门之间的协调与合作存在滞后性,各级部门在数据共享的过程中产生的意见分歧和利益冲突难以统一思想,加之数据使用的权利和责任不明确,数据使用审批困难,极大地阻碍了大数据的跨部门流转和使用。数据共享壁垒的存在,致使各级政府间、政府内部各部门之间数据资源难以实时共享。目前部分政府通过寻求与第三方公司合作,共同建立宏观经济综合调控系统,但合作也多处于初级的探索与开发阶段,数据的分析不够深入,数据价值的挖掘不能满足经济信息的需求,影响到数据的有效应用。此外,由于系统无法自动实现从海量数据中提取有价值、可操作、具有时效性的数据资源,许多数据仍然依赖于工作人员手动定性,导致大量的客观数据无法转化为主观决策,决策预警的目标无法实现,影响到数据的应用[1]。

(二) 伦理困境

数字技术的进步可能进一步加大经济发展的不平等,引发伦理困境。首先,数字技术具有显著的"赋权"功能,掌握数字技术的程度一定程度上决定了"控制社会"权力的大小,数据在不同技术水平主体间分配不均,弱势经济主体在数字化社会的发展中可能会遇到层层阻碍。其次,由于数字技术的垄断,权力流向企业和市场,市场获取的大量数据可一定程度上加大政府经济调节的阻力。再次,数字技术运用的专业性较强,而数字技术人才和资源的分布具有差异性,导致各级各地政府进行数字化经济调节的水平参差不齐,影响了经济调节的均衡与统一。[2] 另外,公民与各社会组织获得的数字资源以及掌握新技术的能力不同以及数据安全性的不足容易引发民众对于数字时代新技术的恐惧和担忧。[3] 政府经济调节面临数字资源公平分配的困境,经济调节难以做到"以人为本"。

(三) 人才困境

数字化经济调节对政府公务人员数字化思维、创新意识与能力有较高的要

---

[1] 陈泽芳:"大数据背景下市场监管的实践困境与优化策略研究",贵州大学硕士学位论文,2021。
[2] 邱诗懿,冉昊:"数字时代政府治理的变革、挑战与展望",《团结》,2022(03):16—18+22。
[3] 梁华:"整体性精准治理的数字政府建设:发展趋势、现实困境与路径优化",《贵州社会科学》,2021(08):117—123。

求,但实践中公务人员的能力仍有待提升。一方面,由于历史文化传统、公务员素养和行为习惯影响,部分公务人员仍然缺乏数据采集意识、海量数据分析和建模意识,也缺乏数据运用能力,很难捕捉到经济形势的变化,不能及时针对恶意经济行为采取有效的干预措施减少或规避损失。另一方面,在数字化经济调节过程中,新的政策需求和技术进步不断出现,更需要地方政府自下而上的政策创新,但是地方政府公务人员创新意识与创新能力有所欠缺,能否探索出"数据应用撬动经济治理"的创新道路和创新模式还有很长的一段路要走。①

(四) 体系困境

科学精准的经济调节体系是有效的数字化经济调节的基础。推进经济调节的转型升级,应充分利用数字技术,广泛采集、汇聚、分析经济运行、财政金融等领域数据,强化数字技术在宏观经济运行监测、管理决策、政策效能评估中广泛应用,全面提升政府经济调节智能化水平。这要求政府建立一套科学精准的经济调节体系,包括统计监测、风险防控、平台建设、技术创新运用等。但目前分散于各单位、各环节、各领域中的业务数据仍缺乏整合,难以形成集形势研判、走势分析、政策评价等功能于一体的宏观经济决策支撑体系。而且大数据、区块链、AI、VR、5G等新技术在工业运行调度、行业服务和管理、安全预警等方面创新应用不充分,监测平台建设不完善,监测服务体系尚未构建。②

第四节 数字公共治理之经济调节的应对策略

一、健全跨部门数据统筹机制

为强化政府数据跨部门的协调与合作,提出以下具体措施:首先,建立全国统一的数据共享平台,协调国家和省市系统纵向关系和政府不同部门、不同企业

---

① 严旭:"推进数字政府建设的现实困境及完善路径",《湖南省社会主义学院学报》,2022(02):84—86。

② 习志武,何杰:"以数字政府建设推动政府治理能力现代化",《中国新通信》,2022(13):37—39。

横向关系的数据收集、整合、互通和应用,扩大数据来源和数量,实现跨层级、跨部门、跨主体的数据开放共享,破除"数据壁垒",充分释放数字红利,同时加快搭建物联网、人工智能等高科技领域数据应用场景,为数据共享平台顺利运行提供技术保障。其次,标准化、简化政府数据共享业务流程,改变传统的政府数据开放共享流程,借助数据共享平台,将数据共享规范标准化,实现即时数据接口和共享业务全流程数字化,精简业务流程,降低政府数据共享成本,提高政府数据共享意愿。最后,建立由核心业务部门一把手组成的数据治理委员会负责数据共享平台的运行,制定数据共享的战略规划,在战略层面统筹把握数据治理复杂问题与发展方向,同时在数据治理委员会内部设立专职的数据共享管理机构,明确数据共享各环节参与主体的权利与责任边界,做好痕迹管理,使数据管理"有迹可循"。[①] 努力实现数据传播过程可见、风险可控、责任可追究,使政府各部门"敢分享、能分享、想分享",充分发挥数字"盘活"经济的作用。

二、优化数字时代经济治理伦理

为应对政府数字化经济调节面临的伦理困境,首先应明确数字化经济调节伦理规则,尤其是强化大数据从业者职业伦理规范,加大对违反数字伦理规范人员的惩罚力度,提高其违反伦理规范成本,以最大程度地避免数字壁垒、数字鸿沟、数字泄露等数字伦理问题。其次是防止"技术依赖",数字经济发展初期,数字伦理规范尚不完善,数字伦理问题频发,无法保障数字获取弱势群体利益,为此政府应秉持"服务于民"的经济调节理念,探索多元化的经济调节方式,不可"一刀切"地通过数字技术解决一切经济问题,针对不同群体设计制度保障,以保证各个群体都能享受到数字化经济调节红利,展现数字化经济调节的数字普惠性优势。最后是倡导数字共享,建立数字生产者和使用者之间数据合理流动、共享共担机制,打破数据被少数平台或企业占据的局面,遏制数字权力过分膨胀,构建利益共享、权利一致、责任共担、价值共通、风险共抗、命运相依的数据伦理

[①] 王芳,储君,张琪敏等:"跨部门政府数据共享:问题、原因与对策",《图书与情报》,2017(05):54—62。

共同体①。

三、培育数字化复合型人才

数字化经济调节方式要求政府公务人员具备金融理论逻辑、数据挖掘技能和计算机能力"三元融合"的能力素养,为培养高端数字化人才,首先,有必要构建"三元融合"交叉学科整合课程体系,以提高高端数字化人才金融理论知识应用能力、经济数据挖掘能力、软件工具运用能力,达到培养综合性、复合型人才目标;丰富高端数字化人才培养手段,通过实践教学和课堂教学协同运用提升高端数字化人才培养效率和质量;充实师资队伍,创新高端数字化人才培养机制,探索"产—学—研"联合培养和动态反馈机制,以及时调整"复合型"人才培养内容,优化高端数字化人才培养方案。② 其次,要加大具备数字化经济调节能力的人才引进力度,完善人才引进方案,提升该领域人才福利待遇,同时还要重视人才的继续教育工作,通过定期组织培训活动,强化政府人员数据思维,提升政府人员数据捕捉、分析和应用能力,适应数字化经济调节的能力要求。最后,制定实施相关政策法规,构建完善的奖惩机制,激发政府人员自主学习意识,以自主提升数字化经济调节能力。③ 通过以上手段培养具备金融知识和数据挖掘、分析、应用能力的复合型人才,弥补数字化经济调节中政府人员数据捕捉、分析、应用能力短板,提高数字化经济调节效率和质量。

四、完善数字经济监测预警

经济监测预警意在及时准确反映我国经济运行情况和未来走势,揭示经济运行的潜在隐患和危机,进而对经济总体状况作出评价、判断和回应,并以直观、生动、形象的方式把监测结果展示出来,从而为政府宏观经济调控决策提供依

---

① 田旭明:"数字社会的主要伦理风险及其应对",《中州学刊》,2022(02):87—93。
② 方霞,张云,赵平:"数字经济时代金融人才数据素养培养困境与对策研究",《中国大学教学》,2022(09):23—27。
③ 朱玲:"我国数字政府治理的现实困境与突破路径",《人民论坛》,2019(32):72—73。

据,为企业开展经济活动提供参考。① 传统的经济调节依赖于统计部门发布的宏观经济数据且受制于传统统计方法和模型,在一定程度上存在时间滞后问题,无法及时准确地对经济状况作出判断及现时预测。② 数字经济时代下,利用大数据方法和技术进行经济监测预警应引起国家和社会各界相当程度的重视。基于此,提出以下提升政府运用大数据强化经济监测预警能力的建议。

(一) 基于大数据构建新型经济监测预警指标

传统经济学研究开展经济监测的主要手段是开展经济普查,通过层层报送归集数据方式汇总计算相应宏观经济指标,如国民生产总值、通胀率、消费品物价指数、生产者价格指数、失业率等。③ 虽上述指标有助于决策者进行政策试验,但数字经济时代下人们如果仍使用现行指标反而会阻止政策创新。④ 在这种情况下,基于大数据手段构建新型经济监测预警指标体系,成为学术界和政府经济决策新的研究方向。经济发展形式的更新迭代要求政府加快整合利用大数据资源,构建基于互联网数据的宏观经济非统计指标监测预警应用平台,完善经济监测预警指标体系,打造数字经济时代的风向标和晴雨表。

(二) 基于大数据强化经济实时监测预警

由于中国现有预测模型很大程度上依赖传统统计数据,监测预警周期长,且多是年度、季度、月度模型,且无论国家宏观经济政策、企业经营策略还是个人消费计划都对整个宏观经济数据的及时反馈有较高需求。⑤ 因此利用大数据高频、即时特点,构建与传统经济监测指标具有高度关联性同步指标,如利用夜间卫星灯光亮度数据对区域和国别经济生产率数据进行现时预测;利用网络搜索数据、手机通话记录数据和在线招聘数据现时预测失业率变化,⑥ 通过对基于互联网统计的宏

---

① 余根钱:"中国经济监测预警系统的研制",《统计研究》,2005 (06):39—44。
② 陈龙,王建冬,窦悦:"基于互联网大数据的宏观经济监测预测研究:理论与方法",《电子政务》,2016(01):18—25。
③ 王建冬:"大数据在经济监测预测研究中的应用进展",《数据分析与知识发现》,2020 (01):12—15。
④ 解路英:"大数据使'定制'新的经济指标成为可能",《经济参考报》,2014-07-11。
⑤ 王芳,储君,张琪敏等:"跨部门政府数据共享:问题、原因与对策",《图书与情报》,2017(05):54—62。
⑥ 同注①。

观经济非统计指标进行实时监测,从传统中长期监测预警转变为实时监测预警,为我国公共政策提供时效性高、真实可靠的数据信息,促进经济社会的良好互动。

五、增强经济运行动态感知

动态感知是相对于静态感知的概念,是根据观察者对事物采取观察方式的不同进行的划分。① 传统经济调节的经济数据依赖政府部门统计,具有周期长、较宏观等特征,强调事后调节,缺少事前、事中经济预测预警与动态感知,不能及时准确地应对潜在经济危机。数字经济有益于释放数字价值,激发经济活力,但数据鸿沟、数据垄断、数据泄露等数字隐蔽问题时有发生,这对政府强化数字经济运行动态感知提出了要求。而数据作为数字经济时代一种全新生产要素,具有数据海量、数据流动、数据留痕、全程追踪等特征,决定了政府动态监控数字经济运行的可行性。为此政府应建立由中央统一维护的经济运行感知系统,向社会各界开放多元、合法的政府数据、企业数据、个人数据,消除数据壁垒,为各级政府动态感知经济运行提供充足信息;其次需要加大培养具备技术知识和经济知识复合型人才投入,强化捕捉、分析数据信息的意识和能力,为动态分析数据信息提供人才储备,并及时共享数据及分析结果,满足社会公众对海量数据信息的需求,为其做出合理经济行为提供数据参考。

关键术语

数字经济 是指以使用数字化的知识和信息作为关键生产要素、以现代信息网络作为重要载体、以信息通信技术的有效使用作为效率提升和经济结构优化的重要推动力的一系列经济活动。②

经济调节 是通过对社会总需求和总供给进行总量调节,利用产业政策等促进经济结构调整和优化,保持经济持续、快速、协调、健康发展。

---

① 陈琦:"动态感知的城市车行景观基本特征的研究",《装饰》,2012(02):100—101。
② 《二十国集团数字经济发展与合作倡议》,2016。

数字公共治理之经济调节　　即数字化经济调节,是政府将数字技术广泛应用于宏观调控决策、经济社会发展分析、投资监督管理、财政预算管理、数字经济治理等方面,强化经济趋势研判和经济运行动态感知,不断促进经济结构调整优化,赋能传统产业转型升级和新兴产业高质量发展。

专栏 8-1　浙江省"经济调节 e 本账":用数据说话、用数据管理、用数据决策

经济发展超预期影响因素增多、下行压力增大等现实情况,对我国经济调节提出了新要求。2018 年 7 月,在"梳理重大需求清单、引入前沿技术、构建定量闭环经济治理体系"的建设思路下,浙江省委、省政府统一部署,在全国率先启动经济运行监测分析数字化平台建设,"经济调节 e 本账"项目应运而生。该应用集监测、分析、预警、调度、智能展示等多项功能于一身,为全省经济决策提供坚强保障。

"经济调节 e 本账"应用一经推出,反响良好,并于 2018 年 10 月首次亮相省政府常务会议,浙江省在全国率先实现了依托平台汇报的经济形式。2019 年 6 月,"经济调节 e 本账"移动端上线,三个月后,浙江省 11 设区市、90 县(市区)应用全贯通。在试行推广过程中,"经济调节 e 本账"应用借助大数据分析,实现优化升级,2020 年 5 月和 12 月,分别上线复工复产、争先创优应用场景以及预测预警功能。2021 年 12 月,"经济调节 e 本账"获国家发改委刊发,浙江省数字经济调节经验逐步推广至全国。2022 年,其技术实现重大突破,功能再次升级,上半年连续上线战略目标管理场景以及稳进提质场景。

相较传统经济调节方式,"经济调节 e 本账"重点提升五个方面,推动经济社会的数字化转型。第一,提升经济监测灵敏度。其聚焦生产、消费、流通环节,汇聚工业用电量、宁波舟山港集装箱吞吐量、银联线下消费、三一重工综合机械指数、传化公路港与省电力公司、浙江银联、海港集团、传化公路港车流量、机场旅客吞吐量等 15 项高频指标,弥补了传统分析间隔周期长的不足;第二,提升响应速度。其依托高频指标,结合实际定制分析模板,利用大数据手段,自动生成分析报告,可满足领导决策参考需要和基层分析需要;第三,提升经济预警可视程度。智能分析高频数据周增速环比变化情况,以红、蓝、绿三色信号灯形式展示实时经济运行情况,对经济运行苗头性、倾向性、趋势性问题及时作出反应;第四,提升晾晒成效。围绕浙江稳进提质八大攻坚行动,构建指标体系,共7张报表28项指标,每月以柱状图和"五色图"综合晾晒各县(市、区),各地查漏补缺有据可依;第五,提升提示精准度,该应用充分发挥省级层面数源丰富、支撑力强的优势,将晾晒过程中暴露的不同区市经济运行中存在的困难和问题,以提示单的形式点对点反馈给政府主要领导。

同时,"经济调节 e 本账"对宏观经济分析的优势还体现在"三个转变"之中。首先,经济调节系统从"单一链条"转向了"闭环管控"。单一的传统经济监测手段在"经济调节 e 本账"过程中升级延展形成"经济感知—预测预警—战略管理—成果运用—评价反馈"的全场景链条,经济调节的触角由宏观延伸至中观、微观,实现了经济调节的全闭环管理、系统性重塑。其次,从"条抓"转向了"共建共治共享"。横向上,"经济调节 e 本账"将经济相关部门及企业纳入平台,截至目前,经信、商务、统计等12个厅局开通专项分析;与国家电网、浙江银联、机场集团、海港集团、传化公路港等多个企业实现协同联动。纵向上,省市县从"线下业务协同"向"线上+线下"业务协同转变。三是从"单一数源"转向了"多源大数据"。"经济调节 e 本账"将经济运行监测分析业务梳理成15个模块,每个模块下设子模块,最多扩展至7个,最细颗粒度为542项指标,大数据指标体系信息量大、颗粒度细、时效性高。目前高频数据量突破1亿项。

日前,"经济调节 e 本账"实现了大屏端、PC端、移动端"三端联动",大屏端连续12次亮相省政府常务会。"'经济调节 e 本账'经过几轮迭代升级,已具备强大的功能和丰富的应用场景,下一步将突出数字赋能,借助大数据分析手段,在高频预测预警、政策仿真以及战略目标管理方面寻求突破,提高逆周期调控能力。"浙江省发改委党组成员、副主任、一级巡视员谢晓波对其充满信心。"经济调节 e 本账"数字化应用多年的经验积累为浙江省创新经济调节形式、打好稳进提质攻坚战提供重要保证。

资料来源:"落后产能是啥 大数据来说话(聚焦供给侧改革)",搜狐网,2017-4-20 https://www.sohu.com/a/135117538_114731。

专栏 8-2 苏州市吴江工业企业大数据云平台:数字化调节赋能经济高质量发展

苏州市吴江工业企业大数据云平台是数字赋能经济管理的创新之举。云平台集经济运行基础数据信息、企业行为信息及空间地理信息三位一体。谁是高手,谁是弱者?哪些企业应关停淘汰?什么项目要优化提升?吴江工业企业大数据云平台好比工业企业界的"琅琊榜",综合评价,功能强大。而最早建立这个苏州市工业企业资源集约利用信息系统的,是民营经济发达的苏州吴江区。

早在 2013 年,刚刚调任到吴江区的沈国芳区长提出这样一个课题——能否把辖区内所有企业的信息汇集起来,打破原本存在于各部门之间的数字鸿沟,快速掌握工业经济的运行状态,科学分析企业产出的质量效益。围绕这一想法,吴江区开始了探索,并于当年创新建立了工业企业资源集约利用信息系统,2020 年升级为吴江工业企业大数据云平台。依托该平台,吴江区工信局、发改委、税务局等 20 多个政府部门的管理服务要求与全区 1.4 万余家工业企业的发展需求实现无缝对接,"一网打尽"苏州工业企业。

"打破了各部门间的信息孤岛,有利于摸清家底,精准掌握全市工业企业的销售、纳税、用地、用能、排污等详细情况。"时任吴江区委书记沈国芳介绍,把企业过去在国土、税务、供电等部门各自的"身份证",统一成唯一数字"身份证",多部门历年数据自动整合。截至 2016 年底,全区 16766 家企业纳入苏州市工业企业资源集约利用信息系统,不仅可以从各镇区、行业角度等维度进行横向分析,还可以从年度、季度、月度等纵向维度进行对比。"这为优化资源要素配置、推进低产田改造提供了依据。"时任吴江区代区长李铭说。

吴江工业企业大数据云平台因"企"制宜，将企业划分为A、B、C、D四类——优先发展类、支持发展类、提升发展类、限制发展类。"就像种田，不仅摸出了一批低产田，还明晰了哪些田适合种什么。"市经信委相关负责人介绍，对AB类企业制定相应的激励政策，对C类制定提升发展政策，对D类则运用市场和行政相结合手段整治淘汰。制定差别化政策，以期达到增强经济决策的科学性。除了科学评判，还要据此推进企业发展要素的价格差别化配给。"要让企业明白，发展越好，在市场上越能以优惠价格拿到要素资源，反之越贵，甚至淘汰出局，这就是市场的逻辑。"吴江区经信委主任张建华说，根据平台数据市场化定价，还可针对性地把政府发展经济的导向性传递出来。

2014—2016年间，吴江利用大数据精准淘汰落后产能，共排出14个高能耗、高污染和低产出行业，累计关停低端低效企业183家。资源配置更多地向优秀企业倾斜，落后产能难以找到发展空间。"这可以帮助我们更好调整产品结构，指导企业经济发展。比如，那些高能耗项目，平台数据会显示其长期利润都比较低，企业就要考虑逐步替代。"光电公司执行副总经理江平认为，有了大数据云平台指导，政府企业才能实现有效互动，共同促进转型升级。

"通过几年摸索，大数据平台构建了以亩均效益为核心的企业综合评价机制、以资源要素差别化配置为重点的激励退出机制，以及以大数据为支撑的预测决策机制。"时任江苏省委常委、苏州市委书记周乃翔说，正向激励、反向倒逼结合，企业转型步伐加快了。

从用地、用工、用水、用电，到利税、产值、增加值等要素，吴江工业企业大数据云平台为全区工业经济发展"精准画像"，形成"一个平台清家底、一套体系管评价、一项政策促转型"的工业生态数字化调节机制，破解传统工业企业发展难题，赋能经济高质量发展。

资料来源："浙江以数字化改革为牵引着力打好经济稳进提质攻坚战"，澎湃新闻，2022-9-30，https://m.thepaper.cn/baijiahao_20134177。

专栏 8-3　提升经济调节能力　亚研院打造经济数字化治理新模式

为强化经济运行大数据监测分析，提升经济调节能力，作为具有 20 多年经验的经济研究与产业创新智库、广东省重点智库——"广东亚太创新经济研究院"（以下简称"亚研院"）深度参与广东省经济运行监测分析研判的建设工作，创新研发了深度融合智库研究和大数据分析、基于"一网统管"的经济运行监测分析研判决策辅助体系。

亚研院理事长李志坚认为，瞬息万变的经济发展形势要求决策部门迅速反应，经济与产业活动产生的海量数据要求决策部门有更加智能、精准的辅助工具来提升分析研判效率。然而，面对这些要求，传统的数据统计和研究方法存在着一定的滞后性和制约性。因此，提升数字政府经济治理水平的关键，在于利用大数据、算法、模型等数字化手段加快在经济和产业监测、分析研判方式上的转型升级。项目前期，亚研院进行了长时间的深度调研和走访交流，探索构建出"1+4+2+N"经济治理发展新模式，即 1 个经济运行分析平台，4 大功能模块（宏观经济运行监测模块、行局抓手工作模块、产业链分析模块、招商引资模块），2 个服务端口，以及 N 个主要经济部门数据的整合贯通。首先，该体系注重细颗粒度经济数据与多源外部经济数据的整合，为经济工作与发展决策提供客观事实支撑；其次，其重点突出数据运营、数据整合、重点问题分析辅助、经济工作支撑相关功能，可提供开会、看数、经济运行大方向与主要问题趋势判断等支撑；最后，该体系可为经济工作一线工作人员提供便捷业务工具，减轻一线工作人员获取内外部经济数据及产业信息的工作压力。

目前，这套体系已在广东省相关地市推广落地，有效解决了地方经济部门在整合打通经济运行数据、提升经济调动工作覆盖面、深化经济与产业研究分析颗粒度、快速识别运行风险、提升招商效率、量化施策效果等实际工作中遇到的堵点、难点，为加强数字政府建设、提升经济治理的现代化能力提供了有力支撑。

资料来源：亚太创新经济研究院："经济运行分析平台"，2022-8-16，https：//mp.weixin.qq.com/s?__biz=MzA3MjU5MDMyMQ==&mid=2649641062&idx=1&sn=3dcdbdab500e6eb5a2f06d71b8c74bc6&chksm=870106f8b0768fee7fd53d947caeb1a649caa3766d741a367d5c3a355181772883c46fbc4949&scene=27；"提升经济调节能力　亚研院打造经济数字化治理新模式"，搜狐网，2022-9-21，https：//www.sohu.com/a/586943912_120178674。

问题与讨论

1. 简述数字公共治理之经济调节的内涵。
2. 数字公共治理之经济调节的价值体现在哪些方面?
3. 结合实际,试述如何完善和加强我国数字公共治理之经济调节的体系与能力建设。
4. 当前我国数字公共治理之经济调节面临哪些挑战?应如何应对?
5. 与传统经济调节方式相比,数字公共治理之经济调节有哪些优势?

第九章　数字公共治理之市场监管

> **焦点问题：**
> - 我国市场监管如何发展，数字化监管如何兴起？
> - 如何理解数字化监管的理论创新与实践空间？
> - 数字化监管面临的时代挑战有哪些？

市场监管现代化是建设社会主义现代化国家的重要组成部分，既关系到国家经济的长期稳定健康发展，也关系着百姓生活的方方面面。如何在激发市场活力的同时，规范市场行为以保护消费者的合法权益，是市场监管始终面临的挑战。

2013 年，习近平总书记在作关于《中共中央关于全面深化改革若干重大问题的决定》的说明时指出，发展社会主义市场经济，政府的职责和作用主要是保持宏观经济稳定，加强和优化公共服务，保障公平竞争，加强市场监管，维护市场秩序，推动可持续发展，促进共同富裕，弥补市场失灵。在这之后，习近平总书记多次对市场监管作出重要论述，为我国市场监管创新提供了持续指导与长久动力。

随着数字时代的到来，市场监管也进入新发展阶段。我国更加注重公平竞争与科技手段应用，数字化监管成为市场监管现代化的核心内容之一。[①] 本章将首先回顾我国市场监管的发展历程，探索数字化监管的理论创新；其次，从监管的精准化、协同化与智能化三个维度，认识数字化监管的实践空间；再次，结合

---

① 安森东："市场监管现代化：问题与破题"，《行政管理改革》，2022(05):41—47。

经济社会发展现实,讨论新型经济形态以及平台型大企业给数字时代市场监管带来的新挑战;最后,对数字化监管的发展作出展望。

第一节 市场监管转型:从分段管理到数字化监管

新中国成立以来,我国对于市场和市场监管的理解与实践经历了持续的发展探索。以监管机构改革为线索,我国市场监管先后经历了早期的行业主管阶段、20世纪90年代后的独立监管阶段和十八大以来的统筹监管阶段,[①]市场监管现代化持续推进。回顾一路改革历程,可以发现,我国市场监管转型是不断回应经济社会发展新形势、新诉求的过程,而伴随着数字时代的到来与数字经济的蓬勃兴起,数字化监管正在成为市场监管的重要议题,为监管效能提升注入了新的活力。

一、我国市场监管的发展历程

在计划经济时期,市场的概念在我国尚未得到发展,现代意义上的监管部门也并未形成,此时的市场监管实践实际上是对产业主体行为的经济管理,由国家经济委员会和国家计划委员会负责进行宏观决策,行业主管部门制定具体的经济计划。[②] 从宏观层面的行业供需确定,到微观层面的生产经营活动,都受到政府行政命令管控,形成了工业部门、商业部门和工商行政部门"分段管理"的格局。不过,由于这一时期生产经营活动的利润分配受到计划经济统一调控,也较少出现恶意逐利行为,市场秩序较为平稳。

改革开放之后,民营企业、外资企业日益壮大,原本履行监管职责的行业主管部门无法覆盖对不同所有制性质企业的监管,加之政府为激发国有企业活力,

---

① 刘亚平,苏娇妮:"中国市场监管改革70年的变迁经验与演进逻辑",《中国行政管理》,2019(05):15—21。

② 同上。

也逐渐退出对其的微观干预，导致一时出现了各种市场失灵乱象。① 为应对这一情况，我国政府探索构建了以市场准入体系为代表的市场管理体制。《工业产品生产许可证试行条例》《企业法人登记管理条例》和《公司法》等一系列法律制度的出台，弥补了计划指令退出后的市场准入规范缺位。

1992年，党的十四大报告明确提出要建立和完善社会主义市场经济体制，次年，党的十四届三中全会审议并通过《中共中央关于建立社会主义市场经济体制若干问题的决定》，提出改善和加强对市场的管理和监督。在1998年国务院机构改革中，之前承担着主要监管职责的工业专业经济部门被普遍裁撤，一批国家局、直属事业单位和特设监督管理机构被设立，开始履行市场监管职责，标志着我国市场监管体系逐步成形。进入21世纪，市场监管与经济调节、社会管理、公共服务并列，成为社会主义市场经济条件下政府四项基本职能之一。

然而，随着中国特色社会主义进入新时代，市场监管体系也面临新的挑战与变革，之前过度依靠行政监管力量的模式致使政府"管不胜管、防不胜防"。十八大之后，我国开启了商事制度改革与"放管服"改革。党的十八届三中全会审议通过《中共中央关于全面深化改革若干重大问题的决定》，明确要加快完善现代市场体系，改革市场监管体系，实行统一的市场监管。2015年5月12日，国务院召开全国推进简政放权放管结合职能转变工作电视电话会议，"放管服"改革概念首次被提出，并迅速成为保持我国经济平稳运行、促进经济社会健康发展的重要抓手。此后，国务院多次围绕"放管服"改革召开电视电话会议，改革日益推向纵深。

2018年，我国开启了改革开放后的第八次国家机构改革。根据中共中央印发的《深化党和国家机构改革方案》，原属国家工商行政管理总局的职责、国家质量监督检验检疫总局的职责、国家食品药品监督管理总局的职责、国家发展和改革委员会的价格监督检查与反垄断执法职责、商务部的经营者集中反垄断执法以及国务院反垄断委员会办公室等职责被整合，组建国家市场监督管理总局，负责市场统一监管和综合执法。随着这一轮改革的推进，我国市场监管现代化也

---

① 胡颖廉："'中国式'市场监管：逻辑起点、理论观点和研究重点"，《中国行政管理》，2019（05）：22—28。

加速升级,进入实质性推进的现代化阶段。[1]

二、数字化监管的兴起

经过多年改革探索,我国市场监管体制逐步理顺,监管职能得到整合,监管体系日益完善,综合监管与专业监管相结合、功能监管与行业监管相结合的监管格局基本形成。[2] 但与此同时,伴随着互联网时代经济形态的不断演化与公众权益诉求的持续提高,市场监管的有效性仍时刻面临挑战。

随着十八大以来"放管服"改革的持续推进,技术支撑、数字赋能逐渐成为我国市场监管创新的重要方向。2015年,李克强总理在政府工作报告中提出"互联网+"行动计划,旨在推进互联网与经济社会各领域的融合,并在年底撰文指出,"'互联网+'改变了企业营销模式和管理模式,政府的监管模式也必须与之相适应,既要做好服务,也要有效监管,创造公平竞争环境。"[3] 随着实践的深入,"互联网+"的驱动作用得到广泛认可,成为政府职能转变的重要抓手之一。在这之后,国务院、国家药品监督管理局等先后出台了系列文件(表9-1),对数字化监管的顶层规划、系统建设与应用场景等作出了规范与引导,数字化监管的价值日益凸显。

表9-1 数字化监管领域的代表性政策文件

政策文件	出台时间	出台部门	相关内容
"十三五"市场监管规划	2017.1	国务院	坚持智慧监管。适应新一轮科技革命和产业变革趋势,适应市场主体活跃发展的客观要求,充分发挥新科技在市场监管中的作用。运用大数据等推动监管创新,依托互联网、大数据技术,打造市场监管大数据平台,推动"互联网+监管",提高市场监管智能化水平。

---

[1] 张国山,刘智勇,闫志刚:"我国市场监管现代化指标体系探索",《中国行政管理》,2019(08):41—46。
[2] 刘志成,臧跃茹:"构建现代市场监管体系:现实基础、改革方向与推进思路",《宏观经济研究》,2021(08):5—16+27。
[3] 李克强:"催生新的动能 实现发展升级",《求是》,2015(20):3—6。

续表

政策文件	出台时间	出台部门	相关内容
关于加快"互联网＋监管"系统建设和对接工作的通知	2018.11	国务院办公厅	依托国家政务服务平台，建设国家"互联网＋监管"系统，为加强和创新"双随机、一公开"监管、重点监管、信用监管和综合监管、协同监管、"智慧监管"提供强有力的平台支撑。
关于加快推进药品智慧监管的行动计划	2019.5	国家药品监督管理局	加快推进药品智慧监管，构建监管"大系统、大平台、大数据"，实现监管工作与云计算、大数据、"互联网＋"等信息技术的融合发展，创新监管方式，服务改革发展。
关于深化商事制度改革进一步为企业松绑减负激发企业活力的通知	2020.9	国务院办公厅	推进双随机抽查与信用风险分类监管相结合，充分运用大数据等技术，针对不同风险等级、信用水平的检查对象采取差异化分类监管措施，逐步做到对企业信用风险状况以及主要风险点精准识别和预测预警。
"十四五"市场监管现代化规划	2021.12	国务院	加快推进智慧监管。充分运用互联网、云计算、大数据、人工智能等现代技术手段，加快提升市场监管效能。
关于加强数字政府建设的指导意见	2022.6	国务院	大力推行智慧监管，提升市场监管能力。充分运用数字技术支撑构建新型监管机制，加快建立全方位、多层次、立体化监管体系，实现事前事中事后全链条全领域监管，以有效监管维护公平竞争的市场秩序。

三、数字化监管的理论创新

相较于依靠"人海战术"的传统监管，数字化监管在监管主体、监管理念和监管工具等方面都有所发展与创新[1][2]。

从监管主体来看,一方面,数字化监管体现了政府作为监管主体的变革与发展。通过培养互联网思维,有助于政府突破对市场失灵的静态理解,进而转向"元监管"角色,重构市场监管职能体系。另一方面,数字化监管也体现了监管主体从单一向多元的转化。不同于传统市场监管中政府的唯一主体性,以社交媒体为代表的数字化监管工具既为市场主体与社会主体参与监管提供了丰富的渠道,也从客观上依赖外部主体所掌握的技术与数据,更好发挥多元主体的合力成为数字化监管创新的重要方向。

从监管理念来看,为了规避强调命令与控制的传统监管所经常陷入的"一管就死,一放就乱"困境,数字化监管扬弃了通过处罚与惩戒来消除市场主体失范行为的消极思路,转而探索更加灵活且具有柔性的监管策略,主张强化被监管者的自我监管,在一定程度上有助于调和监管者与被监管者之间的冲突。除此之外,数字化监管也更加关注被监管者的体验,希望能够通过远程监管、精准监管和预防性监管提升服务与监管的相容性。

从监管工具来看,相较于现场检查、专项检查等耗费大量资源的传统方式,数字化监管强调利用大数据、物联网、区块链和人工智能等新一代信息技术全方位提升监管效能。其中,大数据技术能够对海量数据进行分析,为监管决策提供支持;物联网技术能够实现状态信息的自动感知,并通过物与物、物与人之间的信息交互传递和处理信息;区块链技术的不可篡改特性能够实现监管的透明化和可追溯;人工智能技术则能够实现风险的自动预警和决策的智能辅助。[3]

---

[1] 郁建兴,朱心怡:"'互联网+'时代政府的市场监管职能及其履行",《中国行政管理》,2017(06):11—17。

[2] 叶岚,王有强:"基层智慧监管的政策过程与创新机制——以东部沿海城市区级市场监管部门为例",《中国行政管理》,2019(08):35—40。

[3] 王湘军,庞尚尚:"新技术赋能市场监管智能化:图景、障碍与进路",《行政论坛》,2021(03):107—116。

第二节　数字公共治理之市场监管的实践空间

信息是政府运行的基础,可以将市场监管理解为信息不对称环境下监管主体与监管对象间的持续博弈。以此为线索观察新时代市场监管改革,数字技术的发展为监管信息的获取、流转、挖掘与应用提供了新的可能,进而实现监管效能的多维度提升。《国务院关于加强数字政府建设的指导意见》提出,要"充分运用数字技术支撑构建新型监管机制,加快建立全方位、多层次、立体化监管体系,实现事前事中事后全链条全领域监管,以有效监管维护公平竞争的市场秩序",并具体体现在提升监管精准化水平、协同化水平与智能化水平三个方面。

一、以数字化手段提升监管精准化水平

受限于有限的监管资源,传统的市场监管往往显得比较粗放,突出表现为监管对象的模糊化、政策适用的简单化和行为控制的任性化,既无法满足监管对象的差异化需求,也容易造成监管主体的资源浪费。[1] 如何对监管对象作出有效区分,进而有针对性地配置监管资源,达到事半功倍的效果,是市场监管主体始终的追求。

2012年1月,国家食品药品监督管理局出台《关于实施餐饮服务食品安全监督量化分级管理工作的指导意见》,强调"鼓励餐饮服务单位加强食品安全管理,提高餐饮服务食品安全等级,鼓励监管部门合理配置监管资源,努力提高监管效能和水平"。根据该指导意见,监督人员将按照《餐饮服务食品安全监督动态等级评定表》对餐饮服务单位进行现场监督检查,根据其食品安全管理情况进行量化评定。对于获得不同动态等级评定的单位,将设置不同的监督频次。

这一量化分级管理办法的实施反映出监管部门对精细化管理的积极探索。随着数字时代转型深化,得益于大数据等新一代信息技术的快速发展,数字化监

---

[1] 刘建义:"大数据驱动政府监管方式创新的向度",《行政论坛》,2019(05):102—108。

管能够实现更高水平、更细粒度的精准化。

在数字时代,市场主体的生产经营活动可以说是处处留痕,从原料采购到生产加工,从物流运输到终端销售,各个环节的数据都被记录在相应的信息系统当中。加之来自监管主体的监管记录、来自消费者的商品投诉等,各种结构化和非结构化的数据一起,构成了针对市场主体的海量数据资源。通过将这些不同来源的数据交叉验证、挖掘分析,数字化监管能够准确描绘市场主体特征,进而根据企业信用制定一企一策的监管策略。配合"双随机、一公开"的监管模式,能够实现监管资源的优化配置和监管效能的有效提升。

专栏 9-1　山东省烟台市的信用赋能市场监管路径

近年来,烟台市市场监管局推进信用风险分类与差异化监管的深度融合,探索建立信用监管的"烟台路径",全面提升信用监管精准性、效能化水平。在国务院第八次大督查中,"山东省烟台市构建一体化信用监管体系加强事中事后监管"典型经验做法受到国务院办公厅通报表扬。

全维度实现企业信用画像。结合各部门权责清单,联合编制了覆盖46个政府部门的信用数据清单,涉及5033个具体事项,已归集公示各类涉企信用数据186万余条。制定了食品、特种设备监管领域信息归集公示事项清单,明确相关企业信息归集公示事项158项,归集公示食品生产、特种设备许可信息8600多条、监督检查信息5000多条,行政执法案件信息208条全部公开、主动曝光,形成了统一的企业信用档案,依法纳入国家企业信用信息公示系统,记于主体名下向社会公示。

推行"信用风险分类+双随机"监管常态化。积极探索建立企业综合风险预警和信用风险分类评价体系,在省内率先出台《企业信用风险分类管理办法》,立足数字市场一体化监管平台,围绕企业信用分类和风险线索发现两个核心内容,打造信用监管子系统,综合日常监管经验、"互联网+监管"等因素,通过对监管数据的挖掘甄别、研究论证,建立企业"通用+专业"风险分类和预警模型,采用定量分析与定性判定相结合的方式,对企业按风险等级进行分类。

> 与"双随机、一公开"监管结合,采取差异化的监管措施。2021年,对占比13.3%的D、E类企业实施全覆盖抽查,对占比8.65%的A类企业"零打扰",问题发现率由20%提高到54%。通过差异化监管,食品安全评价性抽检合格率近两年保持在99%以上,130080台特种设备、49797部电梯、6112公里工业压力管道、719921只气瓶"应登尽登、应检尽检",去年以来全市特种设备零事故。
>
> 资料来源:"信用赋能,探索市场监管'烟台路径'",齐鲁网,2022-07-01,http://news.iqilu.com/shandong/shandonggedi/20220701/5170239.shtml。

二、以一体化在线监管提升监管协同化水平

国家市场监督管理总局的组建标志着我国进入了综合统管时期,但由于公共事务天然具有的不确定性和经济社会的日益复杂,有效的市场监管仍离不开部门间的协作和行业协会、公众等外部力量的参与,多主体协同是科学监管的题中应有之意。数字化监管为监管数据的流通共享提供了信息基础,不仅使政府层级、机构与部门之间的信息共享、协同监管、联动管理大大加强,更延伸了政府监管的触角,使政府部门掌握的监管信息可以"走出去",社会组织等掌握的监管信息可以"请进来",为构建新的、协同化的监管权力格局提供了可能。[①]

2015年以来,我国大力推行"互联网+监管",以此为依托推进各地区、各部门重点监管数据的归集共享,进而实现跨地区、跨部门、跨层级协同监管。国务院办公厅于2018年出台的《国家"互联网+监管"系统建设方案概要》将建设监管大数据中心作为四大重点任务之一,要求"按照统一的数据标准,联通汇聚各地区各部门监管数据及第三方相关数据,建设监管大数据中心",同时提出应将建立监管数据推送反馈系统作为"互联网+监管"的重点应用之一,为实现"一处发现、多方联动、协同监管"提供支撑。

---

① 陈奇星,汪仲启:"推进政府治理现代化视域下地方政府市场监管模式创新研究——以上海市为例",《中国行政管理》,2020(05):14—19。

随着信息技术的发展与经济形态的转变，一些平台型企业逐渐积累起数据和技术优势，成为数字化监管的重要支撑力量。多地政府部门已经尝试与阿里巴巴、饿了么、美团等企业合作，对电商、餐饮等领域市场主体开展针对性监管，取得了显著成效。当然，平台型企业的壮大也为市场监管带来了新的挑战，将在下一节中进一步讨论。

与此同时，得益于移动互联网与网络传媒的发展，社会公众也获得了更多参与市场监管的机会。一方面，政府监管部门可以对公众发表在网络论坛、社交媒体等处的意见、投诉进行搜集，以此丰富对市场主体的认识；另一方面，政府还可以通过APP、公众号、小程序等为公众提供直接发表意见的渠道，公众可以上传照片、视频等证据，并且随时追踪后续的处理进展。

专栏9-2 "数治瓶安"保障人民群众用气安全

2022年，杭州市"数治瓶安"建设入选第四届市场监管领域社会共治优秀案例选。多年来，杭州市市场监管局以"安全"为核心，从政府跨部门有效监管、市场积极"主动"作为、用户安全教育共同出发：

在市场端围绕企业业务出发利用物联网、大数据等技术手段，对气瓶入库、充装、运输、存储、配送、入户全环节实施数字化透明改造，采集全链数据，实现数据闭环；在监管端基于一体化、智能化公共数据平台，搭建异常模型和跨部协同场景，重构瓶装燃气行业安全治理体系，推进传统民生行业治理能力智慧化；在用户端通过创新教育模式，打通互动渠道，推动有效落实用户用气主体责任，从而真正搭建可复制、可实施、可持续的，监管有力、经营有方、用户有法的瓶装燃气安全铁三角。

案例评选专家对"数治瓶安"作出点评：

群众利益无小事。在数字化和现代化前进的道路上，不能脱离我国基本国情，不能遗忘和甩掉城市化的边缘和奋斗大军的尾部。瓶装燃气使用者是在我国居民生活中占有重要比例的群体，而这一相关区域和群体是整个社会安全意识、安全基础相对薄弱的部分。瓶装燃气是事关百姓日常生活的必需品,有安全保障,百姓生活则安然若素,反之则忐忑不安。杭州市及各政府主管部门担当作为,发挥政府职能组织推动改革创新,破解难题,为民解忧,有效地保障了居民用气安全。其成功之处在于用系统化的组织形式解决"小""散""乱"的无序现象;用数字化、智能化技术再现燃气瓶"颗粒化"状态的信息化管理;用大数据平台实现多部门协同监管;调动多方力量达成社会共治。一句话,用现代的理念和科学的方法解决传统问题和现实问题。

资料来源:杭州市市场监督管理局:"杭州市'数治瓶安'荣登第四届市场监管领域社会共治政府类十佳案例榜首",2022-09-05,https://new.qq.com/rain/a/20220905A084OK00。

三、以新型监管技术提升监管智能化水平

在管理幅度和监管资源的双重约束下,传统监管既难以"到底",也难以"到边",只能将监管集中在部分重点领域,导致了监管盲区的出现。与此同时,作为一种在场监管,传统监管中的信息采集、传输、分析、应用等环节均需要人工完成,不仅时效性较差,而且在信息传递的过程中还可能出现信息失真,从而导致监管迟滞,为市场主体的越轨行为提供了时间"窗口"。

进入数字时代,新的信息技术能够实现对市场行为的全视域监控与实时决策。通过对监管数据的高效收集、整理、分析与利用,实现由"人盯人式"监管向"数据监管"的根本变革。[①]《"十四五"市场监管现代化规划》将推进智慧监管作为增强市场监管基础能力的措施之一,并提出建设"智慧监管信息化工程",对重点食品安全追溯、广告智慧监管和网络市场交易监管等方面作出了部署。

借助于传感器、摄像头等智能终端,企业生产与市场运行的各项数据能够被自动生成;借助于物联网、5G技术,这些数据能够被实时传输到监管机构的指挥中心;借助于区块链技术,能够确保数据的真实准确、不被篡改;借助于云计算、人工智能等技术,数据被自动处理并形成决策建议……只要预先设置好数据接

---

① 王湘军,刘莉:"冲击与重构:社会变迁背景下我国市场监管手段探论",《中共中央党校(国家行政学院)学报》,2019(02):100—109。

口与规则,监管机构便能够通过海量数据的汇集构建起市场的"数字化镜像",即便不到现场也能够了解市场的真实状态,并对各种市场行为作出迅速和科学的回应。

> **专栏 9-3　深圳市的智慧执法实践**
>
> 　　2019 年,深圳市市场监管局开展了打击侵犯华为商标专用权的"有为行动"。该局联合全国 10 余个省市市场监管部门、公安机关协同作战,查封某"极客修网络手机维修平台"及其遍布全国 37 个城市的线下网点,刑拘 31 名犯罪嫌疑人,缴获假冒知名品牌手机配件 12 万余件,涉案金额高达 3 亿元。同年,该局联合深圳市公安局宝安分局,一举捣毁一特大知名洋酒包装材料制假窝点;对罗湖商业城、南湖商圈、东门步行街、水贝黄金珠宝商圈、笋岗汽配市场 5 个片区开展专项执法行动,查处售假侵权案件 38 宗,查获假冒侵权箱包、服装、鞋、饰品、手表等 2500 余件。
>
> 　　深圳市市场监管局在大案要案执法中为什么能够屡出佳绩?该局相关负责人表示,除了不断完善执法办案机制体制和提升团队业务能力之外,该局在信息化、智能化执法办案上也进行了诸多创新和尝试。
>
> 　　据介绍,早在 2016 年,深圳市市场监管局便上线了"鸿蒙云台"云上稽查系统,实现"以网管网、以网治网"。该平台能够实现在线调取和固定证据,有效提升执法部门对互联网违法行为调查取证的效率和准确性。该平台还实现了行政执法、取证全流程证据固化见证的云执法证据记录,具有"电子数据固化见证""全网特定数据搜集""云端数据证据在线提取"三个核心功能,被中国国际数据产业博览会组委会授予"2019 政府信息化管理创新奖"。
>
> 　　目前,借助大数据与人工智能技术,深圳市市场监管局能够对全网市场主体经营活动进行实时监测,及时发现违法违规线索,并结合"鸿蒙云台"云上稽查系统实现电子取证固证,与公安部门紧密协作,对违法犯罪分子实行"精准打击"。
>
> 　　资料来源:"智慧执法 实现'精准打击' 深圳市市场监管局查处多起假冒伪劣违法案件",深圳市市场监督管理局网站,2020-12-11,http://amr.sz.gov.cn/xxgk/qt/ztlm/scjgzy/mtbd/content/post_8341883.html。

第三节 数字公共治理之市场监管的新挑战

数字化转型发生在经济社会的各个领域,在为市场监管提供新工具的同时,也在变革着经济形态和市场主体的行为,由此产生的各种新型经济形态以及平台型大企业已经成为数字化监管乃至市场监管体系现代化中面临的核心问题。

一、新业态带来的监管挑战

科技革命的兴起推进了产业革命的加速,共享经济、信息经济、创意经济、智能制造经济等新兴业态的快速崛起在推动就业、促进经济发展方面作出了积极贡献,但与此同时,其在发展早期也往往游走在现有的制度框架之外,形成了监管难题。

以网约车这一典型的共享经济形态为例,其出现为公众出行提供了便利,加之不同平台为了争夺用户进行的烧钱补贴大战带来的实惠,使其迅速积累了大量用户。然而,在野蛮生长之后,随着市场规模的扩大,消费者生命财产安全受到侵害、出租车司机集体罢工等负面社会事件频现,对网约车进行有效监管迫在眉睫。

作为以互联网为依托的新型经济形态,网约车行业所产生的数据不可谓不丰富。司机和乘客的个人情况,每次行程的时间、路线、评价等,在技术上都可以被获取和分析。然而,面对新业态的不可预测性和监管规则的缺失,先进的监管技术也往往无的放矢。为应对这一困境,敏捷监管成为重要的改革方向之一。

2016年以来,交通部联合多部门,先后发布《网络预约出租汽车经营服务管理暂行办法》《网络预约出租汽车监管信息交互平台运行管理办法》《关于进一步加强网络预约出租汽车和私人小客车合乘安全管理的紧急通知》等文件,形成了行业发展与监管政策快速迭代的敏捷监管模式,表现出动态性、包容性和回应性特点:首先,社会方面的现实挑战、政府方面的监管政策以及企业方面的技术与商业模式创新,三者在持续互动中构成动态发展的监管模式,政策过程表现出螺旋上升特征;其次,监管政策并非单一按照政府的既有目标进行设定,而是在经济社会持续发展过程中,综合不同社会群体之间的相互联系,实现更具包容性的发展;再次,政策的调整和演变不只涉及政策过程,同时也涉及政策目标,通过将政策过程和政策目标联系在一起,体现政府对现实挑战的应对。①

二、平台企业带来的监管挑战

在经济社会快速发展的过程中,一些企业获取了先发优势和规模效应,逐渐成长为具有显著市场优势和影响力的平台型大企业。这些企业不再依靠直接向消费者提供服务来获取利润,而是成为服务对接的平台,在市场中处于极为强势的地位,给市场监管带来了严峻挑战。

一方面,由于平台企业的体量巨大,传统惩戒措施对其产生的威慑作用十分有限。以网络订餐平台为例,我国《网络食品安全违法行为查处办法》规定"网络食品交易第三方平台提供者应当建立入网食品生产经营者审查登记、食品安全自查、食品安全违法行为制止及报告、严重违法行为平台服务停止、食品安全投诉举报处理等制度",但对于违反此规定的处理办法仅为"由县级以上地方市场监督管理部门责令改正,给予警告;拒不改正的,处5000元以上3万元以下罚款"。

另一方面,如前所述,由于其所具备的先进技术手段和海量运行数据,一些平台企业已经开始与政府一起扮演监管者角色。然而,这一监管过程的实现机制往往处于黑箱当中,政府无法对平台企业采集、处理、存储、分析和应用数据的过程进行有效监管,因此难以确保商户和消费者的合法权益得到保护。

更为棘手的是,由于其独特的商业模式,尽管一些平台企业确实具有较高的市场份额和控制力,但无论从定价还是获利来看,都不符合垄断企业的行为特征,进一步限制了政府的监管空间。② 在这种情况下,如何处理各方关系,在保

---

① 王仁和,李兆辰,韩天明等:"平台经济的敏捷监管模式——以网约车行业为例",《中国科技论坛》,2020(10):84—92。
② 江小涓:"大数据时代的政府管理与服务:提升能力及应对挑战",《中国行政管理》,2018(09):6—11。

障市场有序运行的基础上，引导平台经济向着有利于公共利益的方向发展，考验着政府的治理能力。

在监管原则上，应当以营造良好数字生态为目标，坚持在发展中规范、在规范中发展，坚持包容与审慎并重，综合考虑平台企业发展运行的社会影响；在治理框架上，需要综合政府规制和平台企业的产业自我规制，构建多方共同参与的和谐治理框架，其中，政府规制具备系统性与全局性，平台企业的产业自我规制则更具前瞻性与敏锐性。[1]

2022年5月，国家市场监管总局部署开展了"百家电商平台点亮"行动，组织全国各地100余家与群众日常生活密切相关的电商平台，引导平台和商户"亮照"，依法公示营业执照信息。引导平台和商户"亮证"，依法公示行政许可、备案、审查批准、强制性产品认证等信息。引导平台"亮规则"，依法公示平台服务协议和交易规则信息。通过推动信息公开、规则透明，共同营造公平、诚信、放心的网络消费环境，促进平台经济规范健康发展。[2]

第四节 探索与展望

经过多年摸索，我国逐渐形成了"宽准入、严监管"的统一大市场监管模式，强调在充分发挥市场机制的同时，对重点领域和关键环节进行更"有为"的干预，数字时代的监管创新为这一目标的实现提供了坚实保障。为了应对经济社会发展带来的持续挑战，更好发挥数字化监管的效能，有必要从以下方面着手，不断提升数字化监管水平：

第一，筑牢信用监管的数据根基。现代市场经济是法治经济，更是信用经济，以信用监管为核心融合各种手段，能够激发市场主体守法守信的内生动力，

---

[1] 沈伯平，张奕涵："平台企业：制度空隙、规制与监管"，《上海经济研究》，2022(04)：43—52。
[2] "市场监管总局组织'百家电商平台点亮'行动 促消费促发展"，中国政府网，2022-05-31，http：//www.gov.cn/xinwen/2022-05/31/content_5693286.htm。

信用数据与信息则是信用监管的基石。① 2014年2月,我国国家企业信用信息公示系统上线运行,目前能够提供企业信用信息、经营异常名录、严重违法失信名单等信息查询。然而,在监管机构的日常工作中,仍面临着"信息孤岛"和"信息烟囱"问题,要构建真正的"全国监管信息一张网",需要在横向上实现政府部门之间、政府与社会组织、平台企业、市场主体、消费者之间的互联互通,在纵向上打破不同层级之间的信息壁垒,使数据能够自由流动、共享共用。②

第二,持续推进监管平台建设。各级地方政府应以"制度先行、平台保障"为理念,建立以综合监管为基础、以专业监管为支撑、信息化平台为保障的事中事后监管体系框架,综合利用地方网上政务大厅、公共信用信息服务平台等已有资源,以集约化方式搭建集信息查询、协同监管、联合惩戒、社会监督、决策分析等功能于一体的事中事后综合监管平台。③

第三,扩展数字化监管的应用场景。应用场景的扩展是实现技术赋能的关键步骤。前期探索已经证明,信息技术应用对于开展经营风险监测预警、市场主体分级分类、联合惩戒与激励等具有巨大潜力。因此,对于监管部门与监管人员来说,应当充分认识到信息技术的赋能作用,加强与技术部门和信息企业的合作,将大数据、物联网、区块链、人工智能等新一代信息技术嵌入监管的现实需求当中,推进数字化监管向纵深发展。④

关键术语

市场监管 是在市场经济条件下,具有监管职能的政府行政机构或被赋权组织基于公共利益目标,依法综合运用多种监管方式、技术和手段,服务市场主体合法经营、维护消费者合法权益、保证市场健康有序运行的制度和行为的

---

① 王湘军,刘莉:"冲击与重构:社会变迁背景下我国市场监管手段探论",《中共中央党校(国家行政学院)学报》,2019(02):100—109。
② 王湘军,庞尚尚:"新技术赋能市场监管智能化:图景、障碍与进路",《行政论坛》,2021(03):107—116。
③ 陈奇星,汪仲启:"推进政府治理现代化视域下地方政府市场监管模式创新研究——以上海市为例",《中国行政管理》,2020(05):14—19。
④ 同注②。

总称。

数字化监管　是线上智慧监管与线下实体监管高度融合一体化发展的监管现代化模式。

行政审批　指行政机关（包括有行政审批权的其他组织）根据自然人、法人或者其他组织依法提出的申请，经依法审查，准予其从事特定活动、认可其资格资质、确认特定民事关系或者特定民事权利、能力和行为能力的行为。

"放管服"改革　是简政放权、放管结合、优化服务的简称，是新时代我国深化机构和行政体制改革的重要内容。

问题与思考

1. 数字化监管的产生背景是什么？与传统监管有什么不同？
2. 数字化监管能够从哪些方面提升监管效能？是如何实现的？
3. 新业态的兴起和平台企业的出现给数字化监管带来了哪些挑战？数字时代的市场监管还面临什么挑战？
4. 如何推进数字化监管效能的持续提升？

第十章　数字公共治理之社会治理

> **焦点问题：**
> - 社会治理的内涵特征与基本经验有哪些？
> - 数字社会治理的政策背景是什么？
> - 什么是数字公共治理理论？如何将其用于社会治理实践？

近年来，"国家治理""社会治理"作为中国政治学、公共管理学的重要研究领域日益受到学界以及政府的高度重视。其中，"国家治理"强调政府部门借助制度安排和政策设计等多种方式与手段，协同社会组织、第三部门组织和公民团体等多主体一起，共同管理社会事务以推动经济和社会发展。而"社会治理"侧重于在发挥政府主导作用的基础上，激发多元主体在创新社会治理体制中的积极作用，从而实现社会治理效益最大化。在社会主义现代化的过程中，社会治理作为新时代国家治理的重要组成部分，是推动国家治理有效性的关键一环，是促进国家治理体系和治理能力现代化的基本途径。可以说，两者相辅相成、不可分割。因此，推进社会治理体系与能力现代化是实现国家治理体系和治理能力现代化的题中应有之义。

党的十八大以来，以习近平为总书记的新一届中央领导集体，带领全党全国各族人民不断推进实践、理论和制度创新，坚持和完善中国特色社会主义制度、大力推进国家治理体系和治理能力现代化建设，我国社会治理工作取得了一些阶段性成果，实现了由管理到治理的理论升华，建立了"横到边、纵到底、全覆盖、无缝隙"的社会综合治理体系，政府的问题应对能力不断增强，治理工具也开始从最初单一的行政命令型政府管控工具向多样化工具创新转变，社会治理效率和效能得到进一步提升。[①] 然而,在社会治理实践过程中仍然面临着"低组织化""碎片化""悬浮化""内卷化"等诸多困境。[②] 伴随着中国社会的急剧转型,各种积压和隐藏的社会矛盾日益增多,亟需寻求一套行之有效的治理模式来及时有效地应对此类棘手难题。为此,数字公共治理作为一种以信息通信技术(ICT)和大数据为基础的多元治理模式,凭借着信息化、网络化、数字化、智能化等优势特征为我国应对社会治理中的难题提供了广阔的实践空间。因此,研究该问题对提升社会治理理论研究和实践探索具有重要的指导价值。

第一节 社会治理的内涵特征和基本经验

一、社会治理的内涵特征

"治理"一词最早可追溯到春秋时期,《老子河上公章句》卷三中说"谓人君治理人民",当时主要是指国家治理。[③] 但随着知识水平的不断提升,公民参与的范围也在不断扩大,公民逐步加入到国家治理,成为了国家治理中不可或缺的重要主体,现代社会治理便逐渐形成。所谓社会治理可以定义为人类调整各类社会关系的管理活动,其目的是维护社会秩序的和谐稳定。"社会治理"作为政策概念首次出现于 2013 年召开的党的十八届三中全会《中共中央关于全面深化改革若干重大问题的决定》中,该决定明确提出"加快形成科学有效的社会治理体制"。此外,党的十九大报告再次强调:"要加强和创新社会治理,打造共建共治共享的社会治理格局,完善党委领导、政府负责、社会协同、公众参与、法治保障的社会治理体制"。[④] 这在一定程度上为深刻把握社会治理的内涵提供了根本遵循和行动指南。首先,就任务而言,社会治理主要是协调社会关系、规范社会

[①] 周文,司婧雯:"新时代中国国家治理现代化:内涵、特征与进路",《新疆师范大学学报(哲学社会科学版)》,2020(04):23—31+2。
[②] 杨磊,许晓东:"市域社会治理的问题导向、结构功能与路径选择",《改革》,2020(06):19—29。
[③] 方涛:"'治理'内涵解析",《重庆社会科学》,2015(03):56—60。
[④] 江必新:"以党的十九大精神为指导 加强和创新社会治理",《国家行政学院学报》,2018(01):23—29+148。

行为、解决社会问题、化解社会矛盾以及应对社会风险。其次,就主体而言,社会治理提倡党组织、政府、社会组织以及公众都参与其中。再其次,就方式而言,社会治理方式日益丰富,能够综合运用政治、法律、行政和市场等多种手段。最后,就具体表现而言,社会治理主要是通过提供社会公共产品和公共服务来满足社会需求。

社会治理是一个复杂的系统性工程,仅靠单一的政府部门很难全部解决各类纷繁复杂的社会公共事务和社会公共问题。因此,社会治理的主要特征可以理解为多元主体间的民主协商和权责一致。

(一) 民主协商

社会治理强调多中心共治,民主协商是其首要特征。首先,这种协商赋予了多元主体间平等的参与权和监督权。一般来说,政府部门在制定或实施某项政策前,要通过新闻发布会、网站交流互动专区以及人社服务热线等渠道与其他主体进行平等互动,从而实现政策的有效落地落实。其次,治理主体协商过程具有突出的民主性。无论是议程的设置、政策的颁布、政策的监督,还是政策的评估,都是多元主体行使民主权利的过程,虽然这个过程可能会有政府权威的存在,但该权威是在主体间互动过程中自发产生的。最后,治理主体在公共事务管理和公共服务提供过程中互动较多,究其原因,受相关利益的影响,若只是选择性参与,可能会因消极对待而致使集体利益受到损失,进而造成自己无法获得集体利益的分配。总而言之,只有最大限度地增进利益相关者的福祉,才能实现社会治理效益的最大化。

(二) 权责一致

权责一致是社会治理的另外一个特征。参与主体权责的配置是推动社会治理现代化的动力要素之一,只有合理划分社会治理中的各种权责,明确政府、社会组织以及公众等多元主体权责边界,才能确保有责有权、权责一致,减少多头管理与权责交叉现象的出现,避免权责空白地带,也为社会治理中的问责与考量提供标准。此外,各主体在行使其权利后,要勇于承担社会治理职责,并且也要接受自身的行为过失。这在一定程度上不仅能够提高社会治理效率,而且还能保障公民自身合法权益。倘若社会治理的结果与预期相比有一定落差,各主体就拒绝为自身行为买单,社会和谐就会受到严重的消解,社会规则就失去了其存在的必要性。因此,在社会治理的过程中,各主体必须要遵循权责一致的原则,这有利于维护公民的合法权利,确保人们的公共利益得到最大保障。

二、社会治理的基本经验

新中国成立以来,中国共产党为维护社会秩序稳定、平衡利益关系、化解社会矛盾、激发社会活力,经过长时期艰苦奋斗、开拓创新,探索出一条符合我国国情的社会治理道路,并且形成了诸多宝贵性经验,总的来说,主要体现在如下几个方面。

(一) 坚持党的全面领导

中国共产党的百年历程充分证明了党的领导是中国特色社会主义社会治理制度的最大优势,党是领导各项事业前进的核心主导力量,增强国家和社会治理效能的关键在于党。[①] 这需要不断强化党建引领社会治理,把党的领导贯穿到社会治理的全过程,着力打造"人人有责、人人尽责、人人享有"的社会治理共同体。只有坚持中国共产党的领导,深入把党的创新理论运用到社会治理现代化实践中,才能不断发挥党建引领在社会治理中的作用性,统筹协调各种资源,打破部门间的"数据孤岛",实现"跨区域、跨部门、跨层级"的数据共享,从而解决治理碎片化问题,有效提升治理的整体性水平。此外,各级政府部门要持续开展有关党建引领社会治理的一系列创新活动,并且要围绕党建引领设置相应的激励机制,充分调动广大人民群众参与社会治理的积极性,激发内生动力,为推进社会治理体系和治理能力现代化贡献力量。

(二) 坚持以人民为中心

马克思主义最显著的优势特征就在于其坚持以人民为中心的发展思想。在推进社会治理创新的过程中,应反映人民群众的意见,着眼于人民日益增长的美好生活需要,不断健全规范民意表达机制,发挥人民群众创造力实现社会治理。

[①] 姜晓萍,阿海曲洛:"社会治理体系的要素构成与治理效能转化",《理论探讨》,2020(03):142—148+2。

实践证明,为人民谋幸福、为中华民族谋复兴始终是中国共产党的初心和使命。[①] 习近平总书记反复强调:"要始终坚持人民至上、生命至上",这充分彰显了人民领袖的为国情怀。尤其是面对2020年突如其来的新冠疫情,中央政府审时度势,依据疫情变化不断调整对口支援政策,构建简约高效的重大疫情防控管理体制,在最短的时间内有效遏制了疫情传播,确保了人民群众的生命健康安全和社会秩序稳定,展现出了巨大的政治勇气和强烈的责任担当,蕴含了深厚的人民中心伦理价值。

(三) 注重统筹发展与安全

在推进社会治理创新的过程中,必须要注重统筹发展和安全,坚持稳中求进,增强忧患意识,切实把统筹发展和安全贯穿于社会治理各领域和全过程。当前,实现社会治理效益最大化,既要把"蛋糕"做大做好,不断推动社会经济发展与进步,又要通过科学合理的顶层设计,把"蛋糕"切好分好,正确处理好效率和公平的关系,防止两极分化,避免因治理不善而引发的财富损失、社会矛盾激增等风险挑战,以推动实现全体人民共同富裕的宏大目标。此外,要进一步完善重大决策社会稳定风险评估机制,聚焦市域内国防安全、粮食安全、生态安全、能源安全、产业安全等方面突出问题,全面提升快速响应和物资保障能力,加强事前、事中、事后的社会风险防控体系,系统谋划新发展阶段各种灾害事故应对的新措施,不断提升社会治理的系统性、整体性和协同性。

(四) 坚持社会治理重心下移

社会治理的关键在于确保基层稳定。基层社区是社会治理的"最后一公里",也是服务群众的最前沿,在回应公众诉求、促进公平正义、维护社会稳定等方面发挥举足轻重的作用。党的十八大以来,习近平总书记多次强调要推动社会治理重心下移。而若要落实好社会治理重心下移的要求,就必须要推进基层政权职能转型,将抓党建、抓治理、抓服务等作为基层政权的主责主业,努力解决好人民群众的操心事、烦心事和揪心事。例如,网格化管理作为增强基层治理能力、提升基层治理效能的重要抓手,按照分级管理、层层履责、横向到边、纵向到

---

① 赵笑蕾:"党的初心使命论的理论逻辑和政治优势",《兰州学刊》,2022(01):5—14。

底等为原则,将城市行政区域分成若干网格状的单元,通过构建"街道＋社区＋网格＋楼栋＋群众"的网格体系,实现基层社区的横向到边、纵向到底、监管服务的全覆盖,基本做到小事不出网格、大事不出社区、矛盾不上交。

第二节 数字公共治理之社会治理的实践发展

一、数字公共治理之社会治理的政策背景

近年来,我国政府非常重视数字化对社会治理的助推作用,积极制定相关政策方案,强力推进国家治理体系和治理能力现代化。党的十九届四中全会提出"完善党委领导、政府负责、民主协商、社会协同、公众参与、法治保障、科技支撑的社会治理体系",明确指出科技支撑是我国社会治理体系的重要维度和手段,这顺应了传统社会治理向数字化社会治理转型的发展趋势,是社会治理体系现代化的直接表现。党的十九届五中全会深入分析新形势新任务新要求,对以数字技术支撑社会治理体系现代化作出系列战略部署,进一步指出要"加快数字化发展""加强数字社会、数字政府建设,提升公共服务、社会治理等数字化智能化水平"。[1] 伴随着数字治理正面效应的不断凸显,数字化赋能社会治理成为了中央政府关注的热点议题。2021年3月,第十三届全国人大第四次会议通过的"十四五"规划草案提出,要加快建设数字经济、数字社会、数字政府,以数字化转型整体驱动生产方式、生活方式和治理方式变革。[2] 此外,2021年12月,中央网络安全和信息化委员会印发的《"十四五"国家信息化规划》提出,要"构筑共建共治共享的数字社会治理体系"。从上述的国家层面的政策能够看出,数字化必将对社会治理带来深刻变革。

在持续性的中央政策传播与扩散作用下,数字化赋能社会治理开始在全国

---

[1] 辛勇飞:"数字技术支撑国家治理现代化的思考",《人民论坛·学术前沿》,2021(Z1):26—31+83。
[2] 《中华人民共和国国民经济和社会发展第十四个五年规划和2035年远景目标纲要》,新华网,2023-03-13,http://www.xinhuanet.com/2021-03/13/c_1127205564.htm。

范围内传播扩散,并成为我国地方政府打造数字经济"桥头堡"的重要着力点。2021年9月,三明市人民政府为了提升数字化发展能力,搭建"专、特、新"数字治理三明模式,印发了《数字经济发展实施方案的通知》,并提出要"不断推进我市数字政府治理、数字社会治理、数字经济治理、数字文化治理与舆情治理等领域协调发展"的要求,这在一定程度上推进了该市数字经济的发展。与此同时,地方政府间的政策效应以及横向间的对标与竞争也提高了社会治理社会化、法治化、智能化以及专业化水平。2021年11月,泰安市人民政府下发《"十四五"数字强市建设规划的通知》,指出要贯彻全周期管理理念,提升数字社会治理水平,以提速数字强市发展的进程。2022年2月,为深入贯彻党中央、国务院关于大力发展数字经济和信息化的决策部署,驻马店市人民政府印发《"十四五"数字经济和信息化发展规划的通知》,提出要全面提升数字经济和信息化发展水平、数字政府和数字社会治理能力。可见,数字公共治理在推动经济发展方式转变、社会治理方式转变等方面将会展现出光明的前景,是一个值得研究的重要议题。

二、数字公共治理之社会治理的实践探索

当今社会数字信息技术发展日新月异,数字产业取得了显著成效,数字技术的发展,也为社会治理领域的发展提供了全新的技术工具和多维度的实现空间,成为驱动推进社会治理体系和治理能力现代化的重要力量。基于此,本书认为,数字化助力社会治理的应用价值,主要体现在促进治理手段革新、增进部门协作以及拓宽参与渠道等方面。

(一)促进手段革新,推动社会治理方式智能化。

社会治理现代化是国家治理现代化的一个重要组成部分,社会治理是否现代化,事关国家治理的成效。而若要实现社会治理现代化,就必须要促进社会治理手段革新。从我国社会治理历史演进的纵向历时性分析中能够发现,不同时期社会治理模式下的治理手段各不相同,如,社会管理时期侧重于用人治思维对社会公共事务进行管理,而社会治理时期更侧重于用法治思维来对社会实行善治。而进入数字化时代,随着5G、移动互联网、云计算以及大数据等数字技术在

社会治理中的广泛应用,以技术嵌入社会治理为主要特征的社会"智治"崭露头角,在公共安全、公共管理和公共服务等方面,均可以借助数字化实现既定目标的科学化、精准化、高效化,这在一定程度上弥补了传统社会治理手段低下、治理成本过高等不足,使社会治理由传统"人治"主导向技术"智治"转变。进一步而言,借助大数据、数字孪生、人工智能等智慧化手段,依托物联感应、泛在感知等智能终端对城市交通、突发公共事件等进行实时监管,实现对城市运行潜在风险的超强感知、公共资源的高效配置以及突发事件的及时预警,特别是人脸识别、指纹识别、语音合成等生物识别技术的应用,在社区管理、治安防控、商贸物流等应用场景中发挥独特而重要的作用,推动了社会治理高效运转,有效提升社会治理效能。

专栏 10-1　四川成都网格化管理服务社会治理

近年来,四川省成都市在基层社会治理方面探索创新出一条有益的实践路径,即坚持网格化管理服务社会治理,形成了特有的成都模式。2021年2月,成都市政法委、成都市政务服务管理和网络理政办公室等多部门联合印发了《关于深入推进"一个平台统调"的通知》,就构建基层治理"一个平台"统调的工作格局、实现智慧手段应用与基层治理实践的深度融合、营造智慧应用场景等提出一系列具体明确的要求。该市政府非常重视网格化服务管理建设,通过大力发展"人工智能+"、不断引入AI算法场景、深化"大联动"平台建设等举措,实现了由粗放式服务管理向精细化服务管理转变。

为进一步提升智慧治理效能,成都市政府采取了"先试点后推广"的办法,率先在成华区实施网格智能提升工程的试点建设,切实提升了社会治理数字化、精细化和智能化水平。该试点工程主要有二大特色:一是集约高效迭代网格资源。该市依托北京易华录公司数字视网膜技术,整合既有的天网、小区、雪亮等公共视频资源,充分利用大数据、AI算法识别、3DGIS等智慧赋能手段对社会风险进行监测预警,初步建立了智能化网格管理信息平台,实现了从被动事后取证变事前预警,事件可随时溯源,做到隐患问题尽早发现、尽早处置。二是问题导向构建应用场景。在推进社会治理数字化的过程中,该市以主动回应和满足群众利益诉求为指引,以智能化手段构建了物联网感知、视频智能分析等网格服务场景,有效增强了区域整体态势的实时感知能力,全面助推成华区智慧韧性安全城市建设。

资料来源:"网格化服务管理 确保市民安宁城市安全社会安定",成都文明网,2019-10-29, http://cd.wenming.cn/wmbb/201910/t20191029_6122571.shtml。

(二) 增进部门协作,推动社会治理体制高效化。

进入网络信息时代后,人际互动开始强调以多维度的信息交换为中心,信息生产和信息传播日趋"互动化"和"扁平化"。[①] 在推进社会治理数字化转型的过程中,借助数字公共治理模式能够消除部门间信息孤岛,促进部门间沟通与内外合作,提升综合高效治理能力,进而实现跨部门高效协作。一方面,数字化社会治理能够打破组织内部条块分割。在原有的社会治理中,由于条块分割、职能交叉等因素,政府部门经常独立采集、使用和维护数据,各部门的数据相互孤立,由此形成了信息孤岛,导致数据利用率不高,数据资源共享受限,这在极大程度上造成了公共资源的浪费。数字时代的到来催生开展数字化社会治理工作,它强调各职能部门统一数据服务中心,标准化数据采集和利用,有助于推动政府跨部门数据开放和共享,弱化单一的隶属观念和条块分割体制。另一方面,应用数字化治理技术能够重新分配部门间的权力和责任,消解部门间的信任鸿沟。在一个信息日渐透明的社会,各个部门能够较为清晰地了解彼此间的治理需求,有助于增强各部门间的理解和认同感,不断换位思考,帮助各部门围绕着共同的治理目标形成信任关系,减少信息不对称现象,各部门间的合作壁垒也能逐步消除。因此,数字化社会治理有利于促进跨部门、跨层级的信息共享和业务协作,推动社会治理体制高效化。

[①] 戴长征、鲍静:"数字政府治理——基于社会形态演变进程的考察",《中国行政管理》,2017(09):21—27。

专栏 10-2　深圳市南山区"块数据+"推进基层社会治理现代化

　　南山区位于广东省深圳市中西部,是我国百强区的首位。经过改革开放40多年的建设和发展,南山区已经蝶变成全国知名的经济大区、科技强区、创新高地,正在成为富有全球影响的科创中心。近年来,为解决社会治理中面临的治理手段低下、治理对象模糊、治理模式落后等困境,深州市坚持以主动回应和满足群众最关心、最直接、最现实的利益诉求为指引,构建"用数据说话、用数据决策、用数据管理、用数据创新"的管理机制,社会治理更加精准,治理效能明显提升。南山区在贯彻落实深圳市关于市域社会治理现代化试点城市的工作要求基础上,结合区域实际情况,打造了"一个底板、三条主线"的社会治理新方案,通过融合社会治理基本要素,运用数字化工具汇聚各部门的数据,构建了社会治理块数据智能底板。

　　与此同时,该区依托"块数据"智能底板与大数据分析技术,实现了采集方式由各部门单独采集信息向网格员统一采集转变,数据结构由传统"条状数据"向"块数据"转变,基层社会治理效率大幅提升。在数据应用方面,借助"块数据"的技术支撑,构建实有事件分拨处置运行机制和跨部门协同合作机制,有效推动了多部门协同联动一体化运作,基层负担大大减轻。此外,"块数据"治理体系通过理顺区、街道、社区三级机制体制,构建"1+8+101"网格化治理体系,提升基层政府社会治理精细化水平,有助于打造共建共治共享社会治理新格局,以基层社会治理现代化夯实"中国之治"的基石。南山区作为深圳市的中心城区,大力推进"网格化+块数据"改革落地,并取得了显著的成效,形成了与该区经济发展相匹配的社会治理能力,促进了数据化社会的和谐发展。

　　资料来源:"深圳市南山区利用'网格化+块数据'创新社会治理成效明显",法制网,2021-08-02,http://www.legaldaily.com.cn/index/content/2021-08/02/content_8569168.htm。

(三)拓宽参与渠道,推动社会治理主体多元化。

　　数字化社会治理能够推动社会治理主体多元化。首先,数字化时代的到来为治理主体从"政府单向管理"转向"多元主体协商共治"提供了契机,数字技术可以让有上网经历的公众更熟知社会参与的渠道和规则,增强公众参与社会的可及性和便捷性,提高各治理主体间互动效率,为有效发挥社会治理效能提供更多的可能性。其次,利用数字技术可以打破原有固化的利益体系,实现更大程度的开放、共享,推动公众、社会组织等治理主体从形式参与走向实质性参与。当前,机器学习、数据挖掘、人工神经网络等大数据分析技术使得公众无需花费过多的时间成本就可以与政府沟通交流。在数据、技术为王的时代,一些隐藏的公众需求及行为特征也会被平台识别进而纳入数据库。正如加拿大传播学大师马歇尔·麦克卢汉在《理解媒介:论人的延伸》一书中所说,大众媒介所显示的,并不是受众的规模,而是人人同时参与的事实。[1] 最后,数字化社会治理能够激发多元主体参与社会治理的动力,特别是当社会治理的内容和行为被最大限度的数字化之后,企业、社会组织、公众参与社会治理的主动意愿将大大增强,这或许将撬动社会治理的"哥白尼式革命"。[2]

> **专栏 10-3 构建"平站结合"体系:湖北宜昌多元主体参与共治**
>
> 2020 年新冠疫情发生以来,湖北省宜昌市经过长时间的实践探索,将基层党组织融入到社区治理的各运作环节中,充分发挥党建引领作用,构建起一套"平站结合"协同共治的高效智慧治理体系。目前,数字技术手段为增强城市基层治理能力提供了"智治"支撑,这在一定程度上加速了基层数字治理智能化,可以说数字技术是基层社会治理数字化转型的核心驱动力,是促进城市人居生活和城市发展的重要手段,将其应用到城市基层治理是城市发展的"标配",但要突破社会治理的思维定式、提升社会治理效能,其核心依然是增强社区居民自治能力。只有多元主体共同参与社会治理,社区在应对重大突发公共事件时才能够愈发韧性,实现社会的安定有序、人民安居乐业以及国家长治久安。

---

[1] 马歇尔·麦克卢汉著,何道宽译:《理解媒介:论人的延伸》,商务印书馆,2000。
[2] 郁建兴,樊靓:"数字技术赋能社会治理及其限度——以杭州城市大脑为分析对象",《经济社会体制比较》,2022(01):117—126。

> 宜昌市的智慧治理与协同共治二者相互融合,在调动居民参与社区治理积极性的同时,还促使了居民在治理过程中发挥作用,并及时将治理效果反馈给社区治理主体,真正做到了智慧治理。该市在社区网格化管理、智慧社区建设以及信息惠民服务等方面做了大量尝试和创新,进一步强化党建引领社会治理其他主体主动参与,增强社区的韧性和风险抵御能力,多元主体的联手合作大大提升了城市基层治理效能,特别是在疫情防控中,该市充分利用数字技术建立了"多规合一"综合信息平台,融数据采集、数据分析、数据挖掘以及数据管理等功能于一体,实现了城市社区的精细化管理,提高了疫情防控效率、节省了大量的时间成本和人力成本、保护了人民群众的健康安全,基层社会治理成效显著。
>
> 资料来源:"宜昌构建四级社会组织服务体系 汇聚多元共治社会力量",湖北省民政厅门户网站:2022-02-23,http://mzt.hubei.gov.cn/ywzc/sz/yc/202202/t20220223_4009935.shtml。

第三节 数字公共治理之社会治理面临的挑战

近年来,在数字化赋能社会治理方面取得了一系列显著成效,社会治理更加便捷化、智能化和专业化,但不可否认的是,当前,我国的数字化社会治理尚处于起步阶段,仍面临着诸多的困难和挑战。

一、对现行制度安排的挑战

任何一个新模式的兴起与应用往往都会面临着法律规范层面的空白或与现行制度安排相冲突的问题。数字化时代的社会治理情境下,需要对现行制度安排进行相应调整。一方面,数字公共治理的应用缺乏专门性法律规范,容易造成确权模糊和监管缺位。数字技术及其运用会导致网络攻击、数据安全等风险,当前,《数据安全法》和《个人信息保护法》两部基础法律的正式实施,初步确立了数据安全治理的总体制度框架,但针对数据权属、数据分类分级等问题并未达成统一共识,致使难以理顺"个人数据""政府数据""企业数据"之间的关系,数据产权配置机制和规则不健全,数据主体间的权责利界定不够清晰,制约了市场主体的数据开发利用积极性[①]。另一方面,随着云计算、大数据、人工智能等新型数字技术设施,现行法律制度也可能会受到来自网络技术的冲击和挑战。例如,以区块链中的智能合约技术为例,它能够实现对合约数据进行自动识别与有效监督,这将与传统的社会契约以及《合同法》等法律法规中对相关利益主体及其行为约束的要求存在一定冲突,严重阻碍了社会"智治"的推进。

二、对技术自身能力的挑战

数字公共治理依赖于数字技术,数字化社会治理也存在一定的限度。一方面,在特定的社会治理情境中,并非全部元素都可以被数字化社会治理平台感知和协调。以人际关系、社会风俗习惯、信任机制、声誉机制为代表的非正式制度实质上在维护社会内生秩序,促进社会和谐稳定,但这些因素及其相互之间的复杂关系并不能被真正的数字化。倘若用一些机械数据来取代这些多面向的变量,社会活力就会逐渐降低,严重影响社会发展与政府权威。另一方面,即便在完全能够数字化或标准化的领域,一些数字技术运用到社会治理实践中,也依然使数据治理的效率、稳定性和安全性得不到保证,成为制约数字公共治理的一大梗阻。如,人工智能技术是一种集"赋能"与"约束"的力量,它在赋能社会治理智能化的同时,也会造成治理主体的"机器化"、治理体系的"算法化"等后果,进一步而言,其背后的"算法黑箱"会加剧算法歧视风险,算法本身的不透明性会让决策过程变得无比神秘,从而侵犯了公众的知情权。因此,亟需加强对数字技术风险的社会控制。

三、对社会治理结构的挑战

数字公共治理强调跨部门、跨区域、跨层级的联动协同,而传统的社会治理

---

① 李晓东:"数据的产权配置与实现路径",《人民论坛》,2022(02):69—71。

是建立在科层体系上的"精英治理"模式,强调专业分工和层级节制,行政化色彩较为浓厚。进入数字化时代,新信息技术赋权形成了一种人人皆可享有的扁平化、去中心化的权力结构,它对传统的科层权力结构形成了强有力的冲击。[①] 当前,尽管各地区在构建数字治理平台、公共支撑平台等方面都做了有益的尝试,但囿于科层制政府组织结构的刚性,政府纵向层级间协同联动效果不佳,严重影响了社会治理的有效性。这主要体现为政府各层级间尚未形成治理合力,如一些省市虽然建立起社会治理现代化工作领导小组,但因统筹协调不够到位,牵头作用发挥不够明显;不少地方成立了大数据局之类的专职机构,旨在打破平台间、社会不同部门间的数据鸿沟与壁垒,但因涉及权力分配,数字化社会治理的推动力度难免受到其他职能部门掣肘。因此,数字化社会治理最先解决的便是层级制固化问题。

四、对既有价值认知的挑战

现在社会是个纷繁复杂的社会,多元主体间的生活习惯、行为模式、认知方式存在较大的差异,在这个多元思想交融的社会中,数字化社会治理可能会给人们的价值认知观念带来前所未有的冲击,从而引发各种复杂的社会矛盾。一方面,伴随着5G、人工智能、虚拟现实、区块链、元宇宙等数字技术的不断兴起,数字公共治理的手段也日益多样化,但这些技术毕竟是新生事物,社会各界对其看法不一。如,以区块链技术为例,目前,我国政府机构、社会组织、公众等各个主体对区块链技术仍存在认知方面的偏差。较之普通民众来说,大部分公众对其认知还仅仅停留在概念阶段,认为区块链等同于比特币,对区块链技术的应用价值还不够了解。另一方面,国内各大顶级金融机构的高管虽然纷纷看好数字技术的发展前景,但囿于资金、政策等投入不足,且应用的领域以及开发的功能还处在起步阶段,对数字技术深层次的融合应用深度不够,不利于真正实现社会治理的有效性。总体而言,对数字技术的偏见或错误认知成为当前制约数字化社

[①] 姜宝,曹太鑫,康伟:"数字政府驱动的基层政府组织结构变革研究——基于佛山市南海区政府的案例",《公共管理学报》,2022(02):72—81+169。

会治理的重要因素。

第四节　数字公共治理之社会治理的保障路径

为有效发挥人工智能、区块链、云计算等数字化技术在创新社会治理方式、提升社会治理水平中的作用，应进一步从完善顶层制度设计、优化社会治理结构、重构治理价值认知等方面提出行动路径，以助力社会治理数字化转型。

一、完善顶层制度设计

制度上的顶层设计和政策上的系统配套是提高数字化社会治理效能的前提保障，为此，就必须先厘清权利边界，完善数字公共治理相关制度的顶层设计。首先，为切实发挥数字化对社会治理的推动作用，政府相关部门应结合我国社会治理的实践情况，及时颁布数字化社会治理的相关法律政策，重点支持政务服务平台建设、关键技术攻关和信息基础设施整体建设，推动社会治理向数字化转型的多场景样态迈进，实现数字公共治理与社会治理的"共振效应"。其次，加快建立数据资产登记制度，确保数据资源登记常态化，为政府、企业、社会组织等社会治理主体进行数据交换和交易提供重要支撑，以增强治理主体的交易需求，促进数据安全可信流通交易，实现数据价值最大化，提升社会治理效能。最后，强化对数据全生命周期中收集、使用、保护、处理、储存等关键环节的审查审计，进一步明确社会治理主体间的数据权利归属，不断完善数据隐私保护配套制度。需要强调的是，政府作为主要的数字公共治理主体，在数据采集方面具有先天优势，而作为政府数据的采集者、利用者，其权力也需受到相应约束。

二、加强技术应用创新

为弥合数字公共治理技术上存在的短板与漏洞，实现社会治理数字化转型，还需进一步加强技术应用创新。一方面，要定期对多元治理主体开展数字公共治理能力培训，并形成一套系统规范、科学完备的工作方案，以提升数字技术应用能力。首先，通过一系列教育培训，多元治理主体可将最先进的数字技术运用到社会治理实践中，以科学化、专业化和理性化等治理理念推进数字化社会治理，提高社会治理效率。其次，可以利用第三方培训机构的专业课程和优质师资资源，提高社会治理主体的数字素养，以更好地融入社会治理数字化转型。最后，在对多元主体进行数字公共治理能力培训时，除了借助现代网络信息的PPT工具课堂授课外，相关部门还应依据实际情况，通过实地考察、现场讲解、研讨交流等方式帮助多元治理主体提升数字公共治理能力，助推社会治理创新。另一方面，应加大政策供给、技术支持以及资金投入，党政机关、高等院校和科研院所要围绕提高专业技术人才的创新能力，加大对数字治理技术人才的培养，扩大技术人才队伍规模，为核心技术的研发与攻关贡献自身力量，以推进社会治理体系和社会治理能力现代化。

三、优化社会治理结构

从数字化社会治理的实践来看，其核心机制主要是通过数字技术手段实现社会治理由自上而下的封闭式管理转向新型开放式治理、由单向管理转向协同治理。一些数字公共治理专家指出，数字化社会治理的过程，实质就是通过数据互通、数字化协同和跨部门流程再造等方式提升治理效率、降低治理成本的过程。要实现数字化社会治理的"良法善治"，不仅要确保治理结构的合理性，还要确保治理要素的内部运作流畅。为此，需要从两方面着手：一是要承认多元化权威在社会治理中的突出作用，推动形成以多元化形式解决治理问题的常态化机制，打造"共建共治共享"的社会治理新格局，如在社区治理中，可以让专业社工作为社会工作嵌入社区的主体，利用专业技能与方法，为社区居民提供社区服务。二是面对数字公共治理对社会权利结构的重塑，各治理主体必须要重新定位其在新的权力网络中所扮演的社会角色，特别是政府部门要带头打破管制思维，积极引导其他主体在诸多社会治理领域进行探索实践，总结出一套行之有效的多主体线上线下协同治理机制，以推动社会治理工作顺利开展。

四、重构治理价值认知

数字公共治理模式的发展与应用在一定程度上重构了社会治理价值认知。数字技术为推进社会治理现代化提供了重要的科技支撑，但如何运用好刚性技术手段去实现多元目标价值追求，是数字公共治理中必须加以注意的关键点。运用数字化来提升社会治理能力，其最终目的是为了实现人们对美好生活的向往。然而，借助数字技术手段强化社会治理与改善公共服务的过程中，若仅关注技术效率带来的贡献，则会陷入"技术利维坦"的陷阱。为此，必须要注重人文关怀在其中的有效嵌入，促进数字技术由效率向公平转变，进而促进社会治理价值认知的重构。一方面，政府部门需要从人民的切实需求出发，将人民幸福、生活改善作为社会治理的出发点和落脚点，营造温情与智慧相统一的社会氛围。如利用人工智能技术辅助治理社区外卖乱扔、违章停车等现象过程中，需充分考虑到人们对生活便捷度的需求，尽可能采用说服教育、示范帮助等柔性手段进行疏导和治理。另一方面，重视弱势群体面临的数字鸿沟问题，在普及数字公共治理模式应用的同时，也要加强对数字弱势群体服务需求的考虑，如在"一网通管"和"一网通办"推进过程中，要为数字弱势群体保留人工服务、书面登记等传统服务渠道，提高"面对面"服务质量，以解决数字鸿沟造成的部分弱势群体无法公平参与的问题。

关键术语

社会治理 指政府、社会组织以及公众等多个主体为实现社会的良性运转而采取的一系列管理理念、方法和手段，从而在社会稳定的基础上保障公民权利，实现公共利益的最大化。

数字化转型 指通过使用数字技术使得社会和行业发生深刻变革。

网格化管理 指依托统一的城市管理数字化信息平台，将城市管理辖区按照一定的标准划分成为单元网格，把人、地、物、事、组织等内容全部纳入其中，实施精细化、信息化、动态化社会服务管理。

块数据 基于其高度的融合性和数据力驱动,使得分散的点状和条状信息更加聚合,形成以块为节点的信息存储和应用模式。

问题与思考

1. 结合生活实际,谈谈如何运用大数据、区块链、人工智能等数字技术推进社会治理现代化?

2. 请谈一谈你对数字公共治理之社会治理价值优势的理解。

3. 面对数字公共治理对社会权利结构的重塑,政府、企业、第三部门以及公众等治理主体在新的权力网络中所扮演怎样的社会角色?请谈一谈自己的看法。

4. 结合具体案例,请谈一谈数字公共治理之社会治理面临的问题及保障路径。

第十一章 数字公共治理之公共服务

> 焦点问题：
> - 公共服务供给演进经历了哪几个历程？
> - 什么是数字新时代公共服务的价值逻辑和实践逻辑？
> - 如何理解数字公共治理下公共服务的能力构成、体系建设？
> - 数字公共治理下公共服务面临哪些挑战？应如何应对？

以数字化、信息化为代表的数字技术赋能助推公共服务高质量发展，是逐步推进国家治理体系与治理能力现代化应有的题中之义。如何推进公共服务数字化转型，强化数字化公共服务体系建设是各界关注的重点议题。本章详细介绍了公共服务供给的演进历程，数字时代公共服务的价值逻辑和实践逻辑，数字公共治理要求具有的公共服务能力和体系，数字化公共服务面临的挑战，最后提出数字时代公共服务建设的对策策略。

第一节 公共服务供给转型：从单一到合供

一、公共服务的内涵与演进

公共服务(Public Service)，是公共治理领域的重要部分，对"公共服务"的内涵进行界定，决定了本书公共服务的研究范围，因此，有必要从公共服务的内涵与范畴解释入手进行研究。

第十一章 数字公共治理之公共服务

早在20世纪初期,法国公法学者莱昂·狄骥(Léon Duguit)就在《公法的变迁:法律与国家》一书中提出"公共服务"的概念。莱昂·狄骥认为公共服务是指:"政府有义务实施的行为。任何因其与社会团结的实现和促进不可分割、而必须由政府来加以规范和控制的活动,就是一项公共服务,只要它具有除非通过政府干预,否则便不能得到保障的特征。"[①]莱昂·狄骥借用"社会团结"的观念,凸显了公共服务求同的连带关系,并强调了其需要政府加以规范、控制、干预和保障的基本特征。随之,国内外学界从不同视角出发,对公共服务的基本内涵与核心要义作出了一系列解释,形成了诸多研究成果。

一是基于公共物品的视角。"公共物品"的概念最早由瑞典经济学家埃里克·罗伯特·林达尔(Erik Robert Lindahl)于1919年提出,继而,美国经济学家保罗·萨缪尔森(Paul A. Samuelson)提出较为典型的"公共物品"理论,并从效用的不可分割性、消费的非竞争性、受益的非排他性三个角度诠释了公共服务的基本内涵,[②]而后经过奥斯特罗姆、布坎南等学者的进一步研究与发展,形成了公共服务研究的主流路径。国内学者马庆钰也从公共物品角度作出阐释,将公共服务定义为,由公法授权的政府和非政府公共组织以及有关工商企业在纯粹公共物品、混合性公共物品以及特殊私人物品的生产和供给中所承担的职责。[③]二是基于行为选择的视角。美国学者罗纳德·J.奥克森(Ronald J. Oakerson)将公共服务解释为,一系列集体选择行为的总称,并就需要提供何种产品和服务,产品和服务的标准,如何约束和规范公共产品和服务消费中的个人行为等事项作出决定。[④] 三是基于公共价值的视角。H. 乔治·弗雷德里克森(H. George Frederickson)认为,公共服务主要是指能促进民主发展、培养公共精神以及维护社会公正和公共利益的官员行为或政府行为,强调了公共行政的精神。[⑤] 国内学者李军鹏也指出,公共服务是政府为满足社会公众需要而提供

---

① 莱昂·狄骥:《公法的变迁:法律与国家》,春风文艺出版社,1999。
② Paul A. Samuelson:" The Pure Theory of Public Expenditure", *The Review of Economics and Statistics*, 1954, 36(04): 387-389.
③ 马庆钰:"关于'公共服务'的解读",《中国行政管理》,2005(02):78—82。
④ 罗纳德·J. 奥克森:《治理地方公共经济》,北京大学出版社,2005。
⑤ H. 乔治·弗雷德里克森:《公共行政的精神》,中国人民大学出版社,2013。

的产品与服务的总称。① 四是基于行动主体的视角。罗伯特·登哈特(Robert B. Denhardt)将公共服务解释为,公共官员日益重要的角色就是公共服务的供给者,亦即要帮助公民表达并满足他们共同的利益需要,而不是试图通过控制或者"掌舵"使社会朝着新的方向发展,并为公共利益承担起应有的责任。② 国内学者倾向于将政府视为公共服务的提供者,陈振明将公共服务定义为,政府运用其权威资源,根据特定的公共价值,通过公共政策回应社会需求,使最大多数人得到最大的福利。③ 卢映川等学者指出,公共服务是指政府为促进、发展和维护公民权益,运用法定权力和公共资源,面向全体公民或某一社会群体,组织协调或直接提供以共同享用为主要特征的产品和服务的供给活动。④ 五是基于社会职能的视角。美国学者 E. S. 萨瓦斯(E. S. Savas)从广义的意义上作出阐释,认为公共服务不仅指一般意义上的服务活动,还包括更广泛的社会职能,如为退休者提供生活保障、抵御外来威胁、衣食供应、物品生产等。⑤

结合学界对"公共服务"的理解,本书将公共服务定义为,以政府为核心的公共部门、社会及市场等行为主体,基于共同的价值诉求与利益目标,通过灵活适切的体制机制、组织载体及技术工具等,为社会成员提供公平可及的公共物品和服务活动。主要包括政务服务、养老服务、医疗卫生服务、教育服务、公共安全服务以及就业服务等方面。

二、公共服务供给的演进历程

建国以来,我国公共服务供给历经了多次变革,呈现出不同的供给形态,可以从公共服务供给方式、公共服务供给体系以及公共服务供给模式等多个角度进行考察。本书基于公共服务供给方式的视角,从纵向历时维度对公共服务供给的演进历程进行了梳理,并划分为四个阶段:1949—1992、1993—2003、2004—

---

① 李军鹏:《公共服务型政府建设指南》,中共党史出版社,2006。
② 珍妮特·V. 登哈特,罗伯特·B. 登哈特:《新公共服务:服务而不是掌舵》,中国人民大学出版社,2004。
③ 陈振明:《公共服务导论》,北京大学出版社,2011。
④ 卢映川,万鹏飞:《创新公共服务的组织与管理》,人民出版社,2007。
⑤ E. S. 萨瓦斯著:《民营化与公司部门的伙伴关系》,中国人民大学出版社,2002。

2012、2013至今。

（一）1949—1992：计划经济体制下政府单一主体供给为主

伴随新中国的成立，我国公共服务供给的序幕正式开启。1949年建国初期，我国处于高度集中的计划经济时期，参照苏联模式建立起公有制基础上的公共服务体系，由政府主导控制并调配政治、经济、社会、文化等各方面资源，进而提供公共服务。《中国人民政治协商会议共同纲领》也作出规定："凡属有关国家经济命脉和足以操纵国民生计的事业，均应由国家统一经营，"[①]这意味着公共服务供给的方式、内容及工具等，完全由政府决定。1978年，我国进入改革开放和社会主义现代化建设时期，计划经济体制的发展举步维艰。1992年，党的十四大作出建立社会主义市场经济体制的重大决策，政府对市场的指导逐渐取代既往的大包大揽，全能型政府的公共服务供给方式逐渐崩溃瓦解。

（二）1993—2002：社会主义市场经济转型期强调市场化供给

1993年，党的十四届三中全会通过《中共中央关于建立社会主义市场经济体制若干问题的决定》，强调了市场在国家宏观调控下对资源配置的基础性作用，也凸显了效率在经济转型期的重要性。顶层设计的强力推动使社会主义市场经济得以迅猛发展，公共服务需求也随之呈现出差异化、多样化的态势，政府单一主体的公共服务供给方式已略显疲力。同时，国有企业在市场经济的冲击下纷纷转制、倒闭，越来越多的"单位人"变成"社会人"，对公共服务的需求与日俱增。因此，政府探索通过引入市场化机制来提供公共服务，主要包括出售租赁、合同承包以及采购招标等市场化形式。[②]公共服务市场化供给方式的变革，使政府身份逐渐转换为公共服务的指引者、监督者，市场在公共服务供给中的功能和作用日渐突出。直到20世纪90年代后期，市场化供给方式的问题开始显现，并逐渐引起理论界和实务界的关注和重视。

（三）2003—2012：科学发展观场景下社会化供给发展迅猛

过度市场化的公共服务供给方式暴露出政府职能缺位、城乡发展差距拉大

---

① 中国中共党史学会：《中国共产党历史系列辞典》，中共党史出版社，2019。
② 杨礼琼："中美公共服务市场化比较及其启示"，《中国行政管理》，2011(07)：66—69。

以及公共利益缺失等一系列问题,亟需政府重塑职能加强对公共服务的调控和引导。2003年,中央首次明确提出将"公共服务"作为政府职能之一,同年,十六届三中全会提出科学发展观,要求转变政府职能,政府再次进入公共服务领域。2005年,中央提出公共服务均等化的改革目标,标志着政府角色的真正归位。[①]与此同时,自20世纪80年代发展起来的社会组织在公共服务供给中发挥着越来越重要的作用,非营利组织、社区以及公众参与公共服务的供给如火如荼,有效满足了公共服务需求的多样化以及公共服务供给要求的高标准。公共服务供给的日益社会化有效打破了政府和市场供给失灵的困局,进一步撬动了社会力量与资源,促进了公共服务供给提质增效。

(四) 2013年至今:国家治理现代化背景下多主体协同供给

2013年,十八届三中全会提出国家治理体系与治理能力现代化的重大战略,不仅助推了社会管理向社会治理的过渡转型,也对进一步优化公共服务供给方式具有重要意义。2017年,党的十九大报告进一步提出完善党委领导、政府负责、社会协同、公众参与、法治保障的社会治理体制,在一定程度上推进了多元主体参与社会治理与公共服务供给的格局日益成熟。政府、社会、市场等多元行动力量,发挥各自的资源与功能优势,通过平等互信的沟通交流机制建立起优势互补的伙伴关系,为社会供给丰富且质优的公共服务。与此同时,数字技术的迅猛发展,也为多主体间建构起良好的协同联动机制提供了技术支持,不断赋能公共服务供给的多元化样态。

三、数字新时代的公共服务

近年来,伴随大数据、云计算、人工智能等信息技术的发展和普及,人类社会步入数字时代,作为工具属性的数字技术嵌入公共服务日益成为政府治理改革领域的核心议题。数字技术具有数据体量大、数据类型多、信息传输快、时效高等特点,在驱动公共服务供给模式变革、需求识别机制、区域共享公共服务等领

---

① 翁士洪:"改革开放40年中国公共服务供给的制度变迁",《云南大学学报(社会科学版)》,2019 18(03):102—109。

域体现出无可比拟的优势,[①]有助于重塑服务流程,打破组织壁垒和信息壁垒,进而提高公共服务供给能力和水平。[②] 数字化时代,有助于形塑公共服务共享共生的价值目标和动态化调适的实践形态,这其中存在着一定的价值逻辑和实践逻辑。

(一)价值逻辑

党的十八大以来,以习近平同志为核心的党中央高度重视社会建设,始终坚持以人民为中心的发展思想,聚焦"高品质民生"与"整体智治观",切实保障人民群众的获得感、幸福感、安全感更加充实、更可持续。数字技术嵌入公共服务的根本就在于通过技术工具提升公共服务供给的质量,进而满足人民日益增长的美好生活需求。数字技术的应用,一方面可以通过强化市场竞争增强生产能力提高生产效率,促进更加多样化、差异化、便捷化的公共服务供给;[③]另一方面能驱动实施更加广泛的公共服务创新变革,重塑社会的生产、生活以及消费方式。数字化通过信息、资本与公共服务交互实现功能整合,[④]能够推动公共服务的共享与共生,提高公共服务"消费者"的体验,将数字红利转化为源源不断的民生红利,增进人民福祉,提高人民生活品质。

(二)实践逻辑

随着社会治理现代化进程的加速,公共服务供给的同质性不断受到公众对公共服务需求异质性的挑战,数字技术的嵌入为解决公共服务供给和需求不匹的问题提供了工具。数字化以数据、算力、算法模型为核心,通过构建数据采集存储、算法模型、数据治理保障和数据安全、数据监管预测等机制,实现跨部门、跨层级、跨地域、跨系统、跨业务数据的互联互通,进而形成统一的社会治理与公

[①] 周瑜:"数字技术驱动公共服务创新的经济机理与变革方向",《当代经济管理》,2020(02):78—83。

[②] Maria Katsonis, Andrew Botros: "Digital Government: A Primer and Professional Perspectives", *Australian Journal of Public Administration*, 2015, 74(01):42-52.

[③] 徐晓林,刘勇:"数字治理对城市政府善治的影响研究",《公共管理学报》,2006(01):13—20。

[④] Roberto Camagni, Roberta Capello: "The City Network Paradigm: Theory and Empirical Evidence", *Contributions to Economic Analysis*, 2004, 266(05):495-529.

共服务数据资源体系。① 将数字技术应用到公共服务领域，能够实现对社会现实的全范围立体覆盖、全过程跟踪记录以及全景式监督评估，有助于及时识别公众的个人偏好，有效吸纳公众的意见建议，精准聚焦公众的公共服务需求，提升各类资源优化配置能力，从而为公众提供低成本、高效率、个性化、多样化的公共服务，进而提升公共服务供给能力和水平、提升社会治理效率。

第二节 数字公共治理之公共服务能力与体系建设

一、数字公共治理之公共服务能力构成

公共服务能力是指公共部门获取、配置以及运用资源进行公共服务的本领，②是政府能力的重要组成部分，关乎政府实现其公共服务职能的能量以及公共治理水平的高低。伴随"数字技术"与"公共服务"的深度融合，数字公共治理逐渐成为国家治理的关键词。③ 数字技术的应用给公共服务能力的全方位提升提供了支撑，本书根据公共服务能力的语义，从公共服务供给能力、公共服务财政能力以及公共服务治理能力三个方面展开。

（一）公共服务供给能力

公共服务供给能力是指政府、社会、市场以及公众等多元行动主体，为满足社会的公共服务需求，向社会个体和组织提供公共产品和服务的本领。公共服务供给能力高低与公众对政府的满意度密切关联，是建设人民满意的服务型政府的关键指标。数字技术是驱动公共服务供给结构化创新的原动力，以数字技术驱动公共服务供给变革能有效提高政府公共服务效率。因此，以数字技术赋能公共服务供给，通过最大程度的公共服务数据汇集，能够有效规避传统技术工具和行动主体联动不畅带来的公共服务供给失灵，进一步完善数字化时代以政

---

① 张晓杰："数字化驱动公共服务一体化：内在逻辑与运行机制"，《当代经济管理》，2023(03)：68—75。
② 张序，劳承玉："公共服务能力建设：一个研究框架"，《理论与改革》，2013(02)：25—29。
③ 黄建伟，刘军："欧美数字治理的发展及其对中国的启示"，《中国行政管理》，2019(06)：36—41。

府为核心的多元行动主体共同参与的公共服务供给模式,疏通公众参与公共治理的渠道,这对于切实提升公共服务供给能力,进而提升公共治理的水平大有裨益。

公共服务的供给可分为"生产"和"提供"两个环节。在"生产"环节,数字化的嵌入,一方面可以精准聚焦公众公共服务需求,从而有针对性地进行公共服务生产;另一方面可以为公共产品和公共服务的生产过程提供强有力的技术支持,为社会公众提供多样化、个性化的公共服务。尤其是随着数字技术应用的逐渐深入,数字化不仅能赋能常规社会治理,同样也能为应急管理状态的社会提供数字化公共服务,例如,在我国新冠疫情期间,健康码的生产与使用就是数字技术赋能社会治理的典型。在"提供"环节,数字化的嵌入,可以最大限度地集成多部门以及多系统的数据,打通供给主体之间存在的信息壁垒,实现公众需求等信息在多主体间的顺畅流通,从而为公共服务的提供匹配最适切的行动力量。同时,数字时代的公共服务供给需要复合型的专业化人才,既需要注重进一步推进党政人才队伍的建设,又要通过培训、轮岗、人才共享等方式做好高层次、专业化人才的引进与培养工作,如此,才能以专业化的公共服务应对数字化带来的机遇与挑战。

(二) 公共服务财政能力

公共服务财政能力是指公共财政用于公共服务的数量和质量的总和,是公共服务能力的重要组成部分。由于部分地区的公共服务财政能力受到地方税收乏力以及中央转移支付依赖性强的双重制约而略显疲力,财政资金的审批、拨付等环节困难重重,资金难以直达地方、直达基层、直达民生,无法通过提供高质量的公共服务来满足人民日益增长的美好生活需求。[1] 因此,十分有必要将数字技术引入公共服务财政领域,通过数字技术与公共服务财政业务的深度融合,实现政府、社会、企业以及公众之间的良性互动,使政府通过提供更加契合公众需求的公共服务来提升公民的幸福感、参与感以及获得感,进而增强社会凝聚力。

数字化公共服务财政主要是通过技术手段改进政府公共服务的决策、投入、

---

[1] 陈自强:"大数据视野中的西部民族地区政府公共服务能力建设",《社会科学家》,2017(04):70—76。

产出与管理能力,使财政的资源配置、收入调节、稳定经济、经济发展等职能得到更好发挥,公共服务的供给更加精准、高效。① 首先,数字化公共服务财政有助于提高政府决策的科学化、民主化水平。财政部门不仅可以通过数字技术识别公众的支付意愿及偏好,依此设计更具针对性的预算及筹资机制,而且还能够强化与公众的沟通交流,与公众建构良好的互动反馈机制,及时为公众解疑答惑。其次,数字化公共服务财政有助于改善公共服务投入机制。财税部门利用数字技术的嵌入使数据的存储、分析以及使用能力均得到质的提升,为公共服务资金的筹措提供了保障。同时,可以利用区块链电子发票系统对每笔税收资金流动的全过程进行追踪和监管,严防偷漏税等行为,并通过统一的线上公共支付平台提高征收率,拓宽公共服务资金来源渠道。最后,数字化公共服务财政有助于改善公共服务产出机制。数字化的嵌入不仅有助于实现公共服务资金投入下产出的最大化,提高公共服务产出效率,又能够优化转移支付机制,进而提高公共服务的普惠性、公平性。

(三) 公共服务治理能力

公共服务治理能力是指公共服务主体基于共同的价值取向和目标追求,通过沟通、互动、协商等渠道,共同对公共服务活动进行管理的本领。数字技术嵌入公共服务治理能力建设,能够在一定程度上实现对政府流程的再造,从而构建一个标准化、专业化、智慧化的组织运行体系,提升公共服务供给的质量和水平。首先,数字技术能为搭建一体化公共服务治理平台提供支撑,强化政府、社会、市场以及公众等多元行动主体之间的良性互动,减少主体之间由于信息不对称造成的公共服务供需不匹。一方面,政府可以及时获取公共服务需求者的公共服务诉求,从而有针对性地设计并提供公共服务;另一方面,社会、企业以及公众等可以对公共服务供给的质量进行及时监督、评价和反馈,推进公共服务供给者动态化调整公共服务供给内容,提高公共服务供给的民主化。其次,数字技术的嵌入也为公共服务供给主体间的沟通交流提供了便利,供给主体可针对具体的公共服务供给细节进行协商,打破了既往沟通交流的地域、时间、空间等的限制,形成以网络化、扁平化、弹性化为特点,以公民为导向的整体性、竞争性的现代化组

---

① 王志刚:"财政数字化转型与政府公共服务能力建设",《财政研究》,2020(10):19—30。

织形式。① 最后，数字技术有助于强化公共服务信息公开，提高政府工作的透明度，公众能够通过微信公众号、小程序、微博、政府网站等渠道及时获知有关信息，并进行双向的互动反馈，也进一步保障了公众的知情权和参与权。

二、数字公共治理之公共服务体系完善

（一）建构数字化公共教育服务体系

数字化公共教育服务是构筑全民共享的数字公共治理社会的重要部分。将数字技术、数字思维融入教育教学领域，有助于搭建公共教育服务新平台、创新公共教育服务新机制，推动优质教育教学资源向全社会开放共享，缩小城乡公共教育服务供给差距，建构惠及全民的、公平的、优质的公共教育服务体系，满足社会公众对公共教育服务的新要求、新需求、新期待。②

数字公共教育服务体系的构建涉及政策制度、基础设施、数字资源等多方面要素，要将体系建构作为一个系统性工程，提升教育公共服务的综合性、立体性、动态性。优化数字化公共教育服务体系的规划设计，遵循整体性和差异性相结合的原则，制定符合各地区实际的体系建设计划，探索数字公共教育服务资源共生共享机制。加强对体系建设的财力、物力、人力等资源投入，打造高质量数字化学习空间，培育高质量公共教育服务团队，拓展教育经费来源渠道。注重对数字化公共教育服务体系的动态评价，联合高校、专业机构、公众等力量依法成立数字化教育评价机构，建构数字化教育服务评价指标体系，定期开展数字化公共教育服务质量评价。

（二）建构数字化公共医疗卫生服务体系

数字技术对于提升公共医疗卫生服务绩效具有普适性的作用。③ 引导数字技术进一步融入公共医疗卫生领域，促进医疗卫生模式迭代升级，对于实现数字

---

① 张序,劳承玉:"公共服务能力建设：一个研究框架",《理论与改革》,2013(02):25—29。
② 王会军,胡丽娟:"区域数字教育公共服务体系：内涵、框架与方略——以浙江数字教育改革实践为例",《中国电化教育》,2022,(10):110—117。
③ 陶克涛,张术丹,赵云辉:"什么决定了政府公共卫生治理绩效？——基于QCA方法的联动效应研究",《管理世界》,2021(05):128—138。

化公共医疗卫生服务惠及全社会的美好愿景具有积极作用。

建构数字化公共医疗卫生服务体系,应充分发挥医疗卫生服务数字平台对医疗卫生资源的汇集、分配功能,打通资源在地区、城乡间流动的限制和阻隔,实现医疗卫生资源的自由流通,推动优质医疗卫生资源下沉基层,改善资源在基层数量不充足、分配不均衡、配置不合理的问题,扩大优质医疗卫生资源和服务的覆盖面。疏通主体沟通交流的数字化渠道,强化多元行动主体之间的数据互通,推动医疗服务能力、药事服务能力、医保商保能力的高效结合。① 加快远程医疗的发展进程,推动公共医疗卫生资源和服务在社会面的开放共享,助推建构成本低、质量高的数字化公共医疗卫生服务体系。

(三) 建构数字化公共养老服务体系

国务院办公厅《关于推进养老服务发展的意见》提出的"持续推动智慧健康养老产业发展,拓展信息技术在养老领域的应用",为我国公共养老服务的发展指明了目标与方向。推动数字技术嵌入公共养老服务领域,能够有效解决养老服务供需错配的困局,提高养老服务的资源配置效率,促进更具个性化、多元化的养老服务的生产和供给。

数字化公共养老服务的不断优化,应以保障老年人的基本权益和满足老年人的基本需求为价值追求,为老年人提供均等、优质、高效的养老服务基础设施、应用系统及服务功能。② 优化数字技术的开发与设计,创新开发更加贴切老年人需求的公共养老服务新技术,使其更加"适老化""人性化"。推进数字技术赋能老年人跨越"数字鸿沟",制定并完善老年人数字技术应用的培训方案,逐步提高老年人数字技术使用技能。以政府为主导,以数字化信息平台为核心,构建高效能的养老服务数字化生态系统,加速推进数字化公共养老服务体系建构。

(四) 建构数字化公共就业服务体系

推进数字技术嵌入公共就业服务领域,实现更高水平、更高质量的就业,是扎实做好"六稳"工作、全面落实"六保"任务的必然要求。

---

① 李韬,冯贺霞:"数字健共体赋能基层卫生治理变革",《行政管理改革》,2022(08):56—63。
② 张锐昕,张昊:"'互联网+养老'服务智能化建设的条件限度和优化逻辑",《理论探讨》,2021(02):147—154。

构建高效的数字化公共就业服务体系,应着力打造配套完备、模式先进、便捷高效的就业服务综合平台,充分发挥数字化平台在就业服务中的支撑与带动作用,实现招聘求职信息全面汇聚、实时发布、一键共享,为求职者提供多元化就业选择与职业发展空间,提升劳动力市场的供需匹配效率。增进数字化就业红利,提升数字经济发展的可持续性与活力。① 完善数字化人才教育培训体系,切实提升数字化人才职业技能与综合素养,为数字化公共就业服务提供强有力的人才保障与支撑。

(五) 建构数字化公共文化服务体系

数字技术不断发展创新并逐渐融入文化领域,推动了公共文化服务质量迈上了新台阶,同时也促成了与传统公共文化服务迥然不同的数字化公共文化服务新体系。人工智能、云计算、大数据等数字技术不仅能够推动多样化文化服务内容的生产和创造,而且能够通过数据分析对公共服务对象的文化需求进行精准聚焦,依据不同个体的偏好进行文化资源推送,有效改善了文化生产和文化消费的信息不对称问题,重构了公共文化服务供给者和消费者之间的关系结构。

数字化公共文化服务体系是数字公共治理的重要内容,应根据各地区的文化差异和需求打造各具特色的数字文化空间,建设数字化公共文化服务平台,重构政府、社会、市场以及公众多元主体的实时交互模式,保障公共文化信息传输渠道的多样化、公共文化服务对象的全覆盖。创新公共文化服务资源的配置方式,突破公共文化服务资源在体制内循环的局限,打造开放、共享的数字化公共文化服务模式。② 完善数字化公共文化服务决策机制,拓阔公众需求表达、交流互动、绩效评价等渠道,提升公众参与决策的能力与水平,推进数字化公共服务方式民主化、内容多样化、层次立体化。

---

① 孙璇,吴肇光:"数字化就业的演进历程、发展瓶颈与促进数字化就业的策略研究",《产业经济评论》,2021(02):119—128。

② 贺怡,傅才武:"数字文化空间下公共文化服务体系建设的创新方向与改革路径",《国家图书馆学刊》,2021(02):105—113。

第三节　数字公共治理之公共服务面临的挑战

一、数字时代对公共服务的挑战

（一）数字化鸿沟挑战

数字化鸿沟主要是指社会公众对于网络信息、技术的拥有程度、可接受程度以及应用程度的差别而造成的信息落差，进而导致数字化公共服务可及性贫富差距加大的趋势。第47次《中国互联网络发展状况统计报告》显示，我国非网民规模为 4.16 亿，农村地区非网民占比达到 62.7%。[①] 其中，60 岁及以上的老年群体是农村非网民的主要群体，也是公共服务数字化转型过程中的弱势群体。老年人群体对数字技术工具的拥有率不高、使用率不强，对数字化公共服务的可接受性较低，数字技术的效能得不到有效释放，无法享受数字时代给公共服务带来的红利。因此，根据老年人的实际现状创新开发"适老化"数字技术工具，提高老年人群体对数字化公共服务的可接受程度，进一步推进数字化公共服务的可及性、公平性，是未来的努力方向。

（二）数字化负担挑战

数字化负担主要是指地方政府对数字化公共服务发展的财政投入是否足够以及可持续。[②] 财政投入是保障数字化公共服务可持续发展的关键基础，但不同地区以及城乡之间在数字技术的投入方面存在一定差距，数字化公共服务可负担性差别较大。《2021 全国县域农业农村信息化发展水平评价报告》显示，2020 年全国县域农业农村信息化财政投入，东部地区财政投 172.7 亿元，占全国财政投入的 50.6%；中部地区投入 66.6 亿元，占全国的 19.5%；西部地区投入 102.1 亿元，占全国的 29.9%。全国县域农业农村信息化发展总体水平达到

[①] 中华人民共和国国家互联网信息办公室："第 47 次《中国互联网络发展状况统计报告》（全文）"，2021-02-03，http://www.cac.gov.cn/2021－02/03/c_1613923423079314.htm。

[②] 张鹏，高小平："数字技术驱动公共服务高质量发展——基于农村的实践与优化策略"，《理论与改革》，2022(05)：82—93。

37.9%,其中东部地区 41.0%,中部地区 40.8%,西部地区 34.1%。[①] 由此而看,东、中、西部农村地区在数字化财政投入方面存在一定的偏差距,数字化可负担性不均等也会在一定程度上影响数字技术嵌入公共服务的公平性和可及性。

(三)数字化共享挑战

数字化共享主要是指公共服务在信息采集、存储、使用以及调整过程中的互通与共享程度。数字化公共服务目前面临着较为突出的数据流动障碍,教育、医疗卫生、养老、就业以及文化等公共服务项目自成体系,信息采集平台和服务系统分别独立设置使用,尚未实现整体性政府视域下公共服务体系的整合统一。同时,受科层理性、政策主线以及政绩驱动等多重要素的制约与影响,不同地区、层级的政府公共服务部门间信息来源彼此独立、信息平台互相排斥以及信息数据共享困难等信息壁垒现象屡见不鲜,极易形成"信息孤岛"和"数据烟囱",造成不同服务系统的数据录入重复、数据变动不同步、数据质量不可控等负担,影响数字技术嵌入公共服务的效能提升。

二、数字时代公共服务的实践困境

(一)制度建设困境

制度是主体行动的依据,规范着社会主体的互动边界、形式和程序。目前我国部分地区缺少数字化公共服务的理念,对数字时代的公共服务建设重视度不高,对数字技术嵌入公共服务的边界、尺度、程序以及规范等问题缺少正式的法律法规支撑,尚未建构起一套完整的制度体系。同时,制度本身强调的竞争、封闭、个体特性与数字技术具有的开放、互动、联动属性,存在一定的张力,进一步加重了制度体系建构的困难。最后,各个地区在数字化公共服务体系建设的财政投入、侧重方向、技术标准等均存在较大差异,各自开发建设的系统在数据标准和功能模块等方面都迥然不同,这也给制度建设提出又一挑战。

[①] 农业农村部信息中心:《2021 全国县域农业农村信息化发展水平评价报告》,中国农业出版社,2022。

(二) 主体协作困境

多主体协同联动是打造数字时代公共服务共同体的必然选择。但是,目前我国公共服务职能部门之间对于数据共享的意愿和动力尚且不足,"数字孤岛"问题依然存在,政府内部不同部门的数据和信息无法实现实时共享,数据本身的价值得不到充分利用和体现。相关资料显示,个别省份的部门共享需求满足率仅为 42%。[1] 政府上下级之间以及政府与社会、企业之间的数据共享也存在一定壁垒,上级政府往往对基层政府、社会、企业的数据共享意愿不强,数据信息的自由流动受阻,进一步阻碍了公共服务多主体协同联动格局的形成。同时,各地区、各主体、各领域缺乏纵横贯通的统一数据平台,数据信息在各平台上的重复化、碎片化现象屡见不鲜,数据的动态化更新往往不同步或存在一定迟滞,主体之间的互动、交流、沟通、协商均会受到一定限制。

(三) 专业人才困境

数字化公共服务的生产、供给需专业人才予以智治支撑,但目前我国在数字技术人才的引进、培养方面存在一定困境。尽管各个地区在通过数据挖掘、机器学习等手段辅助公共服务方面做出了积极的探索,但由于数字化专业人才体系尚不成熟,对海量信息数据的清洗、筛选、整合、分析、使用等方面存在短板与不足,导致公共服务出现供需错配等问题。尤其是在区、县(市)、街道层面,对数字化公共服务平台和系统的开发、建设和运维均需要大量专业性技术人才,但囿于薪资水平、编制等条件的重重限制,对高层次、专业化人才的引进存在较大困难,数字技术应用于公共服务领域的效能得不到最大化释放。

(四) 技术伦理困境

数字技术在嵌入公共服务的过程中会带来一定的技术伦理问题。首先,数字技术能够实现对信息的即时获取、保存与还原,社会公众在消费并享受数字化公共服务的过程中,个人的身份信息、位置信息、行为信息以及观念、情感、信仰与社交关系等隐私信息,都存在被记录、保存并呈现的可能性,[2]如果网络平台

---

[1] 王伟玲:"加快实施数字政府战略:现实困境与破解路径",《电子政务》,2019(12):86—94。

[2] 杨维东:"有效应对大数据技术的伦理问题",2018-03-23,https://baijiahao.baidu.com/s?id=1595687311760930158&wfr=spider&for=pc。

的监管存在缺口与漏洞,运营商随意收集、存储、兜售用户数据,由此就可能产生个人隐私泄露的风险。其次,由于目前数字技术尚未完全发展成熟,部分技术存在一定的安全缺漏,公众在数字平台主动登记或者被动留下的信息,均存在被随意删除、盗取、篡改等问题,个人信息安全无法得到根本保障。最后,大数据使用过程中存在权责不清、高科技犯罪等失范与误导问题,也构成数字安全衍生的伦理风险。

第四节 数字公共治理之公共服务的应对策略

一、优化数字公共服务建设场景

(一) 完善制度体系

科学、严谨的制度体系对数字时代公共资源的整合、公共产品的生产以及公共服务的供给均能起到有效的指引和规约功能。应当强化数字时代公共服务建设的顶层设计,构建科学合理的数字化公共服务制度体系,不断完善数字化公共服务的一系列法律法规,强化制度的硬性保障效用。同时,政策的拟定应当充分吸收社会各界意见,畅通社会公众参与政策制定及进行意见反馈的各类渠道。各地区应结合自身实际情况出台数字时代公共服务建设的实施细则和实施程序,确保公共资源整合、产品生产以及服务供给等行为有章可循。

(二) 培育价值理念

数字时代公共服务的建设及完善应当建立在统一的价值理念之上,各行为主体应具备广泛一致的基本共识。进一步厚植包括政府、社会、企业以及社会公众在内的多元行动主体的数字理念、共生理念以及共享理念,通过互动协商形塑协同一致的价值理念,进而推动数字化公共服务建设活动。尤其是政府作为数字化公共服务建设的核心行动主体,应当摒弃传统的"官本位"思想,尊重各方主体公共服务的基本诉求,在不同行动主体差异化的利益诉求中寻求数字化公共服务的适当点位。积极促成多元主体关于数字嵌入公共服务的文化认同,秉承宽容、开放的理念去接纳不同主体的行动原则、处事方式、可能的不足,培育开放、互信、协同的价值理念。

二、建构多主体协同共治结构

（一）打造统一平台

多主体协同联动共治结构的建构，需借助互动共享和顺畅流转的统一数字平台。应以大数据中心为基础，统筹协调各职能部门和业务领域，整合基础数据、业务数据以及元数据，打造业务关联、职能跨界、规则统一的数字化共享交互平台。①打破传统行政部门职责分工和管理层级的限制，畅通政府、社会、企业以及公众的互动渠道，建构"一核多元"的数字化公共服务协同结构，形成依据场景驱动和动态性需求的数字公共服务一体化运行逻辑。完善统一数字平台的管理、运维、监管等配套体系，划定数据共享范围，统一数据共享标准，保障数据在不同行动主体和业务领域的规范化流通，提升主体联动紧密度和协同行动的能力。

（二）优化沟通机制

有效的沟通交流机制是促成多元行动主体协作行动的关键，也有助于行动主体间信任关系的建立。因此，应进一步优化主体沟通交流机制，畅通多种类型的信息交流渠道，完善会议协商制度，定期召开数字化公共服务协商会议与座谈会，秉承平等、自由、宽容、开放的原则充分讨论、决议，共享不同主体掌握的各类资源与信息，提升消息交互共享的效率。建立健全新闻发言人制度，利用微博、微信公众号、小程序等新媒体路径进行信息共享与互动交流，协商公共服务的生产、供给、效果等基本情况与面临的问题，更好地建构数字化时代公共服务的多元协同共治结构。

三、引进培育高层次专业人才

（一）强化人才引进

数字时代公共服务的不断发展完善，离不开高层次、专业化的人才作为智治

---

① 赵欣："基层社会治理数字化转型的现状及优化策略"，《湖南社会科学》，2022，(05)：80—89。

支撑。应结合各地区的人才资源基础，制定符合数字化公共服务需求的人才引进政策，适当简化外籍专家、技术人员签证流程，弥补专业技术人员不足的短板。加强对政府机构、高校、科研院所高层次人才引进、培养的资金扶持，提高科研人员的薪酬待遇，做好人才的住房、交通、医疗、子女入学等后续保障，为专业人才专注科研营造开放、包容、友好的环境与氛围，保障数字化公共服务方面专业人才的供给。

(二) 注重人才培养

切实推进数字时代公共服务专业人才的技能培训与综合素质提升，能促进其快速适应不断变化的数字公共治理大环境，为公共服务体系的建设贡献力量。相关部门应正视引进人才的思想意识落后、责任心不到位等问题，通过加强思想政治教育以及完善负面清单等形式，严肃其思想认识与工作认知。针对部分高层次人才专业技能难跟进、专业水平难提高的问题，应通过线上线下多种形式定期召开数字化公共服务领域人才交流会，邀请专家学者进行专业技能培训，鼓励参与国内、国外专业领域高层次会议，制定严格规范的工作考核指标，进一步提升高层次人才的专业技术水平。

(三) 加强人才管理

强化对专业人才的组织与管理，有助于保障其专业行为的规范、有序。应建立健全数字时代公共服务领域专业人才的信息数据库，对个人基本信息、专业领域、专业能力以及科研水平做好全面系统统计，为后续人才的组织管理夯实基础。完善对专业人才的激励、问责与容错机制，对于做出积极贡献的给予精神、物质双重激励；对于履职不当、渎职等行为进行严厉惩处；对于工作过程中出现创新性失误、探索性失误的予以合理容错。同时借助高科技手段对专业人才的科研水平进行实际测度与评估，对其个人信用情况进行严格审核与管理，强化专业人才队伍的系统建设。

四、强化数字技术应用监督管理

(一) 加强数字监管

提升常态化数字监管能力与水平，对于弥补数字使用规则空白和漏洞，保障多主体合法权益与隐私权大有裨益。应建立健全数据信息安全共享和使用机制，组建由政府职能部门、科研机构、系统开发商和技术供应商等主体共同参与的数据信息安全共享和使用审核工作组，对于社会、企业和公众提出的数据共享需求，严格按照数据安全审核制度进行审核把关，依据合理性、合法性、有限性原则进行统一授权和操作。[①] 建构详尽的权限管理、痕迹管理、保密管理等信息安全保障体系，制定敏感数据信息泄露处置应急预案。完善数据信息安全保障法律法规，对违法政策规定的数据泄露、滥用、传播等行为进行严厉惩处。强化数据信息安全监管，鼓励社会公众在享受数字化公共服务过程中，对发现的数据违法行为进行及时举报与监督。

（二）增进技术研发

加强数字化公共服务安全监管技术的研发，对于增强数字技术应用于公共服务领域的效能提升与安全保障具有重要意义。应进一步强化公共服务数据安全传输、数据安全管理以及数字系统安全保障等技术的研发，打造公共服务一体化数字安全保障系统，提升数字化公共服务信息安全防护能力与水平。完善公共服务数据信息安全保障技术及产品的研发机制，建构"观、管、防、控"一体化公共服务数据安全的监管保障体系，大力推进数字技术应用于公共服务领域的高效、稳健与安全。

关键术语

数字化公共服务 以政府为核心的公共部门、社会及市场等行为主体，基于共同的价值诉求与利益目标，借助数字化技术工具为社会成员提供公平可及的数字化公共物品和服务。

数字监管 政府、社会、市场以及公众等主体，基于数字化技术工具的信息聚合与互动功能，对政府提供的公共服务等各类行为活动进行监管，从而推进制度层面的系统性变革。

[①] 赵欣："基层社会治理数字化转型的现状及优化策略"，《湖南社会科学》，2022(05)：80—89。

专栏 11-1　"云闪兑"：依"信"升级助企惠民"快车道"

近年来，浙江省衢州市在加快推进公共服务数字化改革过程中取得了显著成效。衢州市文化广电旅游局依托文旅助企惠民"云闪兑"平台为切实助企增添了"新引擎"，为扎实惠民打通了"新渠道"。

一是助力实现政策福利快速兑现，让更多文旅企业和百姓共享改革成果。衢州市用"数据共享＋企业信用"代替材料提交，以跨部门数据碰撞代替人工审查，构建了企业信用管理及应用的闭环式管理体系。借助"政企通"平台，福利政策兑现由"一年一审，次年兑现"调整为"一单一审，即时兑现"，政府奖励兑现更及时高效。截至 2022 年 11 月，该平台已支持当地政府向相关 95 家企业主体兑付近 1300 万，对衢州市 148 家旅行社完成暂退质保金 3440 万元，务实高效的行政服务让文旅企业和相关个体商户"点点鼠标键盘"就能顺利享受政策红利。

二是为"特殊人群"提供优质服务，提升公众办事过程中的获得感、幸福感。在针对特定人群实施"免费游衢州"的优惠政策背景下，衢州市加快利用数字技术精准性的优势，基于景区预约数据和城市大脑大数据进行对比，实现对特殊身份即刻识别、优惠福利即刻享受。残障人士、献血荣誉者、省级劳模等 14 类特殊人群获得"一次验证、在线预约、一码畅通"的体验，见证了新时代数字政府、数字文化建设过程中，公共服务能力从无差别服务向精细化、智能化、个性化的重要转变。

三是依托信用体系开展政策实时兑现、预拨付制度，加快推动文旅企业复工复产。在衢州市一家旅行社负责计调工作的龚女士表示"从前交的纸质材料，手续多，还得等好几轮的复核审查，到第二年才能批下钱来，现在通过该平台可以随时上传材料，申请后很快就能拿到手，解决了我们资金周转的大难题。"衢州市文化广电旅游局局长周红燕说："升级开发该平台，就是要形成跨区域多部门协同、文旅全行业覆盖、重大场景综合应用，实现政府惠民惠企政策快速审核兑现，发挥数字化赋能文旅助企纾困和惠民利民作用。"

未来，衢州市将进一步推进完善该平台，持续更新福利政策标准，扩大支持细分业态，统筹市县全面覆盖，使公共服务数字化改革的"快车道"更加宽敞便捷。

资料来源：数字化创新实践案例，2022-11-04，https://baijiahao.baidu.com/s?id=1748574306366255893&wfr=spider&for=pc。

专栏 11-2　"总入口"游"全域"：宜兴公共服务改革成果"上新"

2020年底，江苏省宜兴市成功创建第二批国家全域旅游示范区，成为令人向往的"诗与远方"。但在疫情影响下，宜兴旅游市场受损较严重。为提振文旅企业士气，加快适应疫情背景下的智慧旅游发展等新特征，宜兴市在支付宝和微信端打造了"宜兴全域旅游总入口"，着手在深化公共服务改革方面开辟文旅服务"新生态"，做精做细"一网通办"的文章。

一是打造适应全域旅游高质量发展新格局的服务"新生态"。"宜兴全域旅游总入口"应运而生，平台依托支付宝、微信平台，面向所有市民及来宜兴游客，提供"吃、住、行、游、购、娱"的一站式服务，支撑起了宜兴市全域旅游在线上平台的统一展示和集中管理，宜兴市内各景区（点）小程序集群在该平台上也实现了互联互通，聚合增强全市文旅企业的抗风险"合力"与揽游客"引力"。同时，该平台充分发挥优势，给予各小程序独立经营、自主运营的权限，产品上新、活动创新有了更宽松的空间，收入无折扣直接进入企业账户，真正实现"政府搭台，企业唱戏"。该平台自2021年上线运行以来，已为宜兴市各类文旅企业（单位）引流超千万元。

二是开辟文旅公共服务惠民便民轻量化运营新思路。App下载使用不方便，商家入驻的积极性不高，为"企"引流、为"客"服务效果难以改善。为此，宜兴将服务平台对接到国内大众广泛使用的智能手机必备客户端上，既实现了轻量化运营，也在最大程度上发挥了线上数据平台的集约化优势。目前，该平台集中了宜兴7家文博场所、19家景区景点，"一揽子"打包了酒店民宿、宜兴文创、文旅产业统计、数字名人馆、智慧捐赠、千寻导览、全域地图等各类服务功能，并强化入口显眼标识，保障游客流畅使用，获得良好体验。

> 三是勾画新时代公共服务数字化改革统筹布局的"新蓝图"。乘着数字化快速发展的东风,政府公共服务改革正破浪而行,该平台的设计构思立足解决一系列困扰政府开展高质量公共服务的"肠梗阻"问题。2021、2022年春节假期,经由该平台,宜兴市累计发放免费门票等惠民补贴1000余万元,让就地过年的百姓更加舒心地走入景区,感受美好宜兴。此外,有了小程序集群平台,不少民营景区、小规模景区摆脱了无电子门票的窘境,宜兴市文旅经营单位的信息化水平迅速升级,每个线下点位同步在线上激活,线上线下服务"一张网"也让玩转宜兴全域的"新蓝图"绘制得更加清晰。
>
> 未来,该平台将按照"1+9+N"规划体系的蓝图进行整体推进,在强化升级1个市级全域旅游服务中心的基础上,重点打造9个乡镇旅游服务中心,不断完善其他旅游村和景区旅游服务中心,为陶都宜兴全方位展现智慧旅游的时代新貌赋能助力。
>
> 资料来源:数字化创新实践案例,2022-11-04,https://baijiahao.baidu.com/s?id=1748574306366255893&wfr=spider&for=pc。

问题与思考

1. 数字时代公共服务的双重逻辑是什么?
2. 数字公共治理下公共服务能力构成是什么?
3. 当前我国数字公共治理下公共服务面临哪些挑战?应如何应对?
4. 与传统公共服务相比,数字化公共服务有什么优势?

第十二章 数字公共治理之环境保护

> **焦点问题：**
> - 环境保护有哪些价值性和时代性？
> - 数字公共治理与环境保护之间存在哪些必然联系？
> - 数字公共治理之环境保护的相关政策及应用场景包括哪些？
> - 数字公共治理之环境保护的现实困境以及未来图景是什么？

生态兴则文明兴，生态衰则文明衰。环境保护是公共管理学的一个重要议题，也是数字公共治理的一个前沿命题。党的十八大以来，随着生态文明建设被纳入中国特色社会主义事业"五位一体"总体布局以及"污染防治"被列为三大攻坚战之一等战略举措的推进，环境保护被摆在更加重要和突出的位置上来，生态治理数字化转型成为环境保护的必然趋势。实践表明，智慧化保护和数字化治理是提高环境保护水平和绩效的有效途径，环境保护是数字公共治理一个至关重要的组成。本章节通过聚焦数字公共治理之环境保护的基本理论和实践问题，进而探究环境保护的数字化困境和前景。

第一节 环境保护的历史沿革与数字图景

一、环境保护的价值意蕴

环境保护一般是指人类为解决现实或潜在的环境问题，协调人类与环境的关系,保护人类的生存环境,保障经济社会的可持续发展而采取的各种行动的总称。环境保护的内容主要体现在四个方面。一是对自然环境的保护,包括大气、海洋、湖泊、山脉、森林等;二是对地球生物的保护,包括动物、植物、植被、濒临灭绝生物等;三是对人类环境的保护,包括涉及到人们的衣、食、住、行、玩的方方面面等;四是对生态环境的保护,包括土地退化、水土流失、风沙危害等方面。人类起源于自然,生存于自然,发展于自然,环境保护在人类社会发展当中占据至关重要的地位,这是由人与自然的内在有机联系和辩证统一关系所决定的。一方面,人与自然关系是人类社会最基本的关系。从本原上来看,人类及其所有活动都是自然界的一部分,恩格斯指出:"我们连同我们的肉、血和头脑都是属于自然界和存在于自然界之中的"。[①] 从物质上来看,人类的生存以及发展都依赖于自然界所提供的资源、环境及其他生态条件,马克思指出:"人靠自然界生活。"[②]从关联上来看,人与自然界是相互依存、相互影响、紧密联系的链条关系,人类的实践活动会对自然界产生直接和间接影响,而自然界的变化也会影响着人类的生存以及发展,正如恩格斯指出:"我们不要过分陶醉于我们人类对自然界的胜利。对于每一次这样的胜利,自然界都对我们进行报复。"[③]另一方面,人类发展与自然保护是辩证统一的关系。自然界所提供的物质、资源、环境作为劳动资料的一种,是构成生产力的基本要素,没有自然界,人类的生产活动和创造活动就失去了基础,保护环境和保护自然界也就成为保护生产力、发展生产力的必备要素。但同时,高质量的人类发展、生产力发展、经济社会发展也能为更好地保护环境以及自然界提供有力支撑,两者是一种辩证统一、相辅相成的关系。可见,环境保护与人类的生存以及发展息息相关。

二、环境保护的演进历程

环境保护是千百年来中华民族和中华儿女的共同认知,对其的科学认识经历了一个不断深化的历史过程,以领导力量为划分标准,可简要归纳为党成立以

---

① 马克思,恩格斯:《马克思恩格斯选集》第4卷,人民出版社,1995。
② 马克思,恩格斯:《马克思恩格斯文集》第1卷,北京,人民出版社,2009。
③ 马克思,恩格斯:《马克思恩格斯选集》第4卷,人民出版社,1995。

前的环境保护观、党成立以后的环境保护观和党的十八大以来的环境保护观三个阶段。第一，党成立以前的环境保护观。儒家和道家思想是我国传统文化的主流，"天人合一"的哲学思想对环境保护观念的形成影响深远，例如《庄子·达生》当中提出的"天地者，万物之父母也"[①]和《易经》当中提到的"天有天之道，天之道在于始万物；地有地之道，地之道在于生万物；人有人之道，人之道在于成万物"等观点，以及道家所持有的"天人感应""天人相通"等修行观念。这一时期的环境保护具有以农业为根本、重视人文景观以及宗教场所保护、风水考虑明显等特征。第二，党成立以后的环境保护观。中国共产党的诞生是马克思主义同中国工人运动相结合的产物，在马克思主义的指导下，党深刻认识到人类社会发展与环境保护之间的密切联系，并在新中国成立以前就"通过植树造林、兴修水利、改良耕地等手段保障和大规模发展农林牧业生产"。[②] 1972年，我国参加了联合国第一次人类环境会议，环境保护工作开始逐渐形成系统。随后，第一次全国环境保护工作会议召开，国务院成立环境保护领导小组，这一阶段环境保护的重心是"三废"处理。党的十一届三中全会以后，我国环境保护工作开始走向法治化轨道，例如1979年《中华人民共和国环境保护法（试行）》和1982年《中华人民共和国海洋环境保护法》的颁布等，这一阶段环境保护的重心是城市的工业污染防治。1983年，在第二次全国环境保护工作会议上环境保护被确立为基本国策，至1992年，我国环境保护的"三大政策"和"八项管理制度"完整确立，可持续发展战略也开始实施，这一阶段环境保护的重心是城市工业污染和城市环境的综合整治。至2011年，党对于环境保护的认识继续深化，先后首次提出"生态红线""实施主体功能区战略"等新概念以及首次作出"环境保护一票否决制""设立环境保护财政预算科目"等新举措，这一阶段环境保护的重心覆盖大气、河流、工业、农业、林业、牧业等诸多领域。第三，党的十八大以来的环境保护观。党的十八大以来，环境保护被提升到历史性高度，以习近平同志为核心的党中央提出要用最严格的制度、最严密的法治保护生态环境，生态治理力度之大，前所未有。至2022年，先后将生态文明写入宪法，将生态文明建设纳入中国特色社会主义

---

① 郭庆藩：《庄子集释》，中华书局，2013。
② 郑清英、李雅婷："中国共产党开展环境保护工作的百年历程与成就"，《经济研究参考》，2021（22）：77—92。

事业"五位一体"总体布局,制定《土壤污染防治法》《湿地保护法》等七部法律,将《大气污染防治法》《水污染防治法》《固体废物污染环境防治法》等17部法律进行修改,将生态文明建设必须遵循的基本理念、基本原则、基本制度以法律的形式确定下来,"绿水青山就是金山银山"的发展理念在全党全国范围内贯彻落实。这一时期环境保护的重心是从思想、法律、体制、组织、作风上全面发力,全方位、全地域、全过程加强生态环境保护。

三、环境保护的数字内涵

现代信息技术的快速发展推动政府行政实践的不断变革,"随着信息化浪潮在世界范围内影响力的不断增强及信息技术的迭代升级,数字政府已逐步成为推进国家治理体系与治理能力现代化的基本形态。"[1]从历史进程来看,我国数字政府建设先后经历以1993年12月10日国务院批准成立国家经济信息化联席会议为标志的信息化建设,以1999年1月22日正式启动的"政府上网工程"为标志的电子政务建设,以2019年10月党的十九届四中全会通过的《坚持和完善中国特色社会主义制度推进国家治理体系和治理能力现代化若干重大问题的决定》当中提出的"推进数字政府建设,加强数据有序共享"[2]为标志的数字政府建设三个阶段。环境保护既是国家治理体系和治理能力现代化的一个部分,也是数字政府建设的一个领域,数字化、智慧化是环境保护的必然趋势。从其概念来看,数字化环境保护是指在大数据、云计算、人工智能、网络通信等现代信息技术的支撑下,着力化解传统环境保护当中存在的信息孤岛、数据壁垒、数字鸿沟以及主体协同困境、资源协同困境、技术协同困境、功能协同困境、手段协同困境、力量协同困境的数字化、智慧化环境保护和治理形式。从其功能来看,数字化环境保护主要应用于三个方面。一是生态环境智能预警。大数据、区块链等现代信息技术的普及极大提高了与生态环境相关的数据的获取效率和质量,并

---

[1] 祁志伟:"中国数字政府建设历程、实践逻辑与历史经验",《深圳大学学报(人文社会科学版)》,2022(02):13—23。

[2] "中共中央关于坚持和完善中国特色社会主义制度 推进国家治理体系和治理能力现代化若干重大问题的决定",《人民日报》,2019-11-06。

实现了在数据处理基础上的生态环境精准预测预警。二是生态资源智能利用。资源浪费和废弃物排放是环境保护的主要难题,利用云计算、人工智能等现代信息技术的优势能够实现对生产环节的优化、资源利用率的提升等。三是生态环境智能监测。大数据、遥感卫星等现代信息技术实现了对自然环境、人类环境、生态环境和地球生物的实时监测,这对于采取预防措施、调整防治手段必不可少。从其逻辑来看,数字化环境保护主要带来了四个方面的变化。一是价值重构,数字化环境保护更符合服务型政府的建设需要,这需要更为重视人民群众的环境保护要求。二是技术重构,数字化环境保护需要打通不同环境保护主体之间的数据通道、信息通道,实现技术对接。三是能力重构,数字化环境保护需要在原有管理能力的基础上并入技术利用能力。四是模式重构,数字化环境保护需要形成纵横交织的府际协作模式、政社协同模式,培育形成环境保护共同体。

第二节 数字公共治理之环境保护的实践发展

一、数字公共治理之环境保护的政策支撑

自2019年10月党的十九届四中全会提出推进数字政府建设以来,有关数字公共治理之环境保护的相关政策相继出台,依据行政层级的不同,可简要划分为中央、省、市三个层面。第一,中央关于数字公共治理之环境保护的相关政策。包括2021年3月发布的《中华人民共和国国民经济和社会发展第十四个五年规划和2035年远景目标纲要》当中提到的要"布局建设执政能力、依法治国、经济治理、市场监管、公共安全、生态环境等重大信息系统";[1]2021年11月印发的《中共中央、国务院关于深入打好污染防治攻坚战的意见》当中提到的要"构建智慧高效的生态环境管理信息化体系";[2]2022年3月出台的《"十四五"数字经

---

[1] "中华人民共和国国民经济和社会发展第十四个五年规划和2035年远景目标纲要",《人民日报》,2021-03-13。

[2] "中共中央国务院关于深入打好污染防治攻坚战的意见",《人民日报》,2021-11-08。

济发展规划》当中提到的要"加快推进能源、交通运输、水利、物流、环保等领域基础设施数字化改造。推动新型城市基础设施建设,提升市政公用设施和建筑智能化水平";[1]2022年6月印发的《国务院关于加强数字政府建设的指导意见》当中提到的要"全面推动生态环境保护数字化转型""建立一体化生态环境智能感知体系,打造生态环境综合管理信息化平台"[2]等政策支撑。第二,各省关于数字公共治理之环境保护的相关政策。包括东部地区《江苏省"十四五"现代服务业发展规划》当中提到的要"推进大数据在智慧医疗、智慧教育、智慧城管、智慧公安、智慧交通、智慧环保等公共服务领域的运用";[3]西部地区《广西生态环境保护"十四五"规划》当中提到的要"在环保行业企业大力推进人工智能、第五代移动通信技术(5G)等新一代信息技术创新应用,扩大环保管家、园区污染防治第三方治理示范、小城镇环境综合治理托管服务模式试点范围,不断探索'互联网+'环保产业发展新模式";[4]南方地区《广东省推进新型基础设施建设三年实施方案(2020—2022)》当中提到的要"依托'粤政图'平台和省高分卫星遥感数据管理平台,推广使用土地资源、水利资源、森林资源等空间地理数据,建立全省统一的空、天、地一体化全要素生态环境监测网,实现环境质量、污染源和生态状况监测全覆盖";[5]北方地区《黑龙江省"十四五"数字经济发展规划》当中提到的要"将绿色低碳、节能环保指标作为数字化技术路线选择、设施设备选型和信息系统建设应用的关键评价指标,引导推动低资源占用和能源消耗的数字化、网络化和智能化升级"[6]等政策支撑。第三,各市关于数字公共治理之环境保护的相关政策。包括2021年11月印发的《北京市"十四五"时期生态环境保护规划》当中

---

[1] 《国务院关于印发"十四五"数字经济发展规划的通知》,中国政府网,2021-12-12。
[2] 《国务院关于加强数字政府建设的指导意见》,中国政府网,2022-06-06。
[3] 《省政府办公厅关于印发江苏省"十四五"现代服务业发展规划的通知》,江苏省人民政府门户网站,2021-07-19。
[4] 《广西壮族自治区人民政府办公厅关于印发广西生态环境保护"十四五"规划的通知》,广西壮族自治区人民政府门户网站,2022-01-14。
[5] 《广东省人民政府办公厅关于印发广东省推进新型基础设施建设三年实施方案(2020—2022年)的通知》,广东省人民政府门户网站,2020-11-05。
[6] 《黑龙江省人民政府关于印发黑龙江省"十四五"数字经济发展规划的通知》,黑龙江省人民政府门户网站,2022-03-22。

提到的要"开展'互联网＋环保'建设,不断提高生态环境数字化智慧治理水平";[1]2022年8月施行的《上海市环境保护条例》当中提到的要"强化环境治理数字化建设,要求依托'一网通办''一网统管'平台,运用大数据、物联网、人工智能等现代信息技术,加强环境监管等信息的归集、共享和应用";[2]2022年7月印发的《广州市生态环境保护"十四五"规划》当中提到的要"大力发展生物医药与健康、新一代信息技术、智能与新能源汽车、数字创意等战略性新兴产业,构建'3＋5＋X'战略性新兴产业新体系"[3]等政策支撑。

二、数字公共治理之环境保护的互嵌场景

数字公共治理与环境保护的诸多领域之间都存在着耦合与互嵌关系,能够强化大气、水、土壤、自然生态、核与辐射、气候变化等数据资源综合开发利用,基于抓大放小的原则,本节主要结合2021年11月印发的《中共中央 国务院关于深入打好污染防治攻坚战的意见》以及当前生态文明建设和生态环境保护当中存在的重点区域、重点行业污染问题进行场景介绍,主要集中在三个方面。第一,数字公共治理与"蓝天保卫战"的场景互嵌。通过利用大数据、人工智能等现代信息技术,创新"云端监控""巡查定位"和"无人机巡航"等方式,能够实现对秋冬季细颗粒物污染、秸秆禁烧管控、采暖燃煤污染的实时化、精准化和常态化的巡视与监测,提高预测预警和应急处置能力,并在数据研判的基础上科学调整大气污染防治重点区域范围。第二,数字公共治理与"碧水保卫战"的场景互嵌。数字化技术使得研发智能AI视频监控、河道水质监测、河道流速流向监测、管网监测、水质检测无人船和无人机等设备具备现实性,这对于建设智慧河道管控、智慧闸站管控、智慧水务、智慧海绵城市、分布式净水厂、内涝预报调度、智慧管网等数字系统,精准掌握水文水质、流速流向、现场实况等实时数据意义重大,

---

[1] 《北京市人民政府关于印发〈北京市"十四五"时期生态环境保护规划〉的通知》,北京市人民政府门户网站,2021-11-28。
[2] 《上海市环境保护条例》,上海市生态环境局门户网站,2022-08-01。
[3] 《广州市人民政府办公厅关于印发广州市生态环境保护"十四五"规划的通知》,广州市人民政府门户网站,2022-07-22。

能够有效实现城市黑臭水体治理、重点海域综合治理、陆域海域污染协同治理以及提升饮用水安全保障水平。第三，数字公共治理与"净土保卫战"的场景互嵌。通过数字化技术，能够实现对农用地土壤镉等重金属污染、受污染耕地和持久性有机污染物、内分泌干扰物等新污染物的全天候监测、动态化溯源与智能化防治，实现对土壤污染状况的数据化调查、科学性评估以及精准性修复的数字化支撑。

第三节　数字公共治理之环境保护的现实困境

一、国家安全方面

国家安全是安邦定国的重要基石，维护国家安全是全国各族人民的根本利益所在。2022年10月，党的二十大报告首次设立"推进国家安全体系和能力现代化，坚决维护国家安全和社会稳定"[①]专章，国家安全所面临的内涵和外延比历史上任何时候都要丰富。国家安全方面的风险是数字公共治理之环境保护的首要困境。随着大数据时代的到来，数据主权成为国家主权的主要构成，数据安全成为国家安全的有力支撑，而环境数据安全与数据安全息息相关，这是由环境数据的敏感性、公共性和指导性所决定的。第一，环境数据的敏感性。环境数据涉及国土、农业、林业、牧业、海洋、交通等诸多领域，基于数字化环境保护的科学性、有效性、准确性等考量，大数据、人工智能等现代信息技术对环境数据的抓取往往是全方位和全天候的，这其中夹杂着许多涉密数据，而技术天然的不稳定性和不完善性造成数据泄露的风险，例如"算法黑箱"等技术缺陷。这类数据的泄露容易对国家安全带来挑战和风险，例如对天气数据的分析可实现对一国气候环境的研判，进而了解一国农业、牧业等生产原料的供应情况和粮食安全的稳定程度等。第二，环境数据的公共性。现阶段，大数据、人工智能等现代信息技术

[①] "高举中国特色社会主义伟大旗帜　为全面建设社会主义现代化国家而团结奋斗"，《人民日报》，2022-10-26。

资源集中在政府和行业头部企业手中，这容易引发"环境数据垄断"等问题的出现。同时，尽管我国于2021年6月颁布了《数据安全法》，但对于环境数据的监管和立法等工作仍然不够全面和完善，这使得环境数据被侵入、篡改以及被利用从而迎合利己倾向的可能性突出。由于环境是构成生产力的基本要素，环境数据与人类社会发展息息相关，以上现象的存在严重影响着公共信息安全和公民隐私安全。第三，环境数据的指导性。数字化环境保护主要体现为基于数据的环境治理，环境数据的质量直接关系环境治理政策、措施的有效性。由于环境因素的复杂性，环境数据存在受到污染的可能性，这有可能导致环境保护手段的低效甚至无效，进而对国家安全带来风险隐患。

二、地方保护方面

数字化环境保护需要以环境数据为前提和基础，而地方保护主义的存在严重影响着环境数据的获取和质量。长期以来，我国"以牺牲生态环境换取经济增长"的现象层出不穷，这是由于特定的历史环境和经济条件所决定的。党的十八大以来，随着党中央提出要用最严格的制度、最严密的法治保护生态环境，这类问题虽得到有效遏制，但仍然有个别地区通过不报、瞒报等方式想方设法突破生态保护红线，以便继续维护或扩大地方利益，这对环境数据的获取和质量带来负面影响。一方面，地方保护主义的存在降低了环境数据获取的全面性。无论是全国性环境数据还是区域性环境数据，都需要以各地方全面、完整的数据信息为支撑，但由于地方保护主义的存在，个别地区通过垄断环境数据、减少环境数据抓取终端、阻碍环保部门监管以及与环境污染行业"共谋"等方式对环境数据的抓取造成负面影响，而关键地区和关键领域的环境数据的缺位更有带来重大环境治理风险的可能。另一方面，地方保护主义的存在降低了环境数据质量的可靠性。真实性、准确性是确保环境数据质量的基石，但由于地方保护主义的存在，个别地区通过伪造、篡改环境数据等方式对环境数据的质量造成负面影响。同时，"技术黑箱"和"算法黑箱"以及"数字避责"等问题也加剧了个别地区伪造、篡改环境数据的隐蔽性，并为个别地区的这类行为提供了技术性的"合理"外衣，致使环境数据当中的地方保护主义现象频现。

三、技术支撑方面

数字化的环境保护需要以算力算法为支撑和依托,但技术发展的不完善性和弱智能性对环境数据带来严重影响。在环境数据的算力支撑方面。环境数据具有全面性、跨越性和协同性等特征。以国家层面为例,从获取范围来看,环境数据需要覆盖全国各省、市、区(县)、街道(乡镇)甚至是社区(村)的环境信息;从获取领域来看,环境数据需要横跨国土、农业、林业、牧业、海洋、交通等诸多领域;从整合方式来看,环境数据需要在覆盖全国、横跨领域的基础上进行有机融合,这要求环境数据在抓取、处理、分析以及研判等流程方面需要具备强大的算力。但由于技术本身的不完善性以及各地相关技术发展程度的不同,环境数据的支撑算力容易在以上流程当中出现算力不足等问题,影响环境数据的可用性和可靠性。在环境数据的算法支撑方面。环境数据的处理、分析、研判是基于云计算、人工智能等现代信息技术,这类算法的优劣直接影响着环境数据的质量。由于当前的人工智能技术尚处在弱智能阶段,需要人为进行算法预设和逻辑嵌入,而自然环境、人类环境、生态环境和地球生物等环境信息又处在不断变化当中,这可能导致原有的人工智能算法难以适应动态的环境数据的处理、分析和研判需求,并有可能带来算法偏见和预测偏差等问题。

四、责任归属方面

数字技术在对环境保护实现技术赋能的同时,也容易模糊环境保护主体的权责界限,这是由数字技术本身的科学性和治理主体的"幽暗意识"所导致的。一方面,过度利用数字技术容易陷入技术中心主义理念的误区。与人的惯性思维和主观经验相比,大数据、人工智能等基于数据本身所作出分析、研判行为的现代信息技术更具有客观性和科学性,数字技术在提升环境保护效能等方面的优势明显,但这也容易诱发"数据依赖""数据万能"等问题。对于环境保护主体而言,数字技术在环境保护领域的应用既降低了人力、时间等成本,也提高了工作效率,有效实现了环境保护工作的"技术赋能"。但这容易弱化环境保护主体的主观能动性,形成凡事依赖技术、依靠技术的工作观念和作风,甚至有可能使环境保护向纯数据化、纯形式化的方向异化。事实上,环境保护是一项包括政治、经济、生态、社会等诸多领域在内的复杂性、系统性和整体性工程,大数据、人工智能等现代信息技术更多解决的是技术而非综合问题,还需要将人的主观性和技术的客观性有机结合起来。另一方面,数字技术容易滋生治理主体的"幽暗意识"。任何技术都是为人所服务的,是人的意识和思维在技术领域的映射,这使得治理主体可以通过算法预设与逻辑嵌入的方式将自身的价值与利益融入数字技术当中,并为其披上科学性的"合理"外衣。同时,由于数字技术本身仍处在不断完善和发展当中,技术自身的缺陷也容易导致环境数据的失真与无效。这两者都为治理主体利用技术推卸和逃避环境保护责任提供了可能,进而引发人与技术之间的责任归属分配问题。

第四节　数字公共治理之环境保护的未来展望

一、制度供给领域

强化数字公共治理之环境保护的制度供给是保障数据安全以及规范治理主体行为的根本支撑。近年来,从国家到地方层面在围绕数字化环境保护立法方面都有所进展,例如 2010 年 3 月水利部通过的《水利网络与信息安全体系建设基本技术要求》、2022 年 7 月工信部印发的《"十四五"大数据产业发展规划》等文件都对数字技术在环境保护领域的应用进行规定,而在地方层面,多数省市将数字化环境保护列入"十四五"时期发展规划当中。但这类制度供给往往较为宏观和宽泛,缺乏对数字化环境保护在数据安全、数据流程、数据权责、奖惩措施等方面的专门立法,可操作性不强。推动数字公共治理之环境保护的发展需要以制度理性为根本指引,实现"制度"与"技术"的有机融合,这需要从法规体系、监管体系和数据保护体系三个方面加强制度供给。在法规体系方面,要将《数据安全法》《环境保护法》和《网络安全法》等有关数字化环境保护领域的法律法规进行整合,明确环境数据全流程的行为规范准则,明确违反行为规范准则的法律责任和法律后果,确保环境数据从生成、抓取、处理、分析、存储到应用和交易均在法律的框架下运行。在监管体系方面,要构建从事前事中到事后的全过程数字化环境保护的监管体系,建立健全常态化监督机制。在数据保护体系方面,要围绕个人数据保护进行立法,明确与个人信息和个人隐私相关的环境数据的使用流程和使用范围,明确个人对涉及个人信息的环境保护数据的决定、保密、删除等权利,明确相关的法律救济形式和数据争端化解机制等。

二、协同强化领域

数字化环境保护与以往环境保护相比更具有复杂性、协同性和系统性,这是由数字技术的"去中心性"和数据的"合作性"所决定的。一方面,随着社会主义市场经济的快速发展和以市场在资源配置中起决定性作用为重大原则的供给侧结构性改革的纵深推进,头部互联网企业等市场组织和社会组织在掌握先进数字技术和系统数据资源等方面的优势明显,单纯依靠政府已经难以满足数字化环境保护的需求,需要培育形成政社互动的数字化环境保护共同体。另一方面,数字化环境保护需要以环境数据为前提和基础,这其中,环境数据的获取量是一个重要构成。这就需要打通政府部门之间、政社之间以及政民之间的环境数据通道,实现数据互联、信息互通和资源共享,更好发挥数据在环境保护当中的效能。基于此,加强数字公共治理之环境保护的协同性便显得尤为迫切和重要,具体体现为强化协同意识和推进数据协同。在强化协同意识方面,要提高全社会的数字化环境保护的参与意识,淡化政府部门的中心主义观念,将适合的数字化环境保护工作交由市场组织和社会组织承担。加强对社会主体和市场主体的引导、支持和监管,创新群众参与数字化环境保护的组织形式和制度化渠道,搭建互动多样的群众参与网络平台,培育群众的数字化环境保护参与能力。在推进数据协同方面,要推动数字化环境保护的数据共享平台和信息沟通平台的建设,畅通市场组织、社会组织、公众的环境数据向政府部门流转的通道,打破政府部门内部的数据壁垒,推动信息、数据、人才等资源向数字化环境保护领域流动,实现环境数据的互联互通和共建共享。

三、技术发展领域

推动数字技术发展是弥补缺陷、提高算力、优化算法的重要先决条件，能够在一定程度上通过完善的技术规避人性的"幽暗意识"和"数字避责思维"，提高数字化环境保护的效能，这需要加强环境数据抓取、处理、分析、存储方面的技术研发。在完善环境数据抓取技术方面，要着眼于各地区因环境数据抓取标准、格式以及参数等方面的不统一而导致无法与环境数据处理中心交互和对接这一现实困境，制定统一的传感器技术标准、数据传输技术标准和数据处理技术标准，确保各地区抓取的环境数据标准化、规范化，规避各地区在环境数据领域存在的"地方保护主义"问题。在完善环境数据处理技术方面，要着眼于环境数据被截获、篡改等技术风险，加强政府部门与数字技术先进企业的合作研发，搭建统一的环境数据处理平台，加强环境数据防病毒技术、防火墙技术、反窃取技术和防伪技术。在完善环境数据分析技术方面，要推动云计算、人工智能等数字技术的发展，并结合当前人工智能的弱智能现状，加强监管主体对环境数据分析结果的把关与核验，定期对监管主体开展数字技术专业知识培训，培育既懂技术又懂环境保护的复合型专业人才队伍。同时，在数字化环境保护技术的编码与编程方面，加强技术授权监管，提高准入标准，以规避治理主体的技术侵入行为。在完善环境数据存储技术方面，要加强环境数据加密和环境数据脱敏技术研发，提高数据读取、数据库访问、数据拷贝等技术标准，加强对操作痕迹溯源、反修改等技术的完善。

四、权责厘清领域

厘清数字化环境保护权责是规避环境保护流于形式、浮于表面的必由之路。一方面，需要厘清治理主体与数字技术之间的权责边界。基于当前数字技术本身的可修改性和不完善性，要以清单的形式将数字技术可能造成失误与偏差的领域明确下来。对于能够通过技术进行弥补的缺陷交由数字技术服务商负责，数字服务商负有相应的职能责任，对于暂时不能通过技术解决的问题实行人工纠偏和人工核查制度，纠偏人员和核查人员负有相应的监管责任。而数字技术发展较为完善和先进的领域则明确治理主体的权责清单，划清环境数据抓取方、环境数据处理方、环境数据分析方和环境数据存储方的权责边界。并引入申诉机制，对于各主体之间有争议的权责问题交由第三方进行核定，对于有可能是技术原因造成的失职失责交由专业的数字技术专家和组织认定，并及时调整和完善权责清单。另一方面，需要厘清各治理主体之间的权责边界。要按照"谁主管、谁负责"的原则，明确数字化环境保护的权责，厘清上级部门与下级部门之间、同级部门之间的权责边界。严格落实部门对分管领域环境保护风险的监管责任，要对数字化环境保护任务进行分解，落实相应地任务分配，定期对各治理主体开展项目化、清单式考核，并建立健全相应的考核以及奖惩机制。

关键术语

数字公共治理 以数字化赋能公共治理体系与治理能力为目标，政府、社会、市场以及公众等多元主体协同参与相关公共事务的制度安排和持续过程。

环境保护 人类为解决现实或潜在的环境问题，协调人类与环境的关系，保护人类的生存环境，保障经济社会的可持续发展而采取的各种行动的总称。

环境数字化治理 将大数据、物联网、云计算和信息系统等数字技术应用于环境治理的问题觉察、决策拟定、监管执法和风险预警等各个环节，从而推动环境污染损害修复和风险预防能力的提升。

专栏 12-1　UNEP：数字技术和创新如何帮助保护地球

近年来，联合国环境规划署（UNEP）在利用数字化技术推动环境保护方面取得明显成效，其具体措施主要分为四个部分。第一，开发全球空气环境监测系统（GEMS Air）用来实时跟踪全球、各个国家和地方各级的环境状况，这一系统由联合国环境规划署和瑞士技术公司 IQAir 联合运营，是世界上最大的空气污染监测网络，覆盖全球约 5000 个城市。第二，开发淡水生态系统探测器。作为联合国环境规划署、欧盟委员会联合研究中心和谷歌地球引擎之间合作的成果，它提供了关于永久性和季节性地表水、水库、湿地和红树林的免费和公开数据，并且这些数据可以使用地理空间地图进行可视化，并附有信息图表，内容包括描述长期趋势以及关于淡水覆盖的年度和月度记录。第三，建设国际甲烷排放观察站（IMEO）。该观察站旨在通过收集各种来源的数据，包括卫星、地面传感器、企业报告和科学研究，来找到甲烷排放的来源。目前甲烷观测站通过与石油公司合作，已覆盖全球30%以上的石油和天然气生产。第四，建设联合国生物多样性实验室2.0（the United Nations Biodiversity Lab 2.0）。这一实验室是联合国开发署、联合国环境规划署世界保护监测中心、生物多样性公约秘书处和Impact Observatory之间的合作项目。目前超过61个国家已经访问了联合国生物多样性实验室的数据，从而使得这些国家能够直观地看到那些能够阻挡自然灾害、储存二氧化碳等温室气体以及为数十亿人提供食物和水的自然系统。

资料来源：中国生物多样性保护与绿色发展基金会。

专栏12-2　大气污染AI小尺度溯源

2022年7月，由成都市生态环境数智治理中心上报的"大气污染AI小尺度溯源"案例，被评选为"第五届数字中国建设峰会优秀应用案例"。这一技术以"移动+固定"混合监测为感知手段，以城市气象、用地、产业、交通、生活等多源动态数据为学习基础，以大空间尺度空气质量数据为辅助，采用深度学习模型进行闭环学习和实时空气质量推断，所建立起的"动态监测+小尺度全面域计算"体系，在1千米网格层面的实时推断准确率可达到80%—90%，这能够有力为相关部门提供更加精确、时效性更高的大气质量数据。这一技术通过全域"以算代测"感知大气环境质量现状，并结合各部门提供的实时多源大数据（包括交通流量、运渣车定位、工地扬尘在线监控、工厂电力监控、在线油烟监控等），能够对局部污染的特征进行模式匹配，并对现场排查反馈结果进行闭环学习，在时空小尺度下智能匹配污染事件与污染物/行业，不断提升研判的准确度，助力实现大气环境污染溯源的科学精准。这一

> 技术以历史管控数据和污染事件作为学习样本,建立污染案例库并按照场景提取关键因子,结合其高精度全域空气质量感知和污染源大数据进行深度学习,能够对大气环境日常管控、重污染天气预警、赛事活动保障等场景的管控措施进行评估和优化,助力实现"一厂一策""一区一策""一站一策"的大气精细化管控。截至2021年11月至今,"大气污染 AI 小尺度溯源"平台已在成都市"5+1"主城区落地,持续提供大气治理智能化服务。在依托现有监测硬件条件下,平台仅在增加投入约50台移动式空气监测设备的情况下,通过深度学习和训练,打破了"人海战术"和"人盯源"的传统监管模式,有力地提升了大气环境监管能力。
>
> 资料来源:成都日报锦观新闻。

问题与思考

1. 除本章节提到的领域外,数字公共治理之环境保护的互嵌场景还有哪些?各地各领域是否已经有所实践?

2. 除本章节提到的问题外,数字公共治理之环境保护的现实困境还有哪些?各地各领域是否已经出台相应的政策或采取相应的措施进行规制?

3. 除本章节提到的展望外,数字公共治理之环境保护的未来发展还应侧重哪些方面?

4. 如何看待数据赋能环境保护与环境保护"数据陷阱"之间的关系?

第十三章 数字公共治理之政府政务

> 焦点问题：
> - 我国电子政务发展经历了哪些阶段？
> - 数字化转型如何赋能政务运行与政务公开？
> - 政府政务在数字时代面临哪些新挑战？

《中华人民共和国国民经济和社会发展第十四个五年规划和2035年远景目标纲要》提出，"十四五"时期经济社会发展的主要目标之一是"国家治理效能得到新提升"，"国家行政体系更加完善，政府作用更好发挥，行政效率和公信力显著提升"。数字时代给包括政府主体、行为模式、组织运作等在内的行政体系带来了深刻影响，政府数字化转型已成为改革的重要方向之一。

本章将首先回顾我国政府信息化的发展历程，探寻政府政务数字化转型的演进脉络；其次，从政务运行与政务公开两个方面，具体认识数字公共治理之政府政务的实践空间；再次，结合社会现实，讨论数字时代政府政务面临的新挑战，并着重分析数字形式主义的危害及其治理途径；最后，对政府政务数字化转型的深化作出展望。

第一节 政府政务转型：从政府信息化到智慧政务

改革开放以来，受到国际信息化建设浪潮的影响和国内改革发展需求的驱动，我国政府始终十分关注国家电子政务发展。回顾其发展历程，我国政府信息化已基本实现政府结构由物理碎片化到虚拟空间整体性的转变、政府管理由封闭到开放的转变、政府内部治理由部门协调到整体协同的转变、政府运行由传统的手工作业到智能智慧的转变,政府信息化正朝着智慧政务方向推进。[1]

一、早期的政府信息化

我国政府对信息化的探索始于20世纪80年代。"六五"计划提出,要在政府管理中应用电子计算机,1983年,国务院正式批准组建国家计划委员会经济信息管理办公室,负责全国经济信息管理系统建设规划和信息技术方案的制定。[2] 到"七五"时期,我国政府管理计算机化已经有了较大发展,建设了国家经济信息系统等十多个信息系统,43个部委局成立了信息中心,中央政府安装的大中型计算机达1300多台,终端有3万多个,微机超过5万台,数据库约170多个[3]。此时,之后被广泛使用的电子政务概念尚未被正式提出,我国政府信息化主要表现为办公自动化和部门信息化。

1993年底,作为对世界各地建设信息高速公路热潮的回应,我国正式启动"三金工程"建设,即"金桥工程""金关工程"和"金卡工程"。其中,"金桥工程"的目的是建立一个国家公用经济信息通信网,"金关工程"是国家对外经济贸易信息网工程,"金卡工程"又称电子货币工程,是我国金融电子化建设的一项重要内容。总的来看,这一时期的政府信息化以大型业务系统建设为主要任务,这些业务系统以"条条"的形式从中央延伸至地方,在实现信息上下贯通的同时,也为后来业务系统"烟囱林立"局面的出现埋下了伏笔。

与此同时,另一项变革也在悄然酝酿。从1994年我国正式接入国际互联网之后,国家信息基础设施与信息网络技术逐步成熟,政府与外界尤其是社会民众沟通信息的必要性愈发加强,1999年政府上网工程在全国普遍兴起,这一年也

---

[1] 汪玉凯:"数字政府的到来与智慧政务发展新趋势——5G时代政务信息化前瞻",《人民论坛》,2019(11):33—35。
[2] 黄璜:"中国'数字政府'的政策演变——兼论'数字政府'与'电子政务'的关系",《行政论坛》,2020(03):47—55。
[3] 乌家培:"我国政府信息化的过去、现在与未来",《中国信息导报》,1999(09):7—9。

被称为"政府上网年"。进入21世纪,全国政府网站建设范围延伸到乡镇级政府,并开始向社会发布政府部门信息,在发达地区,具有典型创新的电子政务模式开始涌现,我国电子政务建设即将迎来新的发展阶段。[①]

二、电子政务全面建设

经过前期发展,我国电子政务建设已具备一定基础,但部门分割、重复建设等问题也逐渐凸显,亟需从国家层面开展顶层设计。2002年8月,中共中央办公厅和国务院办公厅联合下发《国家信息化领导小组关于我国电子政务建设指导意见》(中办发〔2002〕17号,以下简称"17号文件"),明确将"电子政务建设作为今后一个时期我国信息化工作的重点",并强调这对于"加快政府职能转变,提高行政质量和效率,增强政府监管和服务能力,促进社会监督"具有重要意义。17号文件首次系统提出了我国电子政务建设的指导思想和原则,并规划了由中央和地方综合门户网站、政府内网和外网、四大基础信息库和十二个重要领域业务系统构成的"一站两网四库十二金"框架,为之后电子政务的发展明确了方向。[②]

2006年3月,国家信息化领导小组印发《国家电子政务总体框架》(国信〔2006〕2号),明确了由"服务是宗旨,应用是关键,信息资源开发利用是主线,基础设施是支撑,法律法规、标准化体系、管理体制是保障"共同构成的国家电子政务总体框架。同年5月,中共中央办公厅和国务院办公厅联合下发《2006—2020年国家信息化发展战略》(中办发〔2006〕11号),再次强调"电子政务在提高行政效率、改善政府效能、扩大民主参与等方面的作用日益显著",并提出推进国民经济信息化、推行电子政务、推进社会信息化等九项信息化发展战略重点。

在此后的一段时期内,中共中央办公厅、国家发展改革委、工信部等部门先后出台《国家信息化领导小组关于推进国家电子政务网络建设的意见》(中办发

[①] 翟云:"改革开放40年来中国电子政务发展的理论演化与实践探索:从业务上网到服务上网",《电子政务》,2018(12):80—89。

[②] 黄璜:"中国'数字政府'的政策演变——兼论'数字政府'与'电子政务'的关系",《行政论坛》,2020(03):47—55。

〔2006〕18号)、《电子文件管理暂行办法》(中办国办厅字〔2009〕39号)、《关于加快推进国家电子政务外网建设工作的通知》(发改高技〔2009〕988号)、《国家电子政务"十二五"规划》(工信部规〔2011〕567号)等多项文件,对电子政务建设中的信息共享、统筹协调、安全保密、标准规范等问题作出了进一步明确,为电子政务发展提质增效奠定了良好基础。

三、智慧政务初露端倪

十八大以来,伴随着信息技术的不断发展与经济社会的数字化转型,我国政府始终高度重视信息化和电子政务发展,电子政务已成为实现国家治理体系和治理能力现代化目标的重要条件,并且内涵日益丰富,由最初的"业务上网"逐渐扩展到"服务上网"。[①] 尤其是在我国提出"互联网＋"行动计划之后,"互联网＋政务服务"被数次写入国务院《政府工作报告》,成为电子政务领域的新热点。

围绕政务运行效能提升,国家发展改革委进行了一以贯之的规划部署。2012年,《"十二五"国家政务信息化工程建设规划》(发改高技〔2012〕1202号)出台,改变了过去以部门为导向的建设思路,构建起以政策问题为导向、跨部门协同治理的新架构,强调要实现从过去注重业务流程电子化、提高办公效率,向更加注重支撑部门履行职能、提高政务效能、有效解决社会问题转变。[②] 在《"十三五"国家政务信息化工程建设规划》(发改高技〔2017〕1449号)中,进一步强调要"坚持把推进国家治理体系和治理能力现代化作为政务信息化工作的总目标","统筹构建一体整合大平台、共享共用大数据、协同联动大系统,推进解决互联互通难、信息共享难、业务协同难的问题"。到《"十四五"推进国家政务信息化规划》(发改高技〔2021〕1898号),数字化转型与数据赋能更加受到关注,提出"要加快转变政府职能,加强新技术创新应用,推动政府治理流程再造和模式优化,不断提高决策科学性和行政效率","到2025年,政务信息化建设总体迈入以数

[①] 翟云:"改革开放40年来中国电子政务发展的理论演化与实践探索:从业务上网到服务上网",《电子政务》,2018(12):80—89。

[②] 黄璜:"中国'数字政府'的政策演变——兼论'数字政府'与'电子政务'的关系",《行政论坛》,2020(03):47—55。

据赋能、协同治理、智慧决策、优质服务为主要特征的融慧治理新阶段。"

在这一时期,伴随着政务微博、政务微信和政务小程序的出现与发展,我国也对数字时代的政务公开问题进行了针对性部署。2016年印发的《关于全面推进政务公开工作的意见》(中办发〔2016〕8号)提出,要"积极运用大数据、云计算、移动互联网等信息技术,提升政务公开信息化、集中化水平","充分利用政务微博微信、政务客户端等新平台,扩大信息传播,开展在线服务,增强用户体验"。2018年,国务院办公厅印发《关于推进政务新媒体健康有序发展的意见》(国办发〔2018〕123号),再次明确要"积极运用政务新媒体传播党和政府声音,做大做强正面宣传,巩固拓展主流舆论阵地。围绕中心工作,深入推进决策公开、执行公开、管理公开、服务公开、结果公开"。

第二节　数字公共治理之政府政务的实践空间

政府的有序运行有赖于及时、准确、全面的信息,数字时代的到来为信息获取、传递、分析提供了更加高效的工具,为政府实现用数据说话、用数据决策、用数据管理、用数据创新奠定了基础。《国务院关于加强数字政府建设的指导意见》中提出,要"加快推进数字机关建设,提升政务运行效能""推进公开平台智能集约发展,提升政务公开水平",本节将以此为线索,从政务运行与政务公开两方面讨论数字公共治理之政府政务的实践空间。

一、提升政务运行效能

2020年1月,习近平总书记在十九届中央纪委四次会议上发表重要讲话,强调要"形成决策科学、执行坚决、监督有力的权力运行机制"。基于决策、执行与监督进行专业化分工,既是复杂政务活动提高效率的必然要求,也是维护公共利益的基本制度保障。[①] 政府数字化转型所带来的政务运行效能提升也需从这三方面出发进行观察。

(一) 提升辅助决策能力

信息是决策之本。如今,经济社会形势日益复杂,公民诉求也愈发多元,随着乌卡时代(volatile, uncertain, complex, ambiguous, VUCA)的到来,在复杂而不确定的风险环境中作出决策将成为新的常态,传统长周期、封闭式的决策模式已经难以适应新时代的政务运行需求。以大数据为代表的新一代信息技术有助于解决由于数据不足、失真、迟滞等导致的决策失误,从而在动态监测、统计分析、趋势研判、效果评估、风险防控等多场景下全面提升政府决策科学化水平。

从决策依据来看,大数据实现了从小样本到全样本的突破,能够为决策者提供反映事物全貌的巨量数据,并且能够通过对多源数据的交叉融合,验证数据的真伪,为科学决策提供坚实基础;从决策时效来看,基于物联网的数据采集、基于5G的数据传输与基于人工智能的数据分析共同作用,能够帮助决策者实现秒级响应,大大提升决策的及时性和针对性;从决策方法来看,通过将经验式决策转向数据化决策,能够提升决策的客观性,避免决策者因经验或能力不足而作出不适当的决策;从决策主体来看,社交媒体、移动互联网等信息技术的发展为公众发表意见提供了便捷的途径,使政府决策能够更好地反映公众诉求,政策供给也能够持续适应社会与科技进步。[②]

(二) 提升行政执行能力

高效的执行是确保科学决策能够取得实效的关键,然而,在科层制体系下,由于部门之间、人员之间的信息不对称,行政执行的过程常常陷入重复劳动、资源浪费、执行低效的困境。数字机关建设通过打破数据壁垒、创新执行方式,有助于提升政府执行力与机关运行效能。

从组织内部来看,借助合理的自动化系统,政府可以减少人工操作,节省公

[①] 陈国权,谷志军:"决策、执行与监督三分的内在逻辑",《浙江社会科学》,2012(04):27—32+155—156。

[②] 冯锋:"大数据提升国家治理决策水平的逻辑探析",《东岳论丛》,2022(06):149—155+192。

务人员的工作时间，节约有限的财政资金。[①] 在国家层面，国家机关事务管理局、国务院办公厅电子政务办公室联合印发《机关事务信息化工作"十四五"规划》，全面推进机关事务管理流程再造、服务模式优化、保障能力提升。在地方层面，浙江省于 2022 年 4 月发布了全国机关事务领域首个数字化建设省级地方标准《数字机关事务建设指南》，明确了数字机关事务建设总体架构、系统应用、运行保障等内容，其他多地政府也在积极探索数字机关建设。

从组织整体来看，技术的创新应用有助于在不改变现有组织结构的情况下，为部门间的信息交换与业务协作提供便利，从而提高资源配置与行政执行效率。更进一步地，数字技术能够与政府改革共同作用，形成随需而变的业务流程和跨部门协作的工作环境，实现对既有资源的优化配置。

专栏 13-1　宁波市鄞州区的"基层一表通"实践探索

说起基层干部的工作状态，人们常用"上面千条线，下面一根针"来形容。不少社区工作者常常为应对每月的报表，制作各类台账而感到不堪重负。

宁波市鄞州区纪检监察组织围绕基层减负目标，开展专题监督，定期收集"基层点、上级改"事项，针对行政村、社区普遍反映的同一工作内容重复填报、多头申报问题，按照职能性质进行归类统计，发现可重复使用的信息类型多达 34 种。

"基层使用的系统、填报任务是各部门从自身业务出发，为部门工作需要服务的，没有真正从社区、社工角度建设的系统。"鄞州区纪委监委在调研后表示，"要让社工从依靠人力比对、分析、统计大量数据的原始工作模式中解放出来，让社工有更多时间开展居民的精细化服务。"

鄞州区纪委监委将发现的问题向区委进行专题报告，督促相关职能部门以数字化改革为契机，破解基层"多头报、重复报"难题。于是，由区大数据发展服务中心牵头，联合多个职能部门，开发搭建"基层一表通"系统，其中"一键报表"解决录入繁复问题，基层减负专题数据库实现基层数据"基层一表通"。

[①] 北京大学课题组，黄璜："平台驱动的数字政府：能力、转型与现代化"，《电子政务》，2020(07)：2—30。

> 原本,围绕"新冠疫苗接种"这项工作,社区定期需要统计五六张不同类别的表格,而这些一手数据分散在各疫苗接种方舱医院和社区居民手中,社区干部的获取渠道窄、信息不对称。但随着"基层一表通"系统的开发升级,情况大为改观。系统新设的"疫情防控"应用板块,让获得权限许可的工作人员可以轻松查询到本社区内居民疫苗接种完成情况、各剂次接种预约情况、往返中高风险地区居民的详细住址等,变"人工核查"为"智能校准",从根本上实现社工减负增效。
>
> 资料来源:"鄞州:'基层一表通'让基层干部轻装上阵",浙江省纪委省监委网站,2022-04-07,http://www.zjsjw.gov.cn/gongzuodongtai/dangzhengdangfeng/202203/t20220330_5843047.shtml。

(三) 提升行政监督水平

切实有效的监督是使行政权力规范运行、政令通畅的保障,也是提升政府公信力的必然要求。但是,由于作为监督对象的行政系统往往掌握更多的专业信息,作为监督主体的公众、上级部门、监察部门等与监督对象间的信息不对称容易导致内部监督的执行困难和外部监督的失灵。数字时代的技术赋能为提升行政监督水平提供了新的思路。

从行政权力运行中的信息生产来看,对行政系统进行信息化改造,一方面可以通过优化、细化、固化工作流程和审批环节,实现权力运行的处处留痕,从源头上产生威慑力;另一方面可以通过系统自动分析、及时推送和公开发布,减少被监督者的操作空间,并且降低监督成本。[①] 贵州省贵阳市从2015年开始探索建设"数据铁笼"工程,运用大数据技术打造约束权力的笼子,在行政流程评估优化、行政审批风险预警、岗位履职监督评价、规范行政权力行使等方面取得了一定成效。

从监督的实现途径来看,"互联网+督查"机制的优化完善为多元主体协同、提升督查效能提供了平台。2019年4月,国务院"互联网+督查"平台正式上线,面向社会征集政府及其有关部门、单位不作为慢作为乱作为等四类问题的线

---

① 北京大学课题组,黄璜:"平台驱动的数字政府:能力、转型与现代化",《电子政务》,2020(07):2—30。

索。该平台的工作机制可以概括为:"督查线索网上收集,线上线下协同督办,督查结果快速反馈,政情社情智能研判",即通过网站和客户端,直接征集来自群众的反映、意见和建议,对于这些线索,既有线下的督办,也有线上转办,督查得出结论以后,第一时间在互联网上向社会公众公布,也向反映问题的群众进行反馈,并且,利用大数据和人工智能技术进行汇总分析,可以发现一些系统性、趋势性的问题,发挥督查预警和辅助决策的作用。①

> **专栏 13-2 "数据铁笼"让公权力"阳光"运行**
>
> 贵阳市从 2015 年开始建设"数据铁笼",截至 2019 年 12 月,全市通过"数据铁笼"工程监管的行政权力和服务事项数量达到 3942 个,查找风险点 4589 个,工程运行中累计产生数据约 41.54 亿条,预警推送异常信息约 298.69 万条,通过"数据铁笼"监管发现的问题总数约 263.72 万条。"数据铁笼"主要成效体现在以下方面:
>
> 对行政流程进行评估优化。原贵阳市国土资源局实施数据铁笼工程后,实现了不同环节数据的相互印证,同时也压缩了审批流程 13 项,简化了审批流程 7 项,实现了流程再造,大大提高了办事效率,最大程度遏制了权力寻租的空间。
>
> 对行政审批进行风险预警。原贵阳市城乡规划局数据铁笼对行政审批进行全流程监管,形成了联合监督和多方预警的风险防控机制。截止 2019 年 4 月底,通过规划"数据铁笼"平台结件数量为 62523 件,风险预警 7487 次,审批效率由 2014 年的 57% 提升至 2019 年初的 91.55%,总风险率为 19.92%,风险系数为 1.99,风险处置率为 90% 以上。
>
> 对岗位履职进行监督评价。贵阳市纪委监察局通过数据铁笼建设,探索了纪检监察干部监督工作的新思路,实现日常任务项目化管理,用任务时限、难度系数、评价评分等方法精准控制和度量工作效率与质量。贵阳市公安交

---

① "国务院'互联网+督查'平台产生了哪些成效",中国政府网,http://www.gov.cn/xinwen/2020-12/30/content_5575241.htm。

> 通管理局建立民警个人诚信档案"数据核查"机制,在助推民警遵纪尽职、规范执勤执法方面真正起到积累和养成的作用。
>
> 对行政权力行使进行规范。公安交通管理局"数据铁笼"针对非法查询公民信息入刑的情况,开展了对公安民警数字证书使用查询大调查,短期内有效解决了口令管理混乱、数字证书适用不规范等问题。通过数据关联,及时发现和纠正没有使用执法记录仪的情况,执法记录仪得到广泛使用,规范执法过程。
>
> 资料来源:"贵阳:'数据铁笼'让公权力'阳光'运行成效明显",天眼新闻,https://baijiahao.baidu.com/s?id=1678000387190016066&wfr=spider&for=pc。

二、提升政务公开水平

我国的政务公开制度萌芽于 20 世纪 80 年代的村务公开,并在 21 世纪正式确立完善。在这一过程中,互联网为政务公开提供了重要支撑,形成了以门户网站为公开政府信息第一平台的多元信息公开渠道。[①] 随着数字政府转型深化,其在优化信息发布方式、拓展信息传播渠道、增进政民互动水平方面的作用日益凸显。

(一) 优化信息发布方式

随着时代发展,传统由政府主导的、"展板式"的信息发布方式愈发难以适应公众日益增长的信息需求,通过优化政策信息数字化发布,能够为公众提供更加准确和智能的信息服务。

在信息组织环节,通过采用数字化手段,能够将来自不同层级、不同部门、不同时间的政策文件进行汇总整合,同时实现基于不同维度的信息组织与检索,便于使用者了解政策的出台背景与适用情况等。此外,借助于信息化平台,政策的修订、失效等变化情况能够更及时地被展示出来,尤其是在公共危机应对等特殊情况下,政策文件发布密度大、内容更新快,此时,完善的政务公开平台能够为公

[①] 马怀德:"政府信息公开制度的发展与完善",《中国行政管理》,2018(05):11—16。

众提供及时准确的信息,从而提升全社会危机处置效果。

在信息提供环节,政府部门可以利用人工智能技术对多源数据进行挖掘,从中识别公众关注的热点问题与不同类型服务对象的行为特点,同时结合公众授权提供的个人信息与历史数据等,实现政策信息和服务的智能推送,变"人找政策"为"政策找人"。

(二) 拓展信息传播渠道

长期以来,政府门户网站一直是我国政府信息公开的主要渠道,但是随着社交媒体的兴起与移动互联网的发展,公众上网习惯正在逐渐转变。根据中国互联网络信息中心发布的第52次《中国互联网络发展状况统计报告》,截至2023年6月,我国网民使用手机上网的比例达到99.8%。在这种情况下,政务新媒体在政务公开中的重要性愈发凸显。

2018年12月,国务院办公厅印发《关于推进政务新媒体健康有序发展的意见》,指出"政务新媒体是移动互联网时代党和政府联系群众、服务群众、凝聚群众的重要渠道,是加快转变政府职能、建设服务型政府的重要手段,是引导网上舆论、构建清朗网络空间的重要阵地,是探索社会治理新模式、提高社会治理能力的重要途径"。通过构建政务新媒体矩阵,开发适应不同类型平台的政策解读产品,有助于形成整体联动、同频共振的政策信息传播格局。

(三) 增进政民互动水平

随着我国加快建设服务型政府,为公众办事提供便利、更好回应公众诉求成为政府工作的重中之重,政务公开也在探索从单向发布走向灵活互动。数字化转型能够为这一互动过程的实现提供坚实的技术支撑,并且通过更敏锐的感知实现对公众关切的及时回应。

以贵阳市南明区为例,该区在2020年9月上线了"南明区基层政务公开综合应用服务一体化平台",在梳理目录、编制制度的基础上,建设了功能完备、管理高效、服务全面、多端互联、数据同源的9个平台应用,依托该平台,通过对公众浏览情况、检索、互动信件、依申请公开等各类数据的对比分析,自动生成政务公开的常见问题知识库目录,实时更新知识库体系,快速契合用户需求,全面提升用户体验。与此同时,利用绩效考评系统和政务公开健康度可视化平台,形成了基层政务公开工作全链条闭环管理,全方位预警管控各项工作落实情况及内容质量情况,有力提升了政府部门的治理能力和管理水平。①

> **专栏 13-3 新版"首都之窗"百余事项即搜即用**
>
> 2019 年 11 月 1 日,北京市政府门户网站"首都之窗"新版上线,针对此前网民反映政府网站信息不好找、交流回应不及时、登录访问不便捷、办事服务不顺畅等问题,此次改版引入了人工智能、大数据分析、机器学习等技术,着力强化"一网通查、一网通办、一网通答"三大功能,提供便民快捷、智慧友好的服务。
>
> 百余高频事项一键获取。新上线的一体化智能搜索平台汇聚北京所有市级部门网站海量权威信息资源,关联了 200 多个办事系统入口,市级单位名片 70 余个,聚合政务服务地图数据 2 万多条,聚类展现集办事指南、办事入口、法规文件、政策解读、智能问答、办事地图等信息于一体的搜索结果,在全国政府网站中率先推出场景化主题搜索服务,实现"即搜即用、一键获取"。
>
> "智能问答"读懂网民需求。智能搜索平台引入了业内前沿搜索理念、先进搜索技术及海量搜索资源,开发出了模糊检索、搜索词拼音转化、错别字自动纠正等功能,能够结合搜索热点提供热搜词推荐、搜索词下拉提示等,相当人性化。平台还构建了"百姓体"词库,通过语义分析技术实现市民通俗语言与政府文件语言的转换识别,强化搜索过程中的语义理解能力和智能感知能力,"读懂""猜对"群众需求,实现"所搜即所想、所得即所需"。
>
> 政府网搜索结果"因人而异"。智能搜索平台采用大数据和行为分析技术,对搜索结果进行差异化排序,为用户精准推荐专属搜索内容,实现"因人而异、因人制宜",更好地满足网民的信息需求。
>
> 咨询类答复压缩到 1.5 天。新改版的北京市政府门户网站一体化互动交流平台开设了网上政民互动统一入口,集中接收企业群众网上咨询、建议、

---

① 高艳飞:"构建开放透明的政务服务",《当代贵州》,2020(44):54—55。

投诉等,实现统一调度、实时转办、限时办结、统一反馈、全程跟踪、监督评价。测试运行期间,咨询类留言平均办理时长 1.5 个工作日,较以前压缩了 85%,答复满意率超 90%。

资料来源:"新版'首都之窗'百余事项即搜即用",新京报,http://www.gov.cn/xinwen/2019-12/09/content_5459616.htm?_zbs_baidu_bk)

第三节 数字公共治理之政府政务的新议题

如今,数字化浪潮已经席卷国家治理体系的方方面面,其积极价值毋庸讳言。但是,随着政府运作过程的数字化转型加速深化,技术"异化"现象也有所显现,政务平台"僵尸化"、新冠抗疫"表格化"、日常工作"微信化"、征求意见"水军化"、线上学习"枪手化"等数字化形式主义问题层出不穷,[①]引发了各界对于数字技术究竟是增强还是减弱了行政运行效率的质疑,也成为政务数字化转型实现进一步发展所必须解决的问题。

一、数字形式主义的主要表现

数字形式主义,也被称为智能官僚主义、指尖形式主义、留痕主义等,是形式主义在数字时代的新变种、新苗头,是政府数字化转型目标与结果的偏离。根据学者总结,当前媒介报道和学术论文中对数字形式主义的批评涉及政府信息化过程中的建设、运维以及功能指向等不同维度。[②]

在建设方面,当前普遍存在政务 APP、公众号等分散建设、多头建设的问题,基层工作人员往往还需要面临手机中泛滥的 QQ 群、微信群,而这些不同的

[①] 陈新:"注意力竞争与技术执行:数字化形式主义的反思及其超越",《社会科学战线》,2021(08):229—234。

[②] 李晓方,谷民崇:"公共部门数字化转型中的'数字形式主义':基于行动者的分析框架与类型分析",《电子政务》,2022(05):9—18。

渠道和平台在功能上往往存在交叉和重叠,由此导致信息的重复录入、多头报送,基层工作人员有限的时间被进一步挤占。浙江省纪委督导调研组在某乡镇察访时统计,每位干部的手机上普遍装有七八个工作 APP 和 20 多个工作类微信公众号,而有杭州市的社区干部反映,仅走访群众一块内容,就要在民政、某综治 APP、某智慧平台等三个地方录入数据,每天录入的内容几乎相同,信息平台已经成为基层工作的新负担。①

在运维方面,许多地方的政务 APP 与公众微信号都是一建了之,缺乏持续的投入和运营,信息系统空壳化,微信公众号长期不更新,更遑论对公众留言进行及时回复。部分地区尽管在系统运维上投入大量资金,但由于对平台的定位不清、认识不明,信息化建设仍然流于表面。据调研,东部沿海发达地区某个县仅政务微信平台就有 59 个,均由第三方负责运营,每年管理费用近 300 万元,而实际效用却仅为每周两至三次的文章发布,每篇文章的阅读量屈指可数,严重浪费政府资源。②

在功能指向方面,数字形式主义表现为过程导向和过度展示。其中,过程导向指的是政府管理过程中,因重视以过程数据为主的绩效指标而导致的过度留痕。过程留痕原本是数字化转型的优势之一,然而,超过应有限度的留痕不仅对实际工作毫无意义,反而需要消耗基层工作人员的大量精力,甚至助长虚假漂浮的工作作风。过度展示则是另一种重宣传而非效果的数字形式主义,在数字化这一新的信息空间中,出现了"干得好不如晒得好"的情况,还有一些工作群成为了"夸夸群",丧失了其原本作为高效交流空间的价值。

二、对数字形式主义的治理

数字形式主义不仅导致基层工作人员负担加重、脱离群众,还容易助长弄虚

---

① "一个手机装十几个政务 APP,基层干部看晕了",《人民日报》,https://baijiahao.baidu.com/s?id=16158936914280926928&wfr=spider&for=pc。

② 陈新:"注意力竞争与技术执行:数字化形式主义的反思及其超越",《社会科学战线》,2021(08):229—234。

作假的不良风气,消解政府公信力。① 针对这一现象,党中央进行了一系列部署,其中既包括对行政过程的赋能,也包括对基层工作人员的减负。

2017年12月,习近平总书记就新华社一篇《形式主义、官僚主义新表现值得警惕》的文章作出重要指示。2018年9月,中央纪委办公厅发布《关于贯彻落实习近平总书记重要指示精神集中整治形式主义、官僚主义的工作意见》,明确了重点整治的四个方面12类突出问题,其中就包括"政务服务热线、政府网站、政务APP运行'僵尸化'",该意见同时明确了9条具体举措,以确保集中整治工作取得实效。

2019年3月,中共中央办公厅印发《关于解决形式主义突出问题为基层减负的通知》,提出要"加强计划管理和监督实施,着力解决督查检查考核过多过频、过度留痕的问题","不得以微信工作群、政务APP上传工作场景截图或录制视频来代替对实际工作评价"。此后,中央层面整治形式主义为基层减负专项工作机制办公室印发了《关于进一步规范移动互联网应用程序整治指尖上的形式主义的通知》,并采取了一系列专项整治行动。

2021年上半年,我国各地各部门重点清理面向党政机关和基层干部的"僵尸类""空壳类"移动互联网应用程序,整合多头重复的程序,纠治强行推广、滥用积分排名等问题,并对各类公众号、微博账号进行清理,取得了显著成效。以武汉市为例,当地市委办公厅牵头成立工作专班,组织全市98个区和市直部门对移动互联网应用程序开展"全面体检",重点对160个办公类、管理类、学习类应用程序进行整治,精简应用程序32个,降幅达20%。②

第四节 探索与展望

我国电子政务历经40余年发展,已经成为国家治理现代化的重要支撑。在《2022年联合国电子政务调查报告》中,我国电子政务发展指数排名全球第43

---

① 张紧跟:"警惕'互联网+政务'披上形式主义外衣",《人民论坛》,2019(25):39—41。
② 孙少龙,王琦,高蕾:"除'指尖'之苦 减基层之负",《人民日报》,2021-06-21。

位,属于非常高水平,其中在线服务维度排名全球第 13 位。① 但与此同时,也应当认识到,政府数字化转型的进一步深化,既要应对条块分割痼疾的制约,也面临着数字形式主义等新挑战,必须从理念、数据、平台、人员等多维度共同发力,切实提升数字时代的政府行政效能。

理念维度。我国数字政府在实现快速发展的同时,也长期面临着重硬轻软、重建设轻应用的问题,一些地区甚至陷入了技术决定论的误区,既导致了资源浪费,也降低了政府公信力。事实上,无论是电子政务还是智慧政务,其核心都在于政务。因此,政府在探索数字化转型时,应当时刻牢记以人为本的发展理念,始终把满足人民对美好生活的向往作为数字政府建设的出发点和落脚点,将人民群众的获得感、幸福感与安全感作为数字政府建设成效判断的根本标准。

数据维度。数据是政务运行的"血液",早在 1997 年召开的第一次全国信息化工作会议上,就提出了信息化建设的"统筹规划,国家主导;统一标准,联合建设;互联互通,资源共享"二十四字指导方针,②但由于各方面因素制约,与智慧政务相适应的全方位、多形式、多层次的扁平化数据管理模式仍未建立起来。③ 当前,我国多地已经成立了政府数据管理机构,有必要进一步明确其定位、发挥其职能,厘清政务数据的归集、管理与使用权限,切实发挥政务数据的驱动与增益价值。

平台维度。为了应对传统数字政府建设和运行中存在的需求侧资源分散化、供给侧生产"作坊化"现状,有学者在总结国内外实践经验的基础上,构建了符合我国实际的"平台驱动的数字政府"框架,通过充分挖掘政府部门管理与服务中的业务共性,实现技术融合、业务融合和数据融合,形成跨层级、跨地域、跨系统、跨部门、跨业务共享的"数字政府基础设施"以及在数字政府基础设施上形成的应用程序。④ 这一模式已经在浙江等地的实践中发挥了积极作用,尤其有

---

① "E-Government Survey 2022: The Future of Digital Government", https://desapublications.un.org/sites/default/files/publications/2022-09/Web%20version%20E-Government%202022.pdf.
② 黄璜:"中国'数字政府'的政策演变——兼论'数字政府'与'电子政务'的关系",《行政论坛》,2020(03):47—55。
③ 杨书文:"我国电子政务建设:从不平衡低水平向一体化智慧政务发展——以 36 座典型城市为例",《理论探索》,2020(03):86—95。
④ 北京大学课题组,黄璜:"平台驱动的数字政府:能力、转型与现代化",《电子政务》,2020(07):2—30。

利于满足应急等复杂情境下的政府运行需求。

人员维度。广大领导干部和公务员既是数字政府的建设者，也是各类政务信息系统的使用者，其数字素养的提升对于地区数字化发展具有重要意义。2021年10月，中央网络安全和信息化委员会印发《提升全民数字素养与技能行动纲要》，明确将"提升领导干部和公务员数字治理能力"作为主要任务之一，提出要"加大领导干部和公务员信息化培训力度"，"引导领导干部和公务员运用网络了解民意、开展工作，提升学网、懂网、用网的能力"。

关键术语

电子政务　电子政务的概念内涵比较丰富，可将其理解为政府运用信息与通信技术来在线地向利益相关者提供信息和公共服务。

数字机关事务　将数字化理念和数字技术应用到机关事务工作的全过程、全领域，推进机关事务的管理流程再造、服务模式优化、保障效能提升，形成机关运行保障新模式。

政务公开　是全国范围内行政机关和法律、法规、行政规章授权或委托组织就自身机构设置、法律依据、权力运作以及管理情况依法向社会发布，并接受其参与和监督的过程。

数字形式主义　指政府部门凭借着电子化政务、信息化管理、线上台账管理、数字化指挥等形式和手段，造成具有脱离群众、漠视现实、陷入作秀等典型特征的形式主义现象。

问题与思考

1. 如何理解电子政务和数字政府的关系？
2. 数字化转型如何促进政府行政效率和公信力的提升？
3. 为何会出现"数字形式主义"？在数字时代，政府行政还面临哪些新的挑战？如何应对？

第十四章 数字公共治理之应急管理

> 焦点问题：
> - 我国数字化应急管理的基本内涵是什么，经历了哪些演进过程？
> - 应急管理基础设施的数字化建设与应急管理工作的数字化建设之间存在哪些不同？
> - 如何理解数字化应急管理的体系与能力构成？
> - 当前我国数字化应急管理建设面临的具体挑战及应对之策有哪些？

以数字化引领和推动应急管理业务转型升级和高质量发展是当前我国应急管理的重要战略任务。近些年，随着物联网、大数据、AI、云计算等新技术的不断推陈出新，我国应急管理工作踏上了快速数字化建设的进程，呈现出蓬勃发展态势。2022年在国务院印发的《"十四五"国家应急体系规划》（以下简称《规划》）中指出，要强化信息支撑保障，广泛吸引各方力量共同参与应急管理信息化建设。提出到2035年，全面实现依法应急、科学应急、智慧应急，形成共建共治共享的应急管理新格局。该《规划》为保障数字时代的应急管理建设，特别是数字化应急建设工作的全面推进，进行了全面的科学规划布局，明确了发展方向，为建立与实现现代化相适应的中国特色大国应急体系提供了政策支撑和保障。本章将围绕数字时代的应急管理作一介绍，重点阐述数字时代我国应急管理的发展演进、体系建设、能力要求、现实挑战和对策建议。

第一节 数字公共治理之应急管理

一、应急管理的内涵与发展

在我国具体实践中,应急管理的内涵与突发事件有紧密联系,通常将其作为一门专门以"突发事件"为对象,探询事件发生、发展规律并系统防范和应对的科学。所谓"突发事件",在《中华人民共和国突发事件应对法》中,是指突然发生,造成或者可能造成严重社会危害,需要采取应急处置措施予以应对的自然灾害、事故灾难、公共卫生事件和社会安全事件。因此,依据法律界定,我国的应急管理实际是为了应对突发事件而开展的管理活动,旨在保障公共安全,避免或减少因突发事件所造成的生命、财产损失和社会失序。然而,从学术概念上而言,"应急管理"与"突发事件管理"却存在一定的差异性。一方面,应急管理的对象不仅包括具体显现的、已经发生的突发事件,还包括挑战正常的社会运行秩序,对公共利益、公共安全构成威胁的非均衡状态;另一方面,应急管理的过程也绝不仅限于在突发事件发生后的处置与救援,其贯穿于突发事件管理的事前、事中、事后的全生命周期。从这个意义上而言,应急管理的内涵要大于"突发事件管理",其主要指政府及其他公共机构在突发事件事前、事发、事中、事后全过程中,采取预防与应急准备、监测与预警、应急处置与救援、恢复与重建等一系列必要措施,保障公众生命财产安全,促进社会安全发展的有关活动。[①]

新中国成立以来,党和国家高度重视应急管理工作,不断完善应急管理体制机制、健全应急法治体系建设、强化应急预案管理,应急处置能力显著提升,在防灾减灾救灾、安全生产、公共卫生、社会安全等领域取得显著成效。我国应急管理体系在七十多年的改革发展历程中,也逐渐在部门分类管理的基础上,不断朝着跨部门、跨灾种、跨区域的综合型管理体系迈进。[②] 总体上,我国应急管理事

[①] 乔仁毅、龚维斌:《政府应急管理》,国家行政学院出版社,2014。
[②] 刘一弘、高小平:"新中国70周年应急管理制度创新",《甘肃行政学院学报》,2019(04):4—13。

业的发展可以划分为三个阶段:第一阶段是新中国成立到 2003 年之前,该阶段我国应急管理呈现出"分部门单灾种应对"的特点,即按照不同灾种单独设置救灾机构,抗灾救灾职能分别隶属于多个职能部门,形成了由各部门独立负责各自管辖范围内应急工作的管理体制。在这种体制下,应急管理工作较为关注灾后的抗灾和救灾环节,针对特定灾种的管理专业化程度较高,各相应职能部门在垂直管理上也比较完备,上下指挥畅通;其缺点在于分部门管理体制容易导致职责交叉、权责不清、条块分割、各自为战、协调不足、资源分散。第二阶段是从 2003 年到 2017 年,我国建立了以"一案三制"为核心内容的应急管理体系。这主要源于 2003 年我国经历了一场由"非典"疫情引起的突发公共卫生事件,成为我国应急管理改革的重要转折点。抗击"非典"疫情胜利之后,我国逐步建立了以应急预案、应急管理体制、机制和法制为核心的应急管理体系。2006 年,国务院办公厅专门设立应急管理办公室,承担国务院应急管理的日常工作和国务院总值班工作,履行值守应急、信息汇总和综合协调职能,发挥运转枢纽作用。随后全国各省、市(县)政府成立相应的应急管理办公室,全国上下形成了"统一领导、综合协调、分类管理、分级负责、属地管理为主"的应急管理体制,我国应对突发事件的能力全面提升。第三阶段是自 2018 年之后,我国步入新时代应急管理体系建设与发展。2018 年以深化党和国家机构改革为契机,我国组建了应急管理部,整合了包括国家安监总局、国务院办公厅、公安部、民政部、中国地震局等在内的 11 个部门的 13 项职责,基本完成自然灾害和事故灾难领域内的"全灾种、全过程、全主体、全手段"管理,推进形成了统一指挥、专常兼备、反应灵敏、上下联动、平战结合的中国特色应急管理体制,我国应急管理体系和能力建设取得重大进展。

二、数字化应急的基本内涵

随着信息系统和数字化技术的不断改进和提升,我国社会进入数字时代。与数字化相关的数据分析、数据科学、人工智能和机器学习等新技术逐渐被引入到应急管理工作中。与此同时,应急管理事业也在不断深化改革,致力于提高应急管理的科学化、专业化、智能化、精细化水平,进一步推动了数字化应急的加速演进。

就数字化应急的基本内涵而言,在实践中实际上存在诸多不同的表述方式,如"应急信息化""智能应急""智慧应急""数字应急"等。虽然这些不同的概念表述存在一定语义上的差别,但是总体来看包含了两个基本的分析视角:一是突出应急管理基础设施的数字化建设,即强调以应急管理领域的关键核心技术和装备研发为抓手,推动应急管理科技创新,加强高新技术应用和综合集成,从而强化应急管理的数字基础设施平台建设和数字支撑保障体系;二是突出应急管理工作的数字化建设,即政府通过运用云计算、大数据、物联网、人工智能、移动互联、虚拟现实等新一代信息技术,借助全方位数字化赋能推动应急管理工作在治理方式、治理手段和治理逻辑上的深度变革,从而最大限度地实现敏捷应急、科学应急、精准应急、动态应急。由此,既实现在政府组织结构、文化和程序上的变化,也实现政府治理模式的转型升级,提升国家应急管理体系和能力现代化建设。

因此,数字化应急实际上是先进信息技术与应急管理工作业务进行深度融合后形成的新业务形态。应急管理基础设施的数字化建设与应急管理工作的数字化建设构成了数字化应急的一体两面,应急管理的数字化基础设施构成了应急管理工作数字化的前提基础和硬件条件;而应急管理工作的数字化建设促进了应急管理数字化基础设施建设的根本动力和驱动因素,二者之间相互影响、相互促进。如果从数字治理的理论视角来看,数字化应急管理从狭义上而则更倾向于数字赋能的本意。

三、数字化应急的发展与演进

在我国,数字化应急的发展大概包含应急管理科技创新、应急管理信息化、智慧应急三个阶段的演进过程。

数字化应急的前身主要依托于应急管理科技创新,旨在探索新技术支撑下应急领域新业态的创新途径,发挥科技对应急管理与安全工作的保障作用。2014年国务院办公厅印发了《关于加快应急产业发展的意见》,指出应急产业是为突发事件预防与应急准备、监测与预警、处置与救援提供专用产品和服务的产业。要加快关键技术和装备研发,国家科技计划对应急产业相关科技工作进行支持。2017年国务院发布了《国家突发事件应急体系建设"十三五"规划》,工业和信息化部发布了《应急产业培育与发展行动计划(2017—2019年)》等一系列政策文件,均提出要整合科技资源,提升应急科技创新能力,促进创新成果应用。强调要瞄准重大突发事件处置需求,重点发展高精度灾害监测预警与信息发布产品、新型应急指挥通信与信息感知产品、智能无人应急救援装备等十类标志性应急产品。因此,数字化应急的起步最早是以科技创新平台为依托,智能化产品成为应急管理关键技术研发的重要内容之一。2018年,面对新形势新任务新要求,为了加强自然灾害防治体系建设、国家大数据战略规划落实,应急管理部制定了《应急管理信息化战略发展战略规划框架(2018—2022年)》,强调要将信息化与应急管理事业发展一体规划、同步推进。充分运用云计算、大数据、物联网、人工智能、移动互联等新一代信息技术,推动先进信息技术与应急管理业务深度融合,不断提高风险监测预警、应急指挥保障、智能决策支持、政务服务和舆情引导应对等应急管理能力,以期实现应急管理信息化跨越式发展。2020年11月,应急管理部进一步召开了"智慧应急"建设推进会,为了顺应新发展阶段要求和智能化大势,"智慧应急"成为了应急管理信息化的升级版,下一步将更加注重系统融合和智能升级,重点构建国家"智慧应急大脑",全面汇聚全国各部门信息资源和安全生产事故风险信息,深化大数据分析和智能化成果应用。当前,应急管理部公布"智慧应急"试点建设名单,天津、河北、黑龙江、江苏、安徽、江西、山东、湖北、广东、云南等十个省(直辖市)成为首批建设试点单位。2022年,"智慧应急"进入第二个阶段,即落地深化阶段,将大力宣传推广成果,引领带动各地区加快"智慧应急"建设,为建设更高水平的平安中国和全面建设社会主义现代化强国提供坚实安全保障。

第二节 数字化应急管理的体系与能力建设

一、数字化应急管理的体系建设

数字化应急管理的体系建设是一个相对完整的体系。其包含了数字基础设施体系、先进强大的大数据支撑体系、智慧协同的业务应用体系、安全可靠的运行保障体系以及严谨全面的标准规范体系。

(一) 新型数字基础设施体系

政府应急管理的数字化转型依赖于面向未来、支撑未来数字治理的一系列技术应用和新型基础设施,而数字基础设施体系构成了数字化应急管理的重要基石。其中包含两个重要的组成部分:全域覆盖的感知网络和天地一体的应急通信网络。前者旨在通过物联网、卫星、互联网等网络基础设施,将不同感知形态、感知领域的数据进行系统汇总,做到全方位、立体化、无盲区的动态观察,从而实现为自然灾害、高危行业领域的动态监测,提供必要的数据源。天地一体的应急通信网络则依托5G、软件定义网络(SDN)、专业数字集群(PDT)等技术,形成在风险监测、风险预警、应急指挥等关键业务和大容量信息数据传输的全域覆盖和全程贯通,实现应急救援现场语音、视频通信无盲区,空天地一体化的应急通信网络。近些年伴随着国家科学技术的进步,我国北斗卫星已经组网成功、地球遥感卫星已经全域覆盖、无人机实现千里巡航、雪亮工程已经覆盖到农村、物联网触角已经伸向每一个角落,这些原本非人力所能感知的信息网,只有通过感知系统和通信网络建设,才能构成数字化应急的基础。[1]

(二) 先进强大的大数据支撑体系

数据是数字化应急管理的核心生产要素,如果没有数据的支撑,那么数字化应急的管理工作亦如无本之木,无法有效地解决复杂情景下所出现的风险问题。构建先进强大的大数据支撑力,一方面需要做好数据汇集工作,通过构建应急管理业务云,形成性能强大、异构兼容、动态储存的云资源服务能力,实现对于各部门、各领域、各端口全方位、全维度海量数据的资源整合,从而更好地摸清风险底数、定位风险类型、把握风险动态。另一方面,要充分借助数据的算力,加强对于海量基础数据的开发、研判、分析与整合,发挥数据作为生产要素、治理要素的核心优势,让"数据多跑路",激发数据要素在数字化应急中的创新作用。

(三) 智慧协同的业务应用体系

智慧协同是数字化应急的关键目标。智慧协同的基本逻辑就是要打破传统

---

[1] 蔡家林、杜文广、王兴忠等:"数字应急的概念与体系",《中国应急管理》,2020(01):46—48。

部门林立、部门分割、信息孤立、业务分散的"碎片化"现状,通过必要的数字化应用平台搭建,来推动不同主体、不同部门在应对防范化解风险中的协同治理能力,实现政府业务流程再造,提升应急管理水平。目前,我国正在加快建立统一的全国应急管理大数据应用平台,形成应急管理信息化体系的"智慧大脑"。再结合大数据分析挖掘和人工智能进行辅助分析的基础之上,将其应用于应急管理事前、事发、事中、事后全过程的业务领域,有力提升在应急监督管理、监测预警、指挥救援、决策支持、政务管理等方面的协作和服务能力。与此同时,智慧协同的业务应用体系也致力于调动政府、企业、社会和公民不同主体的积极性,使数据的创新资源能够在不同主体间自由流动、开放共享,激发社会的广泛参与。

(四)安全可靠的运行保障体系

安全可靠的运行保障体系是数字化应急的重要支柱。安全与发展是一体之两翼,如鸟之两翼、车之双轮。数字化应急管理信息体系尽管在带来治理便捷的同时,也包含着诸多敏感的、涉及个人隐私,甚至影响国家安全的重要数据。如果平台体系建设忽略了安全问题,可能会导致适得其反的结果。数字化应急的安全保障运行体系,既要通过先进的技术手段形成对于应急信息数据的安全防护和监测管理;也要通过必要的制度体系建设、规章制度、安全意识来保障应急管理信息的规范使用和开发,从而实现数字化应急系统及应用的安全稳定和高效运行。

(五)严谨全面的标准规范体系

标准规范体系建设是数字化应急管理的重要质量保证,其涉及到具体的数据标准、技术标准和应用规范,直接影响到最终数据的开发运用与应用成果转化。特别是不同区域、不同领域、不同行业的应急数据在基础信息上存在不一致性,需要通过科学的标准规范,加强对于数据的融合处理,为构建大数据资源中心提供支撑。在具体开发运用中,要强化数据处理标准,为数据介入、数据汇聚、数据存储、数据发布、数据交换提供强有力的技术支撑,确保应急管理数据治理工作的规范统一。在应用规范中,也要明确数据标准、质量管理、运营管理,形成数据的运维能力,提升应急管理的效果和质量。

二、数字化应急管理的能力建设

2021年应急管理部印发的《关于推进应急管理信息化建设的意见》强调:"坚持以信息化推进应急管理现代化,强化实战导向和智慧应急牵引……推动形成体系完备、层次清晰、技术先进的应急管理信息化体系,全面提升监测预警、监管执法、辅助指挥决策、救援实战和社会动员能力。"这也构成了"十四五"时期推进数字化应急管理能力建设的主要内容。

(一) 监测预警能力

做好监测预警是防灾减灾和应对突发事件管理的重要环节,也是实现应急管理关口前移的重要保障,务必要做到早发现、早控制、早准备,真正把问题解决在萌芽之时和成灾之前。当前,通过信息化建设提升应急管理的监测预警能力成为了健全各类突发事件监测工作的关键突破口。务必要大力推广各种先进的监测技术和手段,建立并完善涵盖各类安全风险的监测网络,形成一套科学完善的灾害预测预报、监测预警和应急减灾决策解决方案,能够实现灾害风险定量动态评估的科学化、信息化、标准化及可视化,为防灾减灾决策提供科学依据,提升灾害预警预报能力和应急救灾快速反应能力。[①]

(二) 监管执法能力

数字化监管执法当前在安全生产领域被广泛应用,其目的在于通过数字化、智能化的手段,实现由传统执法向智慧执法转变,大力提升安全生产领域执法信息化、智能化水平。我国传统安全生产领域的监管方式主要依赖于监管人员进行实地现场检查,通过监督检查、监督抽检、专项检查等形式,来寻找问题、发现问题、督促解决问题。但是目前仍面临监管力量不足、事中监管薄弱、监管效率低下等问题。强化数字化监管执法建设,实际上极大地提升了安全生产的执法质量和效能。一旦形成重点行业领域企业基础数据台账,便可以将安全生产执法数据接入和执法行为综合分析,加强执法态势分析能力,智能辅助识别关键问

---

① 陈治杰,赵伯昕:"构建预警发布网络 筑牢防灾减灾防线",《中国应急管理》,2020(04):64—66。

题隐患,解决执法盲区和难点;与此同时,数字化执法检查在执法流程、文书下达存档等方便进一步规范化,提升执法效率。

(三) 辅助指挥决策能力

辅助指挥决策能力旨在提升政府应急管理过程中,为了有效减缓、应对突发事件所造成的或有可能造成的严重社会危害,而主动制定和运用应对方案的能力。一方面,由于应急指挥决策往往是在时间紧、压力大、信息不充足的情形下而采取的应对型举措,而数字化信息技术的运用能够在短时间内快速捕捉和处理海量态势信息,通过强大的算法和机器自主学习,实现对于风险态势的科学研判与分析,有助于在辅助制定决策时有效应对复杂性、不确定的环境变化,提升决策科学性和高效性。另一方面,数字化技术运用可以进一步优化突发事件现场决策指挥和应急处置能力。特别是在借助一体化指挥信息系统进行联动指挥时,数字技术弥合了指挥机构内部不同部门以及指挥机构与其他政府部门、社会主体所呈现出空间的离散性,凸显了互联互动、信息共享、并行作战、动态调控、人机结合的强大优势。

(四) 救援实战能力

在救援实战能力方面,数字化技术要全面应用于实战救援、应急反应和协同作战过程之中,提高灾害事故响应和处置能力。特别是当灾害事故发生之后,指挥人员、一线处置人员、救援队伍等面临着各种不利、困难、复杂的情形,而数字化技术能够为应急救援提供在信息采集、信息传输、信息沟通、指挥调度等方面的有力支撑。如摄像机等音视频采集设备实现了现场图像实时传送到应急指挥中心平台,第一时间提供了受灾区的现场信息;无人机侦察、抛投等技术运用,扩大了空中侦查受灾现场的范围和领域,延伸了指挥员的决策视野;语音通信基站、语音中继台等设备也保障了救援现场的网络覆盖及回传质量,实现了救援现场与前线指挥中心的双向联动和有效沟通。

(五) 社会动员能力

应急管理并非仅仅只是依靠政府单一主体的力量,仍需要进一步调动广大社会主体的积极性,使社会力量能够有效参与到应急管理过程中,弥补政府应急管理能力的不足。一是数字化技术在应急管理社会动员中的应用,实际上极大地撬动了社会资源的流动和多方主体力量的参与,有助于凝心聚力、攻坚克难。二是依托救灾应对中可参与共享的平台建设,既能够增强政社之间、政府和公民之间的交流互动和协同作战;也有助于使社会力量第一时间参与到灾情的救助过程,实现社会捐赠物资与应急需求的有效对接。三是政府凭借数字化手段可以形成智能化的动员网络结构。通过依托人工智能辅助的云指挥系统,可以对分散化、在地化的各种社会力量调动起来,既实现了精准救援,也便于整合社会力量,形成规范的管理流程和工作程序。

第三节 数字化应急管理建设面临的挑战

近些年,党和国家高度重视数字化应急建设,将其与应急管理事业整体统筹、一体推进,取得了初步的成效。但是数字化应急管理建设工作是一项长远性、系统性、战略性工程,目前我国的数字化应急建设仍处于刚刚起步阶段,以期通过试点先行、引领示范的方式,创新驱动应急管理信息化、数字化、智能化建设。从总体战略安排而言,仍然有较长的深化发展阶段,其中面临着不少的困难和挑战。这既包括涉及制度性、技术性的基础性挑战;也包括应用过程中所面临的实践性难题。

一、数字化应急管理面临的基础性挑战

(一)新型数字基础设施建设有待夯实

与传统的基建不同,新型数字基础设施建设具有网络化、数字化、智能化的特征,其对于应急管理信息化建设起到基础性支撑作用。当前云计算、大数据、人工智能、5G、物联网、区块链等新型数字技术设施,已经成为新一代信息技术竞争的主要内容。应急管理领域的新兴科技、产品、应用模式和产业形态只有在新型数字基础设施完备的基础上,才能在设备制造、操作系统、技术标准等方面取得明显突破和实践优势。但是当前数字技术设施仍有待夯实,现有公共设施数字化、智能化转型升级不够全面。例如,在新型网络基础架构和6G研究,地

面无线与卫星通信融合、太赫兹通信等关键技术研发方面有待加强;在森林、草原、矿山、危险化学品、金属冶炼等重点领域和灾害事故现场的感知端基础建设仍然不足;云网融合的新型算力设施仍然有待加强,等等。

(二) 数据管理标准化体系有待加强

数字化治理从根本上需要充分发挥数据作为新生产要素的关键作用,要形成从数据接入、处理、存储、应用等全生命周期的治理。但在实际建设中,仍然面临应急管理信息分类、数据汇聚、数据融合、共享交换的难题。虽然在2018年党和国家机构改革之后,应急管理部一直致力于建设"智慧应急"大脑,但是如何汇总、整理、融合来自不同部门已有的数据资源仍然是巨大的挑战。一是在数据的提取、清洗、关联、比对、标识等处理方面仍然要提升人工智能算法能力;二是数据开发分析水平仍然不高,特别是当打通跨部门、跨业务、跨应用平台的信息,应急管理部如何有效地运用来自气象、水利、交通运输、海洋、森林等外部单位的数据是巨大挑战;三是在应急管理信息化建设的标准规范体系上要进一步加强,同时要特别完善一些行业和地方标准、企业标准等在内的标准体系框架。

(三) 数字化安全保障体系有待完善

随着数据价值不断受到重视,数字安全的威胁和隐患也层出不穷。在数字化应急信息安全保护所面临的挑战中:一是数据泄露问题较为突出。由于应急管理中往往涉及较多的敏感信息,包括政府数据、企业商业秘密和个人信息。但是近些年个人信息泄露倒卖屡见不鲜,技术外包模式中也常常存在数据泄露问题。二是我国数据分级分类标准仍然是严重滞后,一方面政府无法全面掌握所有数据的业务类别属性,另一方面政府也无法有效及时地对数据进行脱敏等级处理,导致数据安全公开使用的标准不一。三是以数据为中心的分区隔离和跨网数据交换有待进一步系统完善,防止被黑客攻击和窃取,要形成安全攻防演练的智能化安全管理系统。

二、数字化应急管理面临的实践性挑战

（一）数据前端预判感知力不够

一是感知数据及时、准确和汇聚融合不够。尤其在东中西部或者超大城市与其他城市之间在感知网络建设上存在先后差距；一些监测预测预警技术比起国际先进水平还有较大差距，难以及时获取全面准确的数据。二是全域感知的网络体系尚未实现所有行业领域以及立体化空间的全覆盖。如森林防火、危化品、尾矿库、有限空间、建筑施工、城市地下管廊等都是亟需关注的行业领域，空、天、地的全域感知尚未实现完全融合。三是综合性风险监测感知以及多灾种综合和跨领域监测感知仍面临技术性挑战。我国目前还主要停留在单一风险源监测研究，而多灾种综合预测精度还未能满足安全发展的需求，尚未涉及全面的风险监测感知。

（二）数据融合分析研判力不深

一是应急数据的复杂特性，综合研判难度较大。如水利、水文、气象、地震、地质等领域都涉及专门的部门，当发生突发公共事件时，这些数据即使第一时间汇聚到应急管理部门，但是涉及业务领域很大，信息高度复杂，数据量庞大，很难从中第一时间提取有价值的综合信息。二是应急数据的专业特性，科学研判深度不够。不同专业部门围绕突发公共事件的数据收集、统计、分析，都依赖于专业化人才，甚至这些特定领域的专业知识是缺少共通性，当其从专业化部门聚合到综合管理部门或者平台在研判时，如何消化吸收专业人员所提供的数据成为深入研判的潜在挑战。三是应急数据的孤岛效应，业务融合水平不高。不同应急数据仍然存在数据标准不一、多头管理的现象，应急管理数据融合仅限于信息交互、数据统计等，没有发挥数字化技术在自动发现共性隐患、风险综合研判方面的智慧能力。比如，智慧交通往往能够在提升日常出行效率、有效处置交通事故方面作用明显，但是与应急物资保障、受灾区运力调度的联动性没有融合研究，使得不同领域依据各自的数据独立开展业务，没有形成高效互联的有机运行整体。

（三）数据辅助决策指挥性不强

一方面数据辅助决策与突发事件指挥管理缺乏有效衔接。目前，各级应急指挥调度中心对于数据的开发主要限于可视化数据展示，数字化建设也未能随突发事件演化过程顺序而时时动态辅助决策指挥。特别是数字化应急尚未充分发挥出自动预警、发展趋势预判、风险提示、处置策略推荐等功能，使得一线指挥员仍然在描述性数据统计分析的基础之上进行指挥管理。另一方面，数字化应急建设仍侧重于"数据"层面建设，而缺少"业务"层面的深度变革。数据辅助功能并没有为应对某种突发事件而事先自动设计数字化的工作计划，致使无法为突发事件应对工作提供准确、科学、快速、高效的行动方案。其不仅要告诉决策者是什么，更要在数据辅助的基础上帮助决策者判断何时应该做什么、怎么做，提升应急处置的效率。

（四）数据服务实战应用性不足

数字化应急的建设不仅在于"建"，而且强调"用"，要更加注重实战化，解决实际的业务难题。当前数字化应急技术，诸如无线通信、卫星通信、物联感知、仿真推演、边缘计算等智慧化新技术，在应急决策支持、应急现场传感与通信管理、人员搜救与疏散避难以及现场处置与控制等方面，尚未在应急救援中得到广泛应用，仍处于试点先行阶段。加之，如今应急实战中，面对灾情的复杂性、极端性，应急救援呈现出多技术集成、高精尖方向发展，这对于应急救援的数字化应用提出了挑战。其既需要在突发事件发生时，及时展现救援现场态势，实时捕捉应急资源信息，同时还要形成互联互通、信息共享、快速反应的指挥调度网络，达到应急救援的可视化、立体化、智能化。

第四节 数字化应急管理建设的应对策略

数字化应急管理建设是在我国开启社会主义现代化国家建设新征程上，依靠科技创新推动应急管理能力现代化建设的重大战略举措。其顺应了新发展阶段要求和数字化、智能化的时代大势，对于破解当前应急管理工作的难点问题提供了有效手段,极大地提高了政府和社会防范化解重大风险、及时应对处置各类灾害事故的能力,有效保障了人民群众生命财产安全。未来要进一步加快推进应急领域与信息化、数字化、智能化技术的深度融合,实现在关键技术领域的重点突破和成果转化,从而满足更高的平安建设需求,促进应急管理事业高质量发展。

一、制度层面:强化顶层设计、科学统筹规划

(一) 加强战略规划,推进应急数字化产业发展

一方面要坚持市场主导、政府引导、创新驱动、需求牵引、统筹推进、协同发展、服务社会、服务经济的原则,加快应急数字化产业发展。完善政府的宏观引导和政策激励,调动市场主体发展应急数字化产业的积极性,引导社会资源投向先进、适用、安全、可靠的应急信息产品与服务。另一方面,要汇聚创新力量,构建数字化产业生态。要以政策支持为基础、以技术研发为推动力量,推进高校、科研院所、智库以及信息技术领军企业之间的紧密合作,推进"政产研学用"联动,整合数字化产业链上下游相关资源。通过合理规划产业布局,推动数字化产业多产业、集群化发展。

(二) 加强项目管理,打造示范引领性技术产品

要以项目管理为抓手,进一步加强应急管理领域多领域和多技术的融合应用,通过示范引领的方式,来实施一批"应急管理+人工智能、物联网、大数据、5G、无人机"等融合创新应用示范的工程,以形成应急管理多领域多技术融合的全场景、全生态的应用示范效应。[1] 要发挥新型举国体制的优势,攻关应急管理领域的重点信息技术服务。着力推进人工智能创新工程、先进计算技术、网络与通信技术、自然人机交互技术等关键领域的产品研发与成果,将其拓展融合进应急管理工作当中。要塑造安全文化教育体系,通过示范引领的效果,将先进理念渗透于应急管理的各领域各行业,促进行业生态的良性循环。

---

[1] 本刊编辑部:"数字信息化助推应急现代化",《中国应急管理》,2020(10):13—15。

(三) 加强政策保障,优化政策服务能力和效果

数字化应急管理的建设与发展离不开规范完备的政策法规保障。在数字化应急管理领域,当然仍然面对大片未知领域,政策法规需要找到更为积极的角色,因势利导,做好前瞻型战略规划和政策保障服务。一是要抓紧研究制定符合数字化应急管理建设的新政策法规体系。尤其要加强对于取得关键技术产品突破的知识产权保护工作,加强具有更高适配性的创新性政策供给,为数字化应急管理发展提供支持。二是要优化政策管理的标准、流程和方法。完善在流程再造、动态监管、安全管理、数据标准等方面的政策依据,通过常态化的评估管理机制,加强数字化工作的检查和督导。三是要强化政府服务的质量。在政策宣传、政策发布、政策落地等方面,优化政策服务方式,提升服务效能。特别是要加强政府对于专业人才的培育,提升在数字化培训教育方面的质量,建设创新型的数字应急人才队伍。

二、业务层面:优化业务协同、增强数字赋能

(一) 优化监测预警,实现关口前移

一是要健全数字化灾害事故监测预警体系,加快形成综合监测预警平台。分期分批将地震、水利、气象、林业、自然资源、交通运输、卫生健康、住建、公安等部门监测预警信息,统一接入本级灾害事故监测预警信息化平台,同时加强与部级、省级数据资源的融合,汇聚成全灾种、全领域、全行业覆盖的智慧应急"一张图"。二是统筹好各部门的业务融合水平,优化智能化风险形势研判技术,进一步强化全域感知网络体系、全要素综合监测、综合风险评估、灾害预警、灾害态势智能分析的监测预警技术支撑系统,及时获取全面准确的数据。借助数字化技术进一步挖掘各类潜在的风险变量,实现风险管理的关口前移。三是探索形成数字化应急预案,完善应急演练与培训。通过建立预案体系图谱、数字预案编制、AI模型训练等模块功能,实现预案活拆活用、辅助应急指挥决策。

(二) 辅助指挥决策,支撑救援实战

一是要从依据经验判断到依据数据分析,为辅助决策提供全方位信息保障。

传统的灾害事故救援,主要依据指挥员、专家学者的经验,但是对于数据化的应急辅助仍然利用不足。要进一步强化数字信息管理,利用数据融合、数据关联分析等技术,实现精准查询全域数据,指挥员或者专家可以通过可视化智慧系统,实现对于时空分布规律特征、受灾人口分布、重点设施分布、应急资源分布、避难场所分布、交通道路情形、趋势扩散效应的智能化分析,快速生成评估结果为指挥员提供决策参考。二是要强化数字化技术在辅助决策与指挥管理、救援实战之间的融合关联。加快提升自动化生成救援方案的智能水平,能够为指挥救援生成最为合理的指挥部署方案,初步实现应急决策、应急处置与救援由人力密集型向人机交互型转变,为高效化、专业化救援提供支撑。三是要增强线上与线下的业务互动,通过应急智慧平台,实现应急信息、综合指挥、上传下达、资源配置、多部门协同联动的目标。

(三) 加强社会动员,推动广泛参与

社会动员是应急管理中不可或缺的部分,但是当前我国在动员过程中仍然存在供需错位、协调乏力、底数不清等问题,需要通过依托数字化技术在应急管理中的使用,提升社会动员的效率和质量,筑牢人民防线。一是建立和完善数字化信息管理的动员信息平台,为社会应急力量有序有力有效参与应急救援工作提供服务渠道,既要摸清社会动员力量的底数,也要借助平台加强政策宣传引导。二是探索智能化社会动员指挥网络,形成了第一时间就近动员、掌握现场情况、指导扑灭的社会动员模式。三是建立常态化社会动员工作机制,在调取数据平台数据的基础上,实现供需对接、激励管理、奖惩规范,减轻线下动员的成本和负担。

三、组织层面:坚持共享众创、加强协同联动

(一) 加强开放网络建设,推进跨部门协同治理

在组织层面上,数字化应急管理工作需要构建共享服务体系,实际上要推动跨部门、跨层级、跨区域的互联互动、信息共享和协同合作,调动政府、企业、社会共同参与到数字化应急管理建设中,形成众创众智的新生态。例如,一些行业协会、产业联盟,在数字化应急发展中起着重要作用,不仅联合建立创新平台,而且

形成了行业内技术标准规范，承担了许多公共服务的任务。各类社会组织也在响应数字化应急动员中发挥了独特优势，积极向应急管理部门报备募捐、救助、救灾物资发放和救援队伍派遣、灾后恢复重建等工作情况，实现了最大化的组织协同。

（二）加快构建众创空间，培育数字创新生态体

着力打造数字应急产业众创空间，实现众创空间与其他数字产业协同发展，通过持续的资源引入、平台建设等方式，形成数字创新发展的良好生态氛围。例如，天津"智慧应急"联合创新中心采取"1+1+1+N"模式，即市级职能部门＋属地政府＋主体运营公司＋N家公开招募技术公司共同开展联合创新，是一次整合政府资源、汇聚社会力量、开门搞建设的模式创新。中心将分别针对特定场景下安全监管非现场执法能力提升、危险化学品安全监管全流程监管能力提升、自然灾害社会动员和受灾人员快速转移安置能力提升等场景，公开招募合作单位，广泛开展研究、论证和研发工作，营造创业者聚集效应，这将有力促进应急管理信息化工作，全面带动应急产业数字化发展。[①]

关键术语

应急管理 主要指政府及其他公共机构在突发事件事前、事发、事中、事后全过程中，采取预防与应急准备、监测与预警、应急处置与救援、恢复与重建等一系列必要措施，保障公众生命财产安全，促进社会安全发展的有关活动。

数字化应急 政府通过运用云计算、大数据、物联网、人工智能、移动互联、虚拟现实等新一代信息技术，借助全方位数字化赋能推动应急管理工作在治理方式、治理手段和治理逻辑上的深度变革，从而最大限度地实现敏捷应急、科学应急、精准应急、动态应急。

新型数字应急基础设施 主要包含全域覆盖的感知网络和天地一体的应急通信网络。

[①] "场景牵引 数字赋能 天津打造首个'智慧应急'联创中心"，中华人民共和国应急管理部网站，2021-12-03，https://www.mem.gov.cn/xw/gdyj/202112/t20211203_404079.shtml。

专栏 14-1　西湖区智慧赋能织密城市安全这张"网"

　　安全是人们安居乐业的基础,是城市发展的基石。作为城市发展的重要环节,浙江省杭州市西湖区以数智赋能,建设"智慧应急"体系,筑牢城市安全防线。自 2021 年以来,西湖区贯彻全省数字化改革大会精神,将风险防范化解在早、在小,高标准建设"智慧应急"体系,全力提升城市安全风险感知能力,推动城市安全风险预警在事前、治理在初期,实现全区火灾事故、生产安全责任事故同比下降 40% 以上。在 2022 年省安委会"除险保安"指数首次评比中,西湖区在全省 90 个区县市中,名列第一。

　　一是预警及时,数字监管全域化。西湖区针对辖区内孤寡独居老人户、残疾人户、沿街商铺等重点场所,安装智慧电感、智慧气感、智慧烟感"智慧三件套"14 万余件,实行 24 小时在线监测预警。今年以来,共发出预警 7 万余次,有效避免事故险情 5600 余起,其中成功监测并处置餐饮店、老人户、企业等用气险情 400 余次,实现重点场所智慧感应全覆盖。在重点领域,西湖区也实现了风险监测的全闭环。在运营车辆上安装道路监测仪,在行驶中完成道路监测体检,累计发现并修复沉降、坑洞等道路隐患 16000 余处;在全区 988 幢高层住宅电梯安装 2314 部阻车系统,减少电动自行车上梯进楼充电现象发生。通过排摸道路塌陷、地质灾害、桥梁隧道等领域安全风险点位,增设监测仪、液位仪等设备 3 万余件,有效提高城市安全风险监测感知能力。值得一提的是,依托西湖码"我要报"功能和基层社会综合治理平台"随手拍"模块,西湖区广泛发动群众及时上报安全隐患问题,并建立健全闭环处理流程,通过镇街一体化智治平台立即派单进行现场处置。今年以来,累计接收消防安全类隐患报告 1264 件,均在第一时间核实情况、闭环处理。

　　二是模式升级,体系运行全时化。1 分钟响应、3 分钟出动、5 分钟处置,这是"135 快速响应圈";15 分钟协助实时在线,这是"15 分钟协助圈"。如今,在西湖区,全时应急队伍 24 小时在线,模式再度升级,织密安全这张网。在西湖区,有一支"特殊"的队伍,由区级综合性消防救援队、镇街级综合救援队、应急消防服务站、社区级应急救援队、微型消防站串联在一起,组建成一支全时应急队伍，一有情况，迅速出动，快速处置。截至目前，该队伍已经完成应急处置6300余起，平均抵达时间为4.35分钟，平均处置时间从1天减少至2小时以内。综合指挥中心是应急体系的中枢大脑，西湖区运用大数据、物联网、数字孪生等技术，及时掌握信息，形成统一指令、统一路径、统一受理的指挥体系。目前，11个镇街均已建立数字化综合指挥中心。此外，通过建立追溯机制，将多跨事项、多种险情、多态隐患实行全过程、全要素即时留痕；通过建立通报机制，定期评出"智慧三件套"安装"红黑榜"；通过建立考核机制，从安全指数、通报评比和群众满意度测评等多维度进行考核，促进各方责任落实。西湖区多措并举，以闭环长效的工作机制，让"智慧应急"体系真正发挥效用。

三是高效协同，数据资源全链化。一张网、一屏显、一指数，西湖区以三个"一"将数据资源全链化，实现信息、预警、处置的高效协同。按"人、房、企、事、物"五大要素，将应急、公安、消防、交警等10余个职能部门物联感知和监控设备的数据信息归集至区物联感知"一张网"。"在这张网里，感知数据、处置信息与基层相关智治平台相串联，为有效管控城市安全风险提供支撑。"区应急局相关负责人介绍。目前，西湖区的这张"网"已接入物联感知设备20余万件。此外，在风险隐患方面，西湖区以"一屏显"，实现部门互通、信息共享、隐患同报、告警即发。据悉，通过开发区城市安全风险综合监测预警平台，西湖区将消安、汛安、巡安等10个场景卫士同步跨接至预警平台，使不同部门、不同领域的风险隐患信息即时在平台上一屏显示。目前，这一平台日均收集处理告警类信息1000余条。即时评估、赋色预警，西湖区综合集成10个场景卫士安全指数，形成全区城市安全指数，实施安全预警"一指数"。

资料来源："西湖区智慧赋能织密城市安全这张'网'"，中华人民共和国应急管理部网站，2022-06-29，http://safety.hangzhou.gov.cn/art/2022/6/29/art_1682786_58925673.html。

专栏 14-2　小小"救命文档"里的大写中国

　　这几天,河南暴雨成灾,让全国的目光聚焦在中原大地,也让"风雨面前一起扛"的人间大爱书写在中原大地。其中,一份命名为"待救援人员信息"的线上文档在网络传播,刷屏朋友圈。短短 24 小时之内,这份文档已有 250 多万次访问量,1000 多条关于河南洪灾的求助信息和救援力量一起涌入这份文档。从最开始的一个小小表格,到民间救援信息收集对接的平台,这份在线文档被网友称作"救命文档"。

　　这是相信奇迹、创造奇迹的救援接力。在"救命文档"里,每一次信息的发布、每一个条目的更新,背后映射的都是救援行动、关爱举动的给力。当发高烧的女生、84 岁的老人被成功救援,当被困一天没喝水的小宝宝得到了救助,当被困几小时待产的孕妇被送到了医院,守在屏幕前的"无名之辈"一次次被振奋、一次次被感动。是的,他们做到了! 再平凡的善举,只要汇聚在一起,就是信心和力量,就能成为奇迹的宠儿。从虚拟世界的"救命文档"放眼暴雨中的向险而行、洪水中的逆流而上,就能深刻懂得为什么一方有难、八方支援总是我们义无反顾的坚定选择,为什么同舟共济、守望相助是根植于中华民族血脉的文化基因。

　　这是主动作为、救灾有我的青春担当。"救命文档"的创作者是在上海读研的河南籍大学生,出于为暴雨中的家乡做点事的初心,与 30 多位同学发起了这场无声而有力的救援大接力,腾讯文档技术团队 24 小时轮班值守确保文档稳定运行。事不避难,义不逃责,只求尽心尽力,在这帮年轻人身上,我们又看到了抗击新冠疫情中写下"不计报酬、不畏生死"请战书的"90 后"的叠影,又看到了抗击洪涝灾害中身先士卒筑起"钢铁之堤"的年轻党员的重影,又看到了脱贫攻坚战中以热血赴使命的年轻干部的镜像。有这样的青春之肩,定能扛起民族复兴的明天。

　　这是创新驱动、科技进步的技术赋能。小小文档大显身手,竟能汇聚如此强大的救援力量,让人们将更多目光投向暴雨洪灾中的硬核科技。翼龙无人机成功让受灾村镇恢复 5 小时的通信信号,"河南暴雨积水地图"提供避灾信息,"城市大脑"快速启动,救生机器人、机器人水泵活跃在抢险救灾现场……这是祖国科技实力不断突破的结果,也见证始终如一的为民坚守。正如网友所言:困难面前,你永远可以相信祖国!暴雨中的科技力量有多硬核,这份"不惜一切代价、克服重重困难"的努力就有多温暖!

洪水滔滔,爱如潮水。灾难压不倒我们,只会让我们更强大;磨难阻挡不了我们,只会让我们前行的脚步更坚定,因为"救命文档"再小再普通,也矗立着一个大写的中国。

资料来源:"小小'救命文档'里的大写中国",人民网,2021-07-23,http://opinion.people.com.cn/n1/2021/0723/c223228-32168145.html。

问题与讨论

1. 如何理解数字化应急的基本内涵?
2. 当前数字化应急的体系与能力建设包含哪些方面?
3. 数字化应急管理面临哪些挑战?如何应对?

第十五章 数字公共治理之民主协商

> **焦点问题：**
> - 数字协商是数字时代民主协商发展的必然趋势吗？
> - 数字协商与传统协商之间存在哪些异同？
> - 数字协商在实践中如何应用？
> - 数字协商面临的挑战及应对策略有哪些？

互联网的发展和数字技术的广泛应用，对政治、经济、社会等各个方面产生了深刻的影响，拓展了政治参与的新途径，开辟了民主协商的新空间，带来了数字协商的新形式。数字协商是信息技术发展到更高阶段，传统协商在数字化互联网空间的延伸与拓展。随着数字协商实践的展开，数字协商在现实中成为可能的同时，也面临着技术、运行和制度等多方面的挑战，加深了数字协商应用的难度，影响其作用的发挥。数字公共治理背景下，推动数字协商发展需要多措并举。本章详细介绍了数字时代的民主协商转型，数字协商的内涵、特征及行政价值，数字协商的实践发展及其面临的挑战和应对策略。

第一节 民主协商转型：民主协商、网络协商、数字协商

一、民主协商的内涵与演进

协商从词源意义上是指共同商量以便取得一致意见。现代民主政治体系

下,协商就被赋予了民主意涵。民主协商在我国有着深厚的文化和实践渊源。从民主革命时期的"三三制"政权,到建国之初的多党合作和政治协商制度,再到改革开放之后的社会协商,民主协商从最初的政治领域扩展到了国家和社会各领域,形成了社会主义协商民主这一特有民主形式。

20世纪90年代,以现代信息技术为依托的电子民主和网络民主蓬勃发展,为发展直接民主和协商民主带来了新的可能。[①] 电子民主是那些与电子技术、信息技术相关的民主政治形态的最初形式。在此基础上,互联网的发展催生了网络民主,互联网加协商民主则形成了网络协商民主。[②] 网络协商是传统协商在互联网空间的拓展和延伸。社交媒体的出现为公众提供了线上社交工具和开展协商的新技术。社交媒体的社交属性、个性化、廉价性和直接性特征,为民主协商提供了重要平台。与传统协商面临的时空规模、代表性、平等性质疑相比,互联网空间则为信息、辩论创造了新的公共领域,它打破了原有的时空物理局限,扩大了公民参与,促进了信息的双向流通。

21世纪,随着数字时代的到来,数字技术赋能正驱动着网络协商向数字协商转换。数字技术的介入则呈现出一种新的协商民主形式,即数字协商民主。在观念和实践两个维度上,电子民主(E-民主)和网络民主为数字协商民主奠定了基础;而建基于网络平台的协商民主则是数字协商民主兴起的直接支撑。数字协商民主是信息技术发展到更高阶段协商民主为自己开辟新空间的产物。[③] 一方面,互联网、大数据等为民主协商提供了信息技术支撑,使民主协商的理想得以在实践中实现。另一方面,大数据技术变革也带来了政府与公民关系的改变。[④]数字技术推动了公民从传统的旁观者和被动参与向积极主动参与转变,实现了赋能、赋权。正如习近平总书记所强调的"老百姓上了网,民意也就上了网,要善于运用网络了解民意、开展工作,让互联网成为我们同群众交流沟通的新平台"。[⑤] 在信息时代,数字化与协商民主两种浪潮正汇合形成数字协商民主,借

[①] 本杰明·巴伯:《强势民主》,吉林人民出版社,2006。
[②] 陈家刚:"数字协商民主:认知边界、行政价值与实践空间",《中国行政管理》,2022(01):26—32。
[③] 同上。
[④] 维克托·迈尔-舍恩伯格,肯尼思·库克耶:《大数据时代》,浙江人民出版社,2013。
[⑤] 习近平:"在网络安全和信息化工作座谈会上的讲话",《人民日报》,2016-04-26。

助大数据分析来实现"最大公约数"的大数据求解。①

二、数字协商的内涵与特征

(一) 数字协商的内涵

数字协商民主是信息化时代协商民主与互联网、大数据深度契合而发展形成的新型民主。② 所谓数字协商民主,指的是基于数字技术的协商民主,在这种民主形式中,社会政治生活中不同行为者借由数字技术与平台展开平等对话、沟通,以实现合法决策和达成治理共识。③ 数字协商是政党、政府、公民等不同主体借助互联网和数字技术围绕公共问题展开的民主政治活动。数字协商既是民主协商在互联网空间的媒介延伸,又是数字技术与传统协商结合的新形式。数字协商使不同空间的利益相关方能够直接参与政治活动,不受身份地位影响更加自由平等地表达自身的利益诉求。同时,公众在协商前通过互联网提出意见建议,在协商后对协商过程进行评价以及监督促进协商结果落实,真正实现了全过程参与。④

(二) 数字协商的特征

数字协商首先是民主协商,因此它具有传统协商的一般性特征,如平等参与、理性对话、寻求共识等。同时,数字技术与传统协商的融合,也改变了传统协商的模式,形成了自身新的特征。

一是协商主体的广泛性。与传统公共协商总是选择性地挑选协商成员相比,数字化的空间场域,打破了传统协商的时空和地域限制,使协商主体不再局限于代表协商,有效解决了市场经济下人员高速流动的不在场困境,数字技术使广泛参与成为现实,使表达和交往更加便捷、有效率,实现了随时随地的互联互通,推动了广泛、多层次的参与。

---

① 汪波:"当代中国网络立法协商:创新、模式与完善——基于全国人大的实证调查",《武汉科技大学学报(社会科学版)》,2021(03):281—287。
② 汪波:"信息时代数字协商民主的重塑",《社会科学战线》,2020(02):198—203。
③ 陈家刚:"数字协商民主:认知边界、行政价值与实践空间",《中国行政管理》,2022(01):26—32。
④ 陈家刚:"数字协商民主:可能性、风险及其规制",《教学与研究》,2022(07):74—84。

二是协商议题的丰富性。互联网和数字技术拓展政治信息的传播内容,使形成协商议题的信息呈现爆炸式增长。教育、医疗、养老、社会保障、公共设施建设等政府、媒体以及公众关心的各类社会问题都通过互联网和数字技术汇集起来,形成政策议题。大数据的热词分析、事件分析有助于在海量的政治信息中识别焦点议题和共性意见、动态把握协商内容的热点动态变迁。

三是协商过程的交互性。数字协商发生于互联网虚拟空间,其信息传播过程从传统的线性协商传播转向网络化传播。在网络化传播模式下,协商主体同时扮演着信息接收者、创造者、传播者的角色,随时进行着角色转换。各主体不但可以进行点对点式的双向交流,还可以同时与在该空间内的其他参与者进行交流,形成信息的多向传递,形成交互式的传播方式,使得信息交流更迅捷、在较短的时间内扩散范围更大。

四是协商权力的平等性。数字协商借助于网络技术将哲学意义上的"主体间性"转化为真实平等的协商实践。[①] 随着互联网技术和数字终端的普及,网络社会扁平化的结构使现实空间的主客体结构逐渐转化为主体与主体之间的平等协商。数字技术将赋能与赋权结合在一起,使公众获得了更多的主动性和话语权,提升了公众参与的意识和积极性,使协商不再局限于政府单方面的权力主导型,而是走向了政府与公众的平等对话。

三、数字协商的行政价值

(一) 数字协商有助于发扬民主价值

协商民主作为一种新的民主形式,能够促进广泛的直接的政治参与,实现利益相关方在政治过程中的偏好表达,实现民主价值。然而,传统协商却因其规模限制、平等性等问题遭受了理论和实践的双重挑战。数字协商打破了传统协商的时空限制和身份壁垒,畅通了参与渠道,推动了广泛参与,能够应对传统协商面临的挑战,使民主协商更具现实可行性。在互联网空间中,公民不再是原子化

[①] 汪波,安喆:"国家治理现代化视角下政府数字协商的实证研究",《中南大学学报(社会科学版)》,2021(02):164—173。

分散的个体，而是通过商谈与转换形成广泛的民意基础。大数据的信息处理和分析技术将无数公民个体的细微话语凝聚提炼形成民意的最大公约数。数字协商极大地释放了民主意见，实现了对不同意见的整合。协商民主激发了民主的想象，数字协商激发了协商民主的想象。[①]

（二）数字协商有助于优化公共决策

科学的决策以充分的信息为前提。大数据背景下，政策议题的来源更为广泛，决策信息由原有的小样本转向丰富的大数据。数字协商可以更为广泛地了解决策信息，吸纳利益相关者的不同意见，在不同意见不停协商讨论的基础上凝聚理性共识，形成更为科学的决策方案，弥补决策中的"有限理性"。同时，互联网的开放与数据的共享，使公众获得了更大的话语权，改变了以往公共决策过程的隐秘性和政府垄断等问题。在公开、透明的制度环境和公众舆论的监督约束下，数字协商能够使公共决策更好地体现公共利益，有效保障公共决策不偏离既定目标。数字协商推动了公共决策过程的广泛参与和政治吸纳，由于意见的充分表达，在决策方案中融合了自我意志，公众对公共决策更具价值认可，增加了公共决策的合法性，为决策执行创造了良好的环境。

（三）数字协商有助于培育公共精神

数字协商为民主发展开创了新的空间，能够充分释放个体与组织活力，激发公众的主体意识、参与意识、民主意识。数字媒体的发展形成了新的动员和参与形式，公众可以随时随地发布信息、表达自身的观点，在实践中体验他们的言论自由。[②] 数字协商赋予公众更多的平等参与政治活动的机会，开发了公众的政治潜力，增强了公众的政治兴趣。在数字协商实践中，公众通过意见的表达、倾听和交流，增进了对公共利益的理解，其观念、认识和行为方式不断发生变化，进而超越单纯的个人利益倾向于共同价值，培育出民主精神所需要的理解、尊重、妥协、责任感等公共精神。民主素养和公共精神在数字协商的民主实践中不断形成，公众的政治效能感和政治认同感也随之不断提升，形成了良性的互动循

[①] 陈家刚：“数字协商民主：认知边界、行政价值与实践空间”，《中国行政管理》，2022(01)：26—32。
[②] Enjolras B., Steenjohnsen K.："The Digital Transformation of the Political Public Sphere：A Sociological Perspective"，*Institutional Change in the Public Sphere：Views on the Nordic Model*，2017.

环,推动政治过程开启民主治理范式。

第二节　数字公共治理之民主协商的实践发展

一、数字公共治理之民主协商的政策背景

我国数字协商实践的发展取决于社会主义协商民主制度和信息、互联网和大数据等国家政策的双重推动。

社会主义协商民主制度的建设为发展数字协商提供了制度空间。党的十八大指出"社会主义协商民主是我国人民民主的重要形式"。[1] 党的十八届三中全会进一步明确"协商民主是我国社会民主政治的特有形式和独特优势",提出"推进协商民主广泛、多层、制度化发展"。[2] 中共中央《关于加强社会主义协商民主建设的意见》提出"鼓励探索创新,通过各种途径、各种渠道、各种方式进行广泛协商,建立健全提案、会议、座谈、论证、听证、公示、评估、咨询、网络、民意调查等多种协商方式"。[3]《关于加强人民政协协商民主的实施意见》提出"整合现有网络资源,探索网络议政、远程协商等新形式",[4]《关于加强城乡社区协商的意见》提出"推进城乡社区信息化建设,开辟社情民意网络征集渠道,为城乡居民搭建网络协商平台"。[5] 党的十九大提出,"加强协商民主制度建设,形成完整的制度程序和参与实践,保证人民在日常政治生活中有广泛持续深入参与的权利。"党的二十大提出"协商民主是实践全过程人民民主的重要形式","健全各种制度化协商平台,推进协商民主广泛多层制度化发展。"这些制度设计在全面发展协商民主的同时,充分考虑了信息技术发展可能带来的民主形式变革,为发展数字协商开辟了制度空间。

---

[1] 胡锦涛:《坚定不移沿着中国特色社会主义道路前进 为全面建成小康社会而奋斗》,人民出版社,2012。
[2] 《中共中央关于全面深化改革若干重大问题的决定》,人民出版社,2013。
[3] "中共中央印发《关于加强社会主义协商民主建设的意见》",《人民日报》,2015-02-10。
[4] "中办印发《关于加强人民政协协商民主建设的实施意见》",《人民日报》,2015-06-26。
[5] "中办国办印发《关于加强城乡社区协商的意见》",《人民日报》,2015-07-23。

信息、互联网和大数据国家政策的推进为发展数字协商奠定了实践基础。2015年《国务院关于积极推进"互联网＋"行动的指导意见》提出"积极探索公众参与的网络化社会管理服务新模式,充分利用互联网、移动互联网应用平台等,加快推进政务新媒体发展建设,加强政府与公众的沟通交流"。2015年国务院《促进大数据发展行动纲要》指出,"建立'用数据说话、用数据决策、用数据管理、用数据创新'的管理机制,实现基于数据的科学决策"。① 2016年国务院《国家信息化发展战略纲要》提出"加快政协信息化建设,推进协商民主广泛多层制度化发展","依托网络平台,加强政民互动,保障公民知情权、参与权、表达权、监督权"。② 2022年《国务院关于加强数字政府建设的指导意见》提出要"紧贴群众需求畅通互动渠道。以政府网站集约化平台统一知识问答库为支撑,灵活开展政民互动,以数字化手段感知社会态势,辅助科学决策,及时回应群众关切。"这些规划意见的实施推动了数字时代的公共治理转型,搭建起了数字化发展平台,为数字协商的实践探索创造了有利条件。

二、数字公共治理之民主协商的实践空间

在数字技术迅猛发展的同时,我国民主协商实践逐渐从宏观政治层面扩展到基层社会层面,成为中国共产党与各民主党派合作共治、政府与公民协同共治、公民与公民协商共治的重要途径。与之相适应,数字协商实践也在多个层面逐渐展开,运行于国家、政府、社会之间的广泛的、多层的社会主义协商民主体系之中。

(一)国家层面的政治协商实践

政治协商制度是我国一项基本政治制度。政治协商是在中国共产党领导下,中国共产党同各民主党派和各界代表人士围绕党和国家大政方针、经济社会发展重要问题以及其他重要事项开展的协商。③ 数字时代为更好将这一制度优

---

① 《促进大数据发展行动纲要》,人民出版社,2015。
② "中办国办印发《国家信息化发展战略纲要》",《人民日报》,2016-07-28。
③ "中共中央印发《中国共产党政治协商工作条例》",《人民日报》,2022-06-21。

势转化为实践优势,全国政协及各地政协通过智慧平台建设、开展网络议政远程协商、建设委员移动履职平台,走出了一条数字协商民主的探索之路。

一是智慧政协建设形成整体化数字协商体系。智慧政协平台运用互联网、大数据、云计算等信息技术,将政协履职主体、履职过程、履职成果等进行智慧链接,满足广大政协委员知情明政、履行职能和政协机关办公的工作需求,实现面向政协的全业务管理及服务支撑。

二是网络议政远程协商开启协商议政新方式。网络议政远程协商借助现代化信息技术手段,增强了协商的参与面、即时性和互动性,委员借助网络平台可以充分发表言论,开展视频调研和远程讨论。

三是委员移动履职平台提升数字化履职能力。2018年8月19日,全国政协委员移动履职平台正式上线。该平台开设了提案提交、建言资政、主题议政等栏目,为委员和机关工作人员提供履职、服务、互动、管理、宣传等诸多功能,打造24小时全天候的履职平台。

专栏15-1　浙江数字政协:协商之治与数字之治

当今时代,数字技术代表着新的生产力、新的发展方向,推进数字化改革是大势所趋。2021年以来,浙江省政协按照省委的部署,把"数字政协"建设融入全省数字化改革浪潮中谋划和推进,主动对接党政机关整体智治综合应用,以数字赋能政协履职现代化,进一步改变了政协履职的理念方式,拓宽了政协工作的格局路径,放大了"协商之治"与"数字之治"的融合叠加优势,拓展了政协协商民主的广度、深度和效度。

2021年2月18日,"浙江数字政协"建设工作专班成立。3月2日,"浙江数字政协"建设总体方案及浙江省党政机关整体智治综合应用"政协工作"领域建设实施方案等三个分方案正式下发,确定了"一端、一仓、三大业务应用、四大保障体系"的重点建设任务。一端即前端综合展示,一仓即政协数据仓,三大业务应用即"浙江政协·掌上履职"2.0、"浙江政协·掌上议政厅"和"浙江政协·掌上办公"。四大保障体系:政策制度体系、标准规范体系、安全防护体系、组织保障体系。

> "浙江数字政协"通过构建综合集成、一屏掌控的履职数字化应用场景，实现了政协工作流程整体性优化、手段系统性集成、功能综合性提升。浙江省政协通过强化用户思维，注重系统集成，加强衔接配套，打开了数字化政协通道，搭建了一批开放性、管用好用的多跨场景应用。掌上履职、掌上议政、掌上办公三大平台，"请你来协商""委员会客厅""崇学系列""民生协商论坛"、"提案在线"等特色应用，已经成为有鲜明浙江辨识度的政协工作品牌。
>
> "浙江数字政协"通过平台共建、数据共用、履职共推、成果共享及统一标准，推动了省三级政协协同联动履职，带来了履职质效的新提升。目前，全省102个政协组织均已建立各自的工作台门户，各市县政协在掌上履职平台上架了150多个自建特色应用，形成了横向融合、纵向贯通、系统集成的新平台，实现了全省三级政协一体推进、步调一致、高效协同。2021年5月，省市县三级政协首次通过数字政协平台全覆盖协同联动，围绕"高质量发展建设共同富裕示范区"分七个专题开展主题议政，三级政协委员共有8551人、18977人次发帖建言，提出意见建议27686条。
>
> "浙江数字政协"是一场重塑性的制度革命，运用数字化理念、数字化方法、数字化手段，开创了新时代政协履职新模式和参政议政新途径，推动了"有事好商量、有事商量好"的制度化实践。
>
> 资料来源："奔跑吧！浙江数字政协"，《联谊报》，2022-01-05。

（二）政府层面的决策协商实践

政府在公共权力运行过程中，以协商方式推动政民互动，促进公民参与公共决策和公共事务治理，是现代民主政治的必然要求。协商民主是公共决策科学化、民主化的重要保障。随着信息技术的发展，公共决策的数字协商实践也日益丰富，其实践形式主要有专题网络协商、日常网络问政和网络舆情引发的协商。

一是专题网络协商。政府根据决策需要，围绕重大决策或特定政治活动，主动设置议程、开展协商、了解民意，为决策提供参考。一些重大公共决策或政策出台前，利用网络平台向社会公众征求意见，通过网络民意调查、网络听证会等方式快速、直接地收集、提炼民意，已经成为各级政府的普遍做法。一些特定的政治活动中,政府也积极探索网络协商,通过政府网站、主流媒体开设专栏鼓励民众互动交流、建言献策,如在两会期间开设的"我向总理说句话"专栏。

二是日常网络协商。政府开设网络留言板、政务微博等网络问政平台,公众向政府提出意见建议,有关政府部门针对网民的留言和提问进行回应,予以解答,与网民互动交流,解决问题。日常网络协商主要通过政府网站、网络问政专栏、政务新媒体等渠道开展。

三是网络舆情引发的协商。公众在互联网空间的讨论,形成网络舆论,通过网络舆情倒逼政府回应并形成公共决策。在网络舆论的压力下,一些长期没有解决的公共问题得以纳入政策议程,现实社会中重要的涉及公众生命和公共安全的问题往往会引发广泛的舆论关注,倒逼政府作出回应,完善相关政策。

专栏 15-2　人民网"领导留言板"汇聚社情民意

人民网"领导留言板"是国内唯一的全国性领导干部留言板,为全国六十多位书记省长,数千位地市县级党政正职官员分别开通留言页面,供网友留言反映问题,供领导干部随时查阅,晓畅民意是了解民情、畅通民意、集中民智的网上群众工作平台,被称为"社情民意的集散地、亲民爱民的回音壁"。

作为覆盖全国的网上政民互动平台,"领导留言板"不断帮助各省、市党政领导干部和县委书记倾听网民心声、了解群众困难、吸纳百姓建议。目前,31 个省区市全部开展了"领导留言板"群众留言办理工作,覆盖了 100% 的市州和 99.2% 的县区,超 1.2 万家职能单位入驻。党的十八大以来,人民网"领导留言板"上有 300 万件群众意见建议获得回复办理。

聚民意、搭建连心桥。人民网网上群众工作部主任杨佳表示,"'领导留言板'有大量的群众意见,我们通过对有关数据的收集、整理、分析,能够发现痛点、堵点,使之成为各地区各部门科学决策的有效依据。"2020 年的一天,内蒙古自治区达拉特旗基层干部李电波在人民网"领导留言板"上看到了"我为'十四五'规划献一策"栏目。结合自己平时的生活和工作,他提出了"互助性养老"的建议。两个多月后,"互助性养老"被写入党的十九届五中全会文件,并正式纳入"十四五"规划。就这样,来自小乡村的声音"走进"中南海,

"领导留言板"成为沟通上下的"连心桥",也成为全过程人民民主的生动实践。因为能让群众的心声得到真实的表达,"领导留言板"渐渐成为各地各有关部门收集社情民意的重要渠道,也成为党和政府的"锦囊库""智囊团"。

解民忧、为民办实事。人民网网上群众工作部主任杨佳表示,"群众在'领导留言板'上的留言,将自动推送给相关的办理单位。办理单位在及时知晓群众反映的问题后,就会给予回复,并予以解决。"2020 年新冠疫情发生以来,"领导留言板"特殊作用凸显,湖北、江苏、内蒙古、黑龙江、福建、江西、河南、海南、甘肃等省份疫情防控工作领导小组陆续依托平台开设网上通道。高效办理、高效落实的网上群众工作,给留言的网民注入的信心。自"领导留言板"开通以来,网民留言量不断增长。上网留言,已经起到了重要的消弭社会裂痕的作用。

建制度、提升工作成效。300 万件群众意见建议能够得到回应和落实,得益于各地建立起的工作制度和规范。31 个省份普遍建立了留言办理工作的组织体系、运作流程与监督机制。安徽省制定了《人民网网友给省委书记留言办理工作暂行办法》、山西省建立"省委书记批办网民留言工作机制",黑龙江、内蒙古、重庆等省区市发文要求推进办理工作规范化与常态化。

2021 年 12 月,"领导留言板"作为"人民利益要求既能畅通表达,也能有效实现"的范例被载入《中国的民主》白皮书。"领导留言板"因其独特的连接上下的作用,成为了"听政声、察民意、聚良策"的重要渠道、推动政民互动的重要途径和各地构建透明、高效、法治的现代治理架构的重要抓手。

资料来源:"人民网'领导留言板'300 万件群众留言获回复办理",《人民日报》,2022-04-20。

(三) 社会层面的治理协商实践

协商为民主治理提供了新的形式。[①] 协商治理是采用协商和对话方式对公共事务进行治理,以化解矛盾、协调分歧、达成共识,实现公共治理目标的活动和机制。协商治理反映了我国政治发展过程中政府与公民关系的优化,体现了公

---

① 何包钢:《协商民主:理论、方法与实践》,中国社会科学出版社,2008。

民有序政治参与的扩大和深化。[①] 由政府或者基层社会自治组织搭建协商平台进行治理协商,可以有效推动社会共建共治共享。在基层社会治理创新的实践过程中,数字协商则能够更全面地发现和汇集民众的利益诉求,通过网络参与机制更有效地凝聚共识,更精准地服务和保障民生。

一是社区信息化建设汇民意。社区公共服务综合信息平台、社区门户网站以及"智慧社区"的建设,为居民工作提供了大数据、知识库、移动办公等全方位的支撑。居民通过信息平台就社区各类问题进行线上意见表达,有助于区和街镇汇集社区数据和社情民意。

二是网络参与机制聚民智。利用社区公共服务综合信息服务平台、社区网站和网上论坛、QQ群、微信群等互动交流平台,可以营造开放的参与空间,承载跨时空、超大规模的线上协商,实现与居民无缝对接。

三是数字化应用场景惠民生。数字化的应用场景最终受益者是居民,拓展和开发更多更丰富的综合应用场景,最终是要满足居民的需求,让居民在数字协商中全面受益。江苏省淮安市"码上议"、浙江省杭州市拱墅区米市巷街道的"小区协商铃"、江苏省南京市鼓楼区的"云协商"借助现代数字技术赋能,将议事协商与社区治理相融合,推动了社区共建共治共享。

专栏15-3　新加坡"智慧国":以民众为中心的治理

新加坡在信息技术发展和应用方面一直都处于世界领先地位。30多年前,新加坡就不断推出国家层面的通信产业发展规划。根据埃森哲咨询公司2014年的研究,新加坡在"电子政务"方面排名世界第一。在"最佳互联国家"评估方面,世界经济论坛发布的《2014全球信息技术报告》将新加坡排在第二位。从20世纪80年代初开始,新加坡就开始了电子政务的进程。

2006年新加坡提出"智能城市2015"计划。2014年,在目标全部提前实现的情况下,新加坡提出"智慧国2025"计划,是全球首个举国智慧蓝图。新加坡"智慧国"的愿景目标是通过建设覆盖全岛的数据收集、连接和分析基础设施的平台,根据所获数据预测民众需求,以提供更好的公共服务。

---

① 王浦劬:"中国的协商治理与人权实现",《北京大学学报(哲学社会科学版)》,2012(06):16—27。

新加坡"智慧国"建设的核心理念是"3C"：连接（Connect）、收集（Collect）和理解（Comprehend）。"连接"的目标是提供一个高速、安全、经济且具有扩展性的全国通信基础设施，确保所有的人和物在新加坡的任何地点与任何时间点都能够互联互通。"收集"是指通过遍布全国的传感器网络获取更理想的实时数据，并对重要的传感器数据进行匿名化保护、管理以及适当进行分享。"理解"的含义是，通过收集来的数据尤其是实时数据，建立面向公众的有效共享机制，通过对数据进行分析，以更好地预测公众的需求、提供更好的服务。在"智慧国"中，政府期望通过利用技术增强公共服务能力，使公民更积极地参与政府、商业决策，以作出对公民生活更有意义的决策。

新加坡"智慧国"建设由技术层面回归到以民众为中心的逻辑起点，要求提高与促进民众在电子政府中的参与度，强调政府的整合性、协同性能力。民众是政府服务的对象，是"智慧国"建设的需求方，他们对服务效果有第一发言权。新加坡"智慧国"建设始终把公众作为全流程的参与者，公众参与创造新的服务、制定国家政策，充分体现了公众的主体地位。新加坡政府通过成立"全国对话会"与"民情联络组"以"共创价值"等的方式，积极倾听民众心声，激发民众参与和激发民众的创造力。政府通过政府网站、移动互联网、社交媒体等渠道与民众互动、对话、沟通，收集和评估民众观点、推动民众参政议政，汇民意集民智。

新加坡"智慧国"建设的关键在于利用这些信息来更好地服务民众。在服务策略上，新加坡政府主动变革了过去"政府包办一切"的思路，强调政府与民众、科研机构、私营部门的合作，用开放、创新的理念吸纳多方力量，在建立统一标准和平台等方面共同发力，携手构建更多维、更完善的公共服务。比如，在智慧社区建设过程中，居民发现小区问题可以随手拍照片并附上简单说明，然后通过专门的社区管理手机客户端或电子邮箱等方式发给责任部门，最多一两天，问题就会得到妥善解决；汽车上有传感器，开车经过某条公路发现路面损坏，可以自动发送，也可以非常方便地通过手机定位等电子方式进行报修处理；机场的每个洗手间都有二维码，旅客如果发现有设施需要维修以及有卫生问题，都可通过扫描二维码对该洗手间进行定位，帮助快速解决问题。

> 新加坡"智慧国"建设实现了政府与公众合作转型,政府与公众是协商共治的关系。政府不再唱独角戏,共享和协同的外延已经延伸到了政府外部并直达公众。通过双方合作创造新的服务和应用,公众在获得满意服务的同时,在更大程度上获得了参与社会事务的认同感和成就感。
>
> 资料来源:"新加坡推出'智慧国家2025'计划",《人民日报》,2014-08-19。

第三节 数字公共治理之民主协商面临的挑战

一、信息技术的挑战

(一) 数字不平等

信息、互联网和数字技术在为公众创造更加平等的参与机会的同时,也带来了新的数字不平等。从最初的数字鸿沟到新数字鸿沟,数字资源占有不均衡,在一定程度上使数字不平等在社会层面更加凸显,影响了协商的平等性。信息技术中的"马太效应"推动信息社会进一步阶层分化,信息技术与社会地位、学历、资产等诸多要素相互交织,影响协商主体的信息获得、评价和使用能力。处于数字分层顶端的数字精英往往是那些在现实社会中占据优势地位的社会群体,他们利用自身的优势维持在网络社会中的地位。政策精英可以利用互动通讯的技术操纵民众为他们自己的目的服务。[①] 数字精英在政治参与中对技术的应用频率和程度远远高于数字弱势群体,他们通过对信息进行加工、处理,对网民政治需求有选择性地进行过滤,通过信息再生产和再传播使之更加符合自身意愿,影响协商的话语平等。数字弱势群体的意见表达则逐渐被忽视、淹没,其数字参与能力和参与感不断降低,进而会加剧其弱势地位,失去参与协商的热情和信心,甚至出现政治参与冷漠。

---

① 罗伯特·达尔:《民主及其批评者》,吉林人民出版社,2006。

(二) 信息技术异化

互联网和数字技术推动政治参与、加强民主潜力的同时,也存在"异化"的可能,即在信息技术的应用过程中,人的主体地位逐渐丧失,反而形成了技术和工具对人本身的控制,作为主体的人被技术所束缚。信息技术的应用需要专业化的知识,依据其运行机理服务于实践需要。然而现实中很多协商平台功能设计不合理,用户体验不佳,使公众难以准确地表达诉求与政府进行互动沟通。一些政府部门过分依赖信息技术,忽视了数据的误差和数据背后的深层次分析。信息技术的运算本身就存在信度和效度的问题,分析的结果提供的仅仅是参考依据,而非确信的结果。同时,大数据分析以广泛数据收集和分析为基础,侧重于定量分析,关注的是关联性分析,其对因果关系的剥离、对定性分析的忽视,容易影响理性判断。而数字协商的关键在于应用信息技术实现民主价值,数字协商不应被技术算法所"绑架",替代民意形成过程,偏离民主价值。

二、协商运行的挑战

(一) 参与无序化

互联网自由、开放等特性容易滋生无序网络参与。互联网空间的虚拟化、匿名性使网络政治参与更具自由性和隐匿性,也给数字协商带来了不确定性。特别是在制度不完备的情况下,网络参与缺乏约束和引导,在协商过程中可能出现扭曲事实、散布谣言、语言攻击等行为,进而扰乱正常的协商秩序。很多网民以协商之名,投身于无序的广场政治,甚至在互联网空间宣泄对政府的不满情绪,呈现一种网络围攻的态势,通过对政府施压使自己的利益诉求得到关注,形成了一种"大闹大解决、小闹小解决"的恶性循环,违背了尊重、包容等协商规则,与民主协商的理想渐行渐远。

(二) 协商非理性

与传统媒体有限容量的信息传播不同,互联网上的信息资源被无限扩大,网络政治信息的爆发式增长、信息质量良莠不齐、信息超载、信息碎片化、信息失真并存。面对大量的、混杂的网络政治信息,公众是在缺乏深入思考的情况下片面接受,盲目跟从。由于不具备去伪存真、辨别信息的能力,公众极易受到情绪化的言论影响。互联网降低了政治表达和政治参与的门槛,但同时也降低了个人对自身言论和社会问题的责任,网络公共空间存在泛娱乐化倾向,缺乏理性化的讨论。在这种情况下,通过数字技术收集到的民意数据,能在多大程度上反映真实民意是值得推敲的。大数据的现实中,公众的行为倾向受其接受信息的影响,难以进行理性自主判断,协商非理性造成"假民意"的流行,在海量的信息中,政府难以获得有效的数据信息。

(三) 群体极化

数字媒体和互联网可能助长群体极化,即在开展讨论之前人们对问题有着既有的偏向,在讨论之后这种偏好不仅没有发生转变,反而朝着既有的方向移动,就出现了不同立场各方的极化现象。[1] 在离散虚拟的互联网空间中,人们享有极大的自由空间,其参与讨论、发表言论,受个人认识和兴趣的影响,极易找到志同道合的人,进行沟通互动,而刻意忽略那些与自身意见不同的看法。由于长期处在相同的意见场,听取相同的意见,会逐渐加强既有的观点和立场。当人们发现自己的观点看法被他人赞同和认可时,会更加积极大胆地表达和传播这一观点。而当人们发现自己的观点看法没有引起关注的时候,会逐渐趋于沉默,甚至不再发声。这就导致在网络意见表达的过程中,强势意见不断增强,而弱势意见逐渐被掩盖。

三、制度供给的挑战

(一) 专门性制度供给不足

相较于传统协商稳定的运行机制,数字协商并没有相对完整、明确的制度规范,难以为数字协商发展提供足够的制度保障。而已有的数字协商实践中,协商过程较分散、相对粗放和随意,流程很难控制,功能作用发挥有限。许多地方的实践探索受政府功能认知、操作技术、实践意向的影响,取得的效果不一,尚未上升到具有普遍适用性的制度层面。当前,数字协商过程中,公众仍然只是原子式

---

[1] 桑斯坦:《网络共和国》,上海人民出版社,2003。

的个体的参与,与政府对话、监督政府的作用有限。尽管数字协商在不同层面的实践取得了一定协商成果,但仍然具有偶合的个案性质。与数字技术条件下,公民随时随地的持续诉求表达相比,数字协商活动的组织和开展还难以同步。数字协商在协商主体、协商议题、协商过程和结果等方面都不同程度存在相关制度供给的"短板"乃至空白。数字协商的发展亟待建立专门的制度规范,为提升协商有效性提供可操作性的指南。

(二) 衔接性制度供给不足

数字协商功能的发挥离不开现实的政治土壤。互联网和数字技术能否推动民主协商,能在多大程度上推动民主协商,受到现实民主政治的影响和制约。没有现实民主及其制度安排的配合,数字协商在整个民主治理框架中只会是空中楼阁。如果没有相应的制度衔接,没有现实力量的支撑,数字协商就会陷于表面、流于形式,难以实现真正的政治参与和政治互动。在当前中国的政治体制下,数字协商作用的范围和强度,更多是取决于政府对数字协商的认可和支持程度,取决于政府的回应意愿和回应能力。由于缺乏统筹协调和有效的制度衔接,数字协商建设中地方各自为政,存在低水平重复建设和信息孤立主义,数字协商与地方治理和公共决策彼此割裂、融入度不高。

第四节 数字公共治理之民主协商的应对策略

一、加强数字协商的技术支持

数字协商以信息、互联网和数字技术支持为依托。尽管信息技术存在其自身无法克服的局限性,但仍可以通过加快社会的信息化建设,增强数据算法的公共性,赋予信息技术更多的民主价值。

首先,为了消除数字不平等带来的挑战,必须加快社会的信息化建设步伐,优化宏观布局、降低技术使用障碍、提高网络技术水平,在农村、偏远地区和贫困地区加强信息化基础设施建设和数据库建设,对信息弱势群体采取倾斜和扶助政策,提高信息贫困者吸收和利用信息资源的能力。

其次,要增强数据算法的公共性,利用大数据、人工智能等技术分析、挖掘数据资源的深层次价值,重视数据算法在公共领域的应用。在数字协商程序设计中,合理设计和解释算法规则,使之更好地为政府和公众服务。在大数据的统计分析中,创新数据算法,引入标准化的算法剔除不合理的政策意见偏好,提升民意计算的合理性。

最后,要推动信息技术与民主价值的融合,坚持以民主协商为价值引领。数字协商的目的在于发挥数字技术在民主政治生活中的重要价值,其关注点在于维护公民权利、实现公共利益。因此,信息技术在融入协商民主机制的过程中应更关注数据信息背后的民主价值体系,让数据更加具体化、情景化,尤其是在关系重大民生问题及与公众切身利益密切相关的事件时,必须对相关民众的意见态度进行把握和分析,并结合数据反馈进行政策调节。[①] 数字协商要在人文导向与技术治理的互动中,创造更多的民主价值。

二、规范数字协商的运作机制

深入推进数字协商实践,实现公民理性、有序参与,提升网络协商的有效性,应持续规范协商程序和运行机制。

首先,要完善数字协商的行为规范。习近平总书记强调,"互联网不是法外之地"。为保障数字协商有序进行,避免网络民意无序爆发,政府应加快网络法律法规的建设步伐,为数字协商的发展提供法律保证。目前,我国数字协商行为规范主要依赖于《中华人民共和国网络安全法》《互联网信息服务管理办法》《网络信息内容生态治理规定》等法律法规,立法层次较低、立法内容不完善、存在一定的滞后性,难以满足数字时代民主协商发展的需要,必须进一步修改完善,以便依法对互联网空间的话语协商行为进行规范和引导作用。

其次,要明确数字协商程序。从协商议题确立、协商互动过程、协商结果转化等环节入手,建立一套科学的程序,明确数字协商规则,保障协商有序开展。在协商过程中要加强信息公开、提升政府回应性、推动政民互动。政府与网民的

[①] 伍俊斌,于雅茹:"网络协商民主的信息技术维度分析",《学习论坛》,2021(01):69—76。

协商交流以信息开放为前提,政府必须切实加大信息公开力度,积极主动公开信息,从而减少无用信息或虚假信息对数字协商的干扰。面对网民的关切和质疑,政府不仅要保证随时发声、及时回复,还要做到精准应对、高质量回复,才能得到公众的理解和支持,推动对话协商的开展。政府要将共享数据库和具体协商细节,如协商主题、参与单位和组织、协商具体形式、议题形成和背景、发言流程等向社会公开,引导民众主动收集开放数据,监督数字协商进程,提升数字协商真实性、有效性。

最后,要改进数字协商绩效。数字协商的结果是寻求共识、化解矛盾冲突。科学衡量数字协商民主绩效,有针对性地增强对协商结果的吸纳,并及时向公众反馈协商结果的应用和落实情况,会在公众中形成反馈,进而影响人们对决策的接受和认可程度。同时,对于决策而言,数字协商绩效不仅体现在共识和决策中,还体现在决策的执行过程、决策执行的结果中。因此,改善数字协商民主,还需要在数字技术的支持下,持续跟踪、评价政策的执行过程,以一种开放、宽容的心态接受各方面的监督。有效的评价和积极的反馈,能够提升网民的政治效能感,使其在数字协商中获得一种正向的体验,增强对政府的信任,激发公众的持续参与意愿。

三、优化数字协商的制度设计

数字协商民主的未来,既有赖于技术支持力获得突破和允许的程度,也取决于总体性的宏观制度结构在何种程度上持续释放民主的活力。[①]

首先,要加强数字协商的顶层设计。充分发挥我国社会主义民主政治的制度优势,以社会主义协商民主制度为基本制度明确数字协商的功能定位,合理规划数字协商发展,进行统一安排和部署,为数字协商发展创造良好的宏观制度环境。加快统筹协调全国数字协商平台建设,提升各层次和各地域的协商主体、组织和平台的协同性,实现物理层面的互联互通和信息层面的联通共享,构建信息共享的格局。将国家层面的数字协商平台与地方治理流程进行制度性衔接,明

---

① 陈家刚:"数字协商民主:认知边界、行政价值与实践空间",《中国行政管理》,2022(01):26—32。

确政府在数字协商中的职能定位,用数字协商的制度安排提升地方治理的实际效能。

其次,要探索包容性的协商制度设计。全面完善数字协商发展的微观制度设计,从协商主体、协商内容、协商形式等方面扩大数字协商的深度和广度,为公众参与数字协商提供制度保障,加强数字协商与传统协商的制度对接,推动线上线下协商相融合,实现二者的相互补充相互促进。做好自上而下制度安排与自下而上制度实践的互相推动和转化,对地方数字协商的实践探索和制度创新进行系统总结,适当上升到国家层面。出台符合多种形式数字协商的制度安排,确保各类数字协商形式有制可依、有章可循。

最后,要完善数字协商的配套制度。完善决策协商制度,进一步明确数字协商在决策中的作用,明确决策中网络民意收集、意见征询的具体过程和步骤,将数字协商纳入决策必经程序,做好协商结果与决策之间的衔接。完善政府回应制度,明确政府对数字协商意见建议的回复时效、回复方式、回复责任等内容,从制度上避免选择性回复问题的发生。完善风险防范制度,规避信息技术带来的伦理规范、安全监测等方面技术风险。

关键术语

民主协商 自由、平等的主体通过公开交流、理性对话的方式参与公共决策和政治生活、审议各种观点、修正原有的偏好和价值,进而做出合理的选择的过程。民主协商作为多元主体间通过协调、商议解决问题的方式,反映了社会主义民主政治"众人的事情由众人商量"的本质。

网络协商 多元行动主体借助互联网空间平台对于公共问题和公共决策的商谈、对话与讨论。网络协商可以看作传统协商在互联网空间的拓展和延伸,遵循民主协商的基本规范。

数字协商 政党、政府、公民等不同主体借助互联网和数字技术围绕公共问题和公共决策展开协商对话的民主政治活动。数字协商既是民主协商在互联网空间的媒介延伸,又是数字技术与传统协商深度融合的新形式。

协商治理 采用协商和对话方式对公共事务进行治理,以化解矛盾、协调分歧、达成共识,实现公共治理目标的活动和机制。中国协商治理体现着中国特色的民主治理,是在中国共产党的领导下,不断扩大有序政治参与,实现人民当家作主的重要途径。

问题与思考

  1. 数字技术在哪些方面推动了民主协商的转型?
  2. 以技术和数据为基础的数字协商如何推动公众参与公共治理?
  3. 政府应该如何保障数字协商的有序化、理性化?
  4. 您认为数字协商在实践中面临的最大障碍是什么,如何克服?
  5. 如何能够实现有效的数字协商,未来发展数字协商民主的有效策略是什么?

第十六章 数字公共治理的历程、理念和目标

> **焦点问题：**
> - 中国数字政府建设的发展经历了哪些历程？
> - 数字政府不同发展阶段背景下中国数字公共治理的理念与目标有何不同？
> - 中国数字公共治理的影响因素与发展逻辑是什么？

数字化时代的来临驱动着生产方式、生活方式和治理方式的变革，本书前文内容已对数字公共治理在不同领域的应用进行了刻画，本章将以中国政府建设与数字技术融合的历史进程为主线，按照时间脉络维度，对政府信息化建设时期、电子政务建设时期以及数字政府建设时期中国数字公共治理的理念和目标进行介绍，力图展现中国数字公共治理的历时性演进过程。

第一节 政府信息化建设时期的数字公共治理

一、政府信息化建设的历程

20世纪80年代以来，伴随着计算机、互联网等信息技术在世界范围的普及，中国政府的信息化建设初露端倪。1981年，在"六五计划"中明确提出要在政府管理中投入与使用计算机。1982年10月4日，国务院成立计算机与大规

模集成电路领导小组。1983年,原国家计委成立信息管理办公室,其职能包括对国家信息管理系统的规划和建设,承担相关总体方案、法律法规和标准化的研究工作。1985年,国务院电子振兴领导小组成立办公自动化专业组,负责规划中国办公自动化的发展。1986年,国务院批准建设国家经济信息系统并组建国家经济信息中心。进入到"七五计划"时期,我国已建成10余个信息系统,如国家经济信息系统等。各部委中有43个设立了信息中心,中央政府配备了1300多台大中型计算机,微型计算机超过3万台,数据库建设数量约170个。[①]

90年代,我国的信息化建设进入了蓬勃发展阶段,信息技术也被正式纳入政府改革的进程之中,这一时期我国信息化建设的重点工作主要集中于两个方面:一是"金"字号系列工程,二是政府办公自动化与政府上网工程。1993年,国务院成立国家经济信息化联席会议,在全球性"信息高速公路"浪潮推动下,我国于同年开始实施由"金桥工程""金关工程"和"金卡工程"组成的"三金工程"。作为中国电子政务的雏形,以"三金工程"为代表的"金"字号系列工程的成功实施极大地推动了我国信息基础设施和通信网络建设,同时"三金工程"也是电子信息化技术与我国公共治理实践相结合的重要实践,系列工程的实施为未来数字技术与公共治理的深度融合奠定了基础。1992年,为了提升政府机关办公自动化程度及计算机的普及推广,国务院办公厅下发《国务院办公厅关于建设全国政府行政首脑机关办公决策服务系统的通知》。在该文件的指导下,政府机关信息化建设取得了长足的进展。1994年4月20日,中国正式接入国际互联网。1996年1月,为加强对全国信息化工作的统一领导,保障我国信息化建设的可持续发展,国务院信息化工作领导小组正式成立,信息化工作领导小组的成立标志着信息化工作在经济社会发展中的重要地位,同时也进一步推动了政府信息化工作的进展。1997年4月,首次全国信息化工作会议在深圳召开,与此同时《国家信息化"九五"规划和2010年远景目标(纲要)》也进入编制阶段。

1998年3月,九届全国人大一次会议审议通过了《关于国务院机构改革方案的决定》,在"办事高效、运转协调、行为规范的政府行政管理体系,完善国家公

[①] 翟云:"改革开放40年来中国电子政务发展的理论演化与实践探索:从业务上网到服务上网",《电子政务》,2018(12):80—89。

务员制度,建设高素质的专业化行政管理队伍,逐步建立适应社会主义市场经济体制的有中国特色的政府行政管理体制"的改革目标指导下,信息产业部正式组建,原国务院信息化工作领导小组办公室整建制并入。1999年1月,在中国邮电电信总局和国家经贸委经济信息中心等40多家部委(办、局)信息主管部门联合策划下,"政府上网工程"正式启动。"政府上网工程"旨在实现进入新千年时各级政府、各部门中有80%建立正式站点,并提供信息公开和便民服务的目标。

迈入21世纪,经过近20年的信息化实践,在政府信息化建设的支撑与推动之下中国的国家信息化体系建设取得了阶段性的成果,信息技术对于公共治理的影响也在不断显现。根据《中国信息化水平评价研究》课题组开展的信息化发展统计监测结果显示,在2001—2003年这一时期全国各地区信息化水平均有较快的提升,平均每年提高28.1%,2003年中国信息化水平评价总指数比2001年的39.73提高了9.39个百分点(表16-1)。

表16-1 2001—2003年信息化水平评价总指数

位次	2003年		2001年	
	地区	指数值	地区	指数值
	全国	49.12	全国	39.73
	东部地区	56.09	东部地区	47.20
	中部地区	42.54	中部地区	32.40
	西部地区	41.71	西部地区	30.61
1	北京	71.83	北京	63.36
2	浙江	53.93	浙江	43.84
3	广东	53.12	广东	43.81
4	吉林	49.04	吉林	40.56
5	山东	45.49	山东	37.77
6	陕西	44.02	陕西	33.43
7	内蒙古	43.27	内蒙古	33.03
8	湖南	41.86	湖南	32.27
9	甘肃	37.85	甘肃	26.53
10	安徽	36.73	安徽	23.22

注:含全国层面、东部地区、中部地区、西部地区以及10个省份。

资料来源:《中国信息化水平评价研究》课题组:"中国信息化水平评价研究报告",《统计研究》,2006(02):3—9+81。

尽管中国的信息化建设经过一段时期的努力已经取得了阶段性成果,但相较于世界发达国家甚至同亚洲其他一些发展中国家(地区)仍然存在不小的差距。据国际电信联盟(ITU)2003年世界电信发展报告关于数字接入指数(DAI)的比较中,全球178个国家和地区的DAI指数可划分为四个水平等级(高水平、较高水平、中等水平和低水平),我国排在第三等级中,即中等水平行列。为了进一步推动中国信息化的系统性建设,2001年国家信息化领导小组成立,由时任国务院总理朱镕基任小组组长,信息化建设的跨部门协调层级被提升至总理级别。同年,国务院办公厅发布《全国政府系统信息化建设2001—2005年规划纲要》,对我国政府信息化的指导思想、方针、政策等作出明确的规定。以"3—5年建设以'三网一库'为基本架构的政府系统的政务信息化枢纽框架"为总体目标,以"以需求为导向,以应用促发展,统一规划,协同发展,资源共享,安全保密"为指导原则,以"大力推进政府业务的应用建设等七个领域"为主要任务等。

二、政府信息化建设时期的数字公共治理:理念和目标

在政府信息化建设时期,数字公共治理乃至公共治理的理念尚未在全社会引起足够重视。在此阶段中,政府信息化建设的主要表现形式是以"办公自动化"为目标,通过计算机技术提高政府各职能部门及内部工作的效率,提升政府机构的信息分析能力,从而更好实现政府管理目标。

治理的指导思想与原则是治理主体运用治理手段实现治理目标的根本遵循,体现了治理的根本目的与最终价值。"政府先行,带动信息化发展"是信息化建设时期的指导思想。这一指导思想的确定是基于当时我国信息化发展的状况,20世纪90年代以来,随着经济全球化的加快,知识经济时代到来,西方国家的信息技术和网络技术在社会组织、企业组织以及个人家庭中得到了广泛的应用并取得了重要进展,信息技术对于各领域实践的积极作用被深刻感受。[1] 相较于西方发达国家,我国在同一时期的信息化建设起步较晚,在社会各领域中的

---

① 祁志伟:"中国数字政府建设历程、实践逻辑与历史经验",《深圳大学学报(人文社会科学版)》,2022(02):13—23。

应用也较为滞后。因此,从政府的角度来看,"政府先行"的信息化建设模式有利于降低政府行政管理成本,提高政府运行效率。从政府与市场关系的角度来看,政府作为市场中最大的消费者,通过引导政府在信息技术市场的消费能够带动社会其他主体对于信息技术的关注,同时能够推动信息技术及其市场的发展。数字公共治理作为数字信息技术与公共治理结合的产物,数字信息技术在治理过程中的运用是其关键特征之一。因此,从数字信息技术应用的维度来看,在信息化建设时期数字公共治理仍处于探索与基础设施建设的阶段,作为治理主体的政府、市场与社会对于数字信息技术的使用仍处于摸索之中,实现现有治理活动的信息化,提升治理主体数字信息技术应用能力是这一时期的潜在内容。政府、市场和社会作为治理所关注的三大主体,如果从治理主体的角度深入观察信息化建设中技术的应用,不难发现,在"政府先行"的指导之下,政府是信息化建设的主要推动者与实践者,政府需求是信息化建设时期的核心驱动力,市场与社会对于数字信息技术的应用则略显不足。

第二节 电子政务建设时期的数字公共治理

一、电子政务建设的历程

自我国政府推动信息化建设以来,我国在政府信息化建设领域取得了丰硕的成果:各类政府机构 IT 应用基础设施建设相对完备,网络建设在"政府上网工程"的推动下已获得了较大的进展,大部分政府职能部门都已建成了覆盖全系统的专网。办公自动化、管理信息化的水平不断提高,适应政府机关办公业务和辅助领导科学决策需求的电子信息资源建设初具规模。政府网站的建设取得了长足发展,"政府网上办公"的实质性应用正式开启。然而,随着信息化建设的不断推进,"政府先行"的指导思想的弊端也不断暴露出来:统一建设、统一规划;管理体制;法律法规保障;信息技术与业务工作结合;评价审计和监督制度;网络安全等方面的问题困扰着信息化建设向深入开展。在这期间,信息化建设的主管部门也经历了多次调整,未来的信息化建设需要呼吁着一个更加清晰的方向,

"电子政务"应运而生。

2001年3月,第九届全国人民代表大会第四次会议审议通过了《中华人民共和国国民经济和社会发展第十个五年计划纲要》,"电子政务"被列入"十五计划"之中。自此,我国在电子政务建设的大幕正式拉开。

2002年1月,电子政务标准化总体组成立,全面启动电子政务标准化工作。2002年3月,国务院信息办在北京主持召开电子政务建设工作研讨会,研究如何规范和推进我国电子政务建设,并提出我国电子政务建设工作要坚持的基本原则,即需求导向,统一规划,突出重点,分层推进;与政府职能转变密切结合;加强管理与促进服务并举,近期以加强管理为主;充分利用现有资源,增量投入与存量整合有机结合起来,充分发挥已建成电子政务系统的作用。2002年8月,中共中央办公厅、国务院办公厅联合印发《国家信息化领导小组关于我国电子政务建设指导意见》(中办发〔2002〕17号),在意见中指出"把电子政务建设作为今后一个时期我国信息化工作的重点"。

2003年是中国电子政务发展中极其重要的一年,同时也是中国数字经济发展奠定基础的一年。同年4月,代表我国电子政务建设进入实质性操作阶段的《电子政务工程技术指南》发布。5月,一份名为《电子政务与发展环境的互动:一个行政生态学描述》的报告明确了我国电子政务的目标由政府管理信息化转向服务型政府。[①] 8月,"网络计算机在电子政务中应用"项目在北京市海淀区试点成功,标志着大量拥有自主知识产权的网络计算机将运用于我国电子政务的建设当中。此外,"非典"疫情的发展也加速了电子政务的整体进程,在此之后,中国政府开始在安全工程、数字城市管理、数据中心、应急指挥等多个领域开展信息工程建设。2006年1月1日,中央人民政府门户网站正式开通。同年,中办国办联合下发《2006—2020年国家信息化发展战略》进一步谋划了此后15年我国电子政务未来发展的整体方向、基本路径、基本框架、重点领域。次年,国家信息化领导小组印发《国家电子政务总体框架》,标志着我国电子政务进入深入发展阶段,开始探索推进"一站式""一窗式"和"政民互动"服务。电子政务已成为国家治国理政、建设服务型政府的重要手段,政策法规更加完善,迈入科学化、

---

① 吴学俊:"电子政务与发展环境的互动",《中国信息界》,2003(10):22。

规范化、整体化和制度化建设的新阶段。

2008年在国家大部制改革的背景下,国务院信息化工作办公室被并入工业和信息化部,电子政务相关职能则被合并到了工信部信息化推进司。在2008年至2014年期间,我国电子政务建设一方面继续围绕"两网一站四库十二金"进行系统性建设和升级(金税三期、金关二期等),并加强政务公开和政务服务系统的建设;另一方面云计算、移动互联网等新技术也被不断引入电子政务建设之中。在这一时期,《国家电子政务"十二五"规划》《基于云计算的电子政务公共平台顶层设计指南》相继出台,为探索面向未来的电子政务发展道路,涌现了一批如智慧城市、政务服务APP、政务云架构等的新试点新应用。

2013年,斯诺登曝光美国"棱镜计划",引起国家对于网络安全、自主可控的高度关注。2014年2月,中央网络安全和信息化领导小组宣告成立。中央网络安全和信息化领导小组着眼于国家安全和长远发展,负责统筹协调涉及经济、政治、文化、社会及军事等各个领域的网络安全和信息化重大问题,研究制定网络安全和信息化发展战略、宏观规划和重大政策,推动国家网络安全和信息化法治建设,不断增强安全保障能力。事实上,在中央网络安全和信息化领导小组成立之前,我国网络管理体制由于历史原因,造成"九龙治水"的管理格局。中共十八届三中全会《决定》中明确表示,"面对互联网技术和应用飞速发展,现行管理体制存在明显弊端,多头管理、职能交叉、权责不一、效率不高。同时,随着互联网媒体属性越来越强,网上媒体管理和产业管理远远跟不上形势发展变化。"

2015年3月,"互联网+"在《政府工作报告》中被首次提出。在2016年的政府工作报告中,"互联网+政务服务"作为"简政放权、放管结合、优化服务"的改革内容被明确,旨在实现部门间数据共享,让居民和企业少跑腿、好办事、不添堵。2016年9月25日,国务院印发《关于加快推进"互联网+政务服务"工作的指导意见》。2017年1月12日,《国务院办公厅关于印发"互联网+政务服务"技术体系建设指南的通知》印发,为各地方政府和部门在"互联网+政务服务"的平台技术架构、服务内容、一体化办理、信息共享、供需信息收集以及监督考核等方面提供了统一的技术性指导。这一文件的印发是我国电子政务建设到达一定程度的标志,同时也为电子政务迈向更加深化的数字政府建设阶段奠定了基础。

二、电子政务建设时期的数字公共治理:理念和目标

(一) 电子政务建设:目标与成效

我国电子政务建设以政府信息化建设为雏形,在十余年的时间里,分阶段实现了"两网一站四库十二金"的系统性建设,后期在互联网、移动互联网等信息技术潮流的推动下"互联网+政务服务"建设被提上日程,电子政务开启了与数字信息技术深度融合的新阶段。在这一时期,政府治理体系与治理能力在与数字技术的互动之中也发生了质变,"十二五"阶段电子政务应用开始全面支撑政府部门履职和服务,政务业务信息共享率平均达到50%以上(国家电子政务"十二五"规划)。

纵观电子政务建设时期的发展历程主要体现出了四个基本特点:一是电子政务与国家战略高度融合。二是大数据治理提上日程并上升为国家战略,人口库法人库宏观经济库空间地理库等基础信息库初步建成并发挥成效。三是电子政务呈现出一体化发展趋势。以广东数字政府为代表的建设模式和运作机制有效推动了横向贯通,纵向协同运行高效的整体政府建设。四是电子政务插上了互联网+翅膀。特别是随着互联网+政务服务的兴起电子政务由最初的业务上网到服务上网掀起了中国电子政务发展的新高潮也映射出政府施政理念的全面转型升级。[①]

(二) 电子政务下的数字公共治理:理念与特征

电子政务、互联网+政务服务是数字公共治理向最高层次迈进的过渡阶段,被看作是政府管理方式的一场深刻变革。电子政务建设以数据审计、处理、分析等现代信息技术为依托,构建政府数字化服务平台,为公众提供一体化的在线服务同时为政府管理和决策提供数据支撑,推动政府各部门资源之间的交换共享,解决了政府信息化建设中单向性的问题,促进了政府与公民之间的双向互动,提高了政府解决社会问题的能力,有助于增强政府的公信力。它意味着政府信息

---

① 翟云:"改革开放40年来中国电子政务发展的理论演化与实践探索:从业务上网到服务上网",《电子政务》,2018(12):80—89。

的进一步透明和公开,反映出政府通过网络管理公共事务的必要性,并对"手工政府"传统集权管理模式下的行政思维形成挑战。[①] 我国早期的电子政务建设更多地聚焦于技术层面的"电子",工作的重点也集中在解决系统建设中的技术性问题。随着技术应用的普及,以及治理概念和方法被广为接受,电子政务的重心也逐渐从技术实现转向如何通过技术实现"善治",如何以数字技术推动国家治理体系和治理能力现代化的实现。

2013年11月,中共十八届三中全会提出"国家治理体系和治理能力现代化"的重大命题。国家治理现代化的推进过程势必要求同步推进政府治理现代化,作为国家治理现代化重要组成的政府治理现代化一方面要求政府履行职责的能力不断提升、效率不断提高、成本不断降低,另一方面也要求要不断培育与之相匹配的治理理念。电子政务与公共治理融合的背景中,在中国共产党的领导之下,如何实现和发展公共利益,实现好、维护好、发展好最广大人民根本利益自然成为中国数字公共治理的应有之义。

第三节　数字政府建设时期的数字公共治理

一、数字政府建设的历程

2015年12月,习近平总书记在第二届世界互联网大会上指出中国将推进"数字中国"建设。2016年,《国家信息化发展战略纲要》正式明确提出"数字中国"的建设战略,要求提高社会治理能力。2017年,党的十九大报告指出,要推动"互联网＋"深入发展,建设"数字中国",十九大报告从国家顶层设计的层面提出了"数字化"概念为我国数字政府建设提供了方向和指南。2019年10月,党的十九届四中全会通过的《坚持和完善中国特色社会主义制度 推进国家治理体系和治理能力现代化若干重大问题的决定》中明确指出,要"推进数字政府建设,

---

[①] 王德:"加快政务信息化步伐大力推进政府行政管理方式改革",《中国行政管理》,2002(10):5—6。

加强数据有序共享",这是我国首次在国家层面的文件中明确了"数字政府"的建设要求,"'数字政府'在中央层面的政策文件中是一个新的政策概念",实现了我国电子政务向数字政府的跨越性一步,也是我国加快数字政府建设的一个战略信号。2020年10月,中国共产党十九届五中全会审议通过《中共中央关于制定国民经济和社会发展第十四个五年规划和二〇三五年远景目标的建议》,强调加强数字社会、数字政府建设,提升公共服务、社会治理等数字化智能化水平。2021年十三届全国人大四次会议,"数字政府"在《政府工作报告》中被两度提及,其中再次明确"提高数字政府建设水平,营造良好数字生态,建设数字中国"。2022年4月19日,中央全面深化改革委员会第二十五次会议审议通过了《关于加强数字政府建设的指导意见》,该指导意见的出台在我国数字政府建设领域具有里程碑意义,对加快网络强国、数字中国建设、推进国家治理体系和治理能力现代化产生深远影响,发挥重要作用。

"推进数字政府建设,加强数据有序共享",数字政府建设的另一面是数据建设。数据在政府治理中的运用有着悠久的历史,在数字信息技术的背景之下,我国政府在信息化建设与电子政务建设时期已经着手建设相关数据库系统。而在新一轮信息技术之下,数据进入"大数据时代"。由于大数据技术逐渐在社会各个领域内广泛运用为社会生产生活方式带来深刻影响,因此2013年也被称为"大数据"元年。2015年8月,国务院发布《促进大数据发展行动纲要》,正式提出国家大数据战略,其中明确指出"大数据成为提升政府治理能力的新途径"。

2017年2月,贵州省大数据发展管理局挂牌成立,成为我国第一个省级大数据局。同年12月,在中共中央政治局第二次集体学习中,习近平总书记强调,推动实施国家大数据战略,加快完善数字基础设施,推进数据资源整合和开放共享,保障数据安全,加快建设数字中国。2018年6月,国务院办公厅发布《进一步深化"互联网+政务服务"推进政务服务"一网、一门、一次"改革实施方案》。2018年,在新一轮政府机构改革的契机之下,23个省、200多个地市成立大数据管理部门。2020年,中国发布了一系列与数据相关的法律法规,其中要求加快对数据要素市场的培育,以及对数据分类分级安全的保护等工作。2021年2月7日,国务院反垄断委员会制定发布《国务院反垄断委员会关于平台经济领域的反垄断指南》,预防和制止平台经济领域垄断行为。6月10日,《中华人民共和国数据安全法》审议通过,自9月1日起施行。

随着移动互联网、物联网、云计算、区块链和人工智能等数字化技术的迅猛发展,我国数字政府建设的内容与形式将变得更加丰富,并逐渐进入一个高速发展期。

二、数字政府建设时期的数字公共治理:目标与理念

(一) 数字政府建设的目标与成效

数字技术突破带来经济、社会结构的重大变革,党的十九大报告中指出:"经过长期努力,中国特色社会主义进入了新时代,这是我国发展新的历史方位。"面对经济社会发展新形势和国家治理的新变化新需求,数字政府建设就是要适应这种重大变革,在国家治理体系中以数字化转型提升政府治理的有效性,实现国家治理现代化,助力全面建设社会主义现代化国家的实现。经过各方面共同努力,根据2022年《联合国电子政务调查》结果显示,中国的电子政务发展指数为0.8119,全球排名第43名处于"非常高水平"(0.75—1)。从国内各地区各级政府来看,政府业务信息系统建设和应用成效显著,根据国家电子政务外网管理中心办公室发布的《政务外网IPv6演进技术白皮书》显示,截至2021年,国家电子政务外网已实现区县级以上行政区域全覆盖,乡镇政务外网覆盖率达到96%,上至中央下至乡镇的多级网络平台基本建成。在网络平台建设过程中,集约化、智能化的特点越发显著,一体化政务服务和监管效能大幅提升,"最多跑一次""一网通办""一网统管""一网协同""接诉即办"等创新实践不断涌现。数据资源是数字政府建设的核心要素,数据共享和开发利用同样取得了积极进展,《关于构建数据基础制度更好发挥数据要素作用的意见》《全国一体化政务大数据体系建设指南》等文件的发布为数据要素的全生命周期管理应用奠定了制度基础。

(二) 数字政府建设下的数字公共治理:理念与特征

以人民为中心的治理理念,以需求为基础的整体治理路径。数字政府阶段是政府在数字时代背景之下的高级形态,相比传统电子政务,在数字政府建设的背景下,数字公共治理日趋成熟。从治理理念上看,实现了向以人民为中心的理念转变,"人民中心"取代了"管理主义"的价值取向,企业协同、公民参与、多元主

体互动协商成为了治理主体间的行为模式。21世纪以来各国政府改革与社会治理的一个共同趋势是整体治理,整体治理在组织上强调"按照传统的自上而下的层级结构建立纵向的权力线,并根据新兴的各种网络建立横向的行动线",强调中央控制能力和聚合能力,避免过度分权与碎片化。进入数字政府阶段,"行政导向""各自为政"的政府信息化和传统电子政务建设向着整体政府迈进,在国家治理体系与治理能力现代化目标引领之下,"条"与"块"状的政府机构开始紧密结合、相互联动,政府整体治理能力不断提升。

数据化智能化的治理手段与治理机制。近年来,移动互联网、物联网、云计算、区块链、人工智能等数字化技术飞速发展,我国数字公共治理的手段也得以丰富,并进入一个高速发展期。政府通过借助这些新兴的数字化技术来构建数字化服务平台,使各行政部门信息资源得以共享,民众办事流程得以精简,政府自身职能与智能化民生服务能力得以加强。数据化智能化手段在治理中的作用日益凸显,如在新冠疫情期间,健康码在病毒溯源、防控救治、复工复产中发挥了重要作用,健康码以"最多跑一次"的城市数据打通为基础,实现个人在线填报与公安、疾控数据库实时验证,针对人员健康实现分级动态标记,让没有安全风险的人员尽快返工,促进人员流动科学有序,社会管控精准高效。

第四节　数字公共治理的未来展望

在治理主体方面,应把握好政府主导与多元主体共同参与的平衡,互联网、大数据、人工智能等数字技术和应用的快速发展,进一步呼应与强化了"治理"本身所包含的民主、协商、多元特性,应合理界定政府、企业、社会组织和公民个人在数字治理中的角色,充分发挥各参与主体在治理中的作用。一是应充分发挥政府在数字治理中的主导作用。针对数字化条件下的复杂问题,政府应不断适应数字时代要求,转变治理理念,坚持包容创新与审慎监管的政策原则,不能"一管即死,一放就乱",应与时俱进推动自身职能转变,不断创新自身运行和服务方式,不断提高政府的运行效率、服务水平和治理能力。二是更好发挥互联网平台或企业在数字治理中的主体责任。在数字化时代,平台作为新的社会组织模式、产业组织模式,在治理中日益发挥着关键性作用。一方面,平台深度参与到全球治理、国家治理、社会治理,特别是超大型互联网平台作为非国家行为体在全球治理、地区治理中作用日益凸显。另一方面,平台作为"监管者",应对平台参与主体及内部治理承担主体责任,通过平台准入机制、价格机制、信用机制、激励机制、信息保护、退出机制等强化监管,明确主要参与主体的行为规范,确保平台相关业务在国家政策、法律监管范围内开展。三是充分发挥社会组织、行业协会、网络社群、社会媒体在平台治理中的协同作用。四是积极发挥公民个人在平台治理中的促进作用。

在治理手段方面,应把握好行政逻辑、市场逻辑、技术逻辑与价值逻辑的平衡,数字治理需要以数字化条件下的问题为导向,充分发挥市场、行政、技术、价值等多样化、个性化、体系化治理手段的作用,以满足多元主体、多变客体与多维逻辑的治理需求。一是应做好政策、法规的延伸适用与创新,让法的精神延伸到新的领域、新的业态,对于一些数字治理中存在政策、法律法规"盲点"的,及时完善、新增相应的政策、法律法规,填补监管"空白"。二是充分发挥市场化手段在治理中的重要作用。市场在资源配置中起着基础性作用,应基于数字经济内在的市场逻辑变化,充分发挥价格机制、竞争机制、供需关系调整等市场化手段在数字经济治理中的作用。三是创新数字化技术手段,数字治理中面临的很多问题挑战是与新技术、新应用、新业态相伴而生的,应以技术"治"技术,充分发挥大数据、云计算、人工智能等技术在数字治理中的作用。四是重视文化、伦理在治理中的重要作用。数字治理中面临的很多问题归根到底是人的精神、思想和理念问题,应更加注重数字文化建设、数字伦理建设,夯实数字治理的文化与价值之基。

关键术语

"三金工程" 指"金桥、金关、金卡"三个工程。其中金桥工程以建立一个覆盖全国并与国务院各部委专用网连接的国家共用经济信息网为目标,推动现代化信息基础设施建设;金关工程指国家外贸企业的信息系统联网,推广电子数据交换技术,实行无纸贸易的外贸信息管理工程海关报关业务的电子化;金卡工程是指以使用"信息卡"和"现金卡"为目标,推广电子货币应用为主的各类卡基应用系统。

电子政务 指国家机关在政务活动中,全面应用现代信息技术、网络技术以及办公自动化技术等进行办公、管理和为社会提供公共服务的一种全新的管理模式。

数字政府 指以新一代信息技术为支撑,重塑政务信息化管理架构、业务架构、技术架构,通过构建大数据驱动的政务新机制、新平台、新渠道,进一步优化调整政府内部的组织架构、运作程序和管理服务,全面提升政府在经济调节、市场监管、社会治理、公共服务、生态环境等领域的履职能力,形成"用数据对话、用数据决策、用数据服务、用数据创新"的现代化治理模式。

专栏 16-1 "一网通办",办事像网购一样方便

"我以前也开过公司,要跑好多部门,没得半个月搞不下来。"赵鑫笑着说,"现在一窗通办,一天就可拿证啦!"

从去年 7 月起,浦东新区建立了 1 个区级行政服务中心、7 个开发区分中心和 300 个银行网点的"1+7+300"企业办事服务体系,企业服务从"只进一门"向"单窗通办"升级,以前分散在 120 个专业窗口办理的 382 个事项,集中到 58 个综合窗口 100% 纳入"单窗通办"。

浦东"一网通办",是上海"一网通办"的缩影。背后,是上海市大数据中心强大的后台数据系统。

"现在数据跑路代替了人跑腿,省时又省力",宜家上海临空项目副总监王良平说,以前报设计方案、施工许可时,要开个商务车将需要审批的方案图纸打印十几套,抱着图纸一个个部门送,现在只需把电子图纸上传到平台就行了,整个流程仅花了标准时长 48 天的 1/6。

截至 10 月底,上海"一网通办"拥有实名用户超过 4080 万,共纳入政务服务事项 2734 项、近 2.9 万种情形,涉及 55 个职能部门。其中,"最多跑一次"的事项超过 95%,可以"一次都不跑"的全程网办事项占八成以上。"随申办"APP 接入 1097 项高频、适合在移动端办理的事项。

上海大数据中心主任朱宗尧称,上海于2018年在全国率先推出"一网通办"改革,两年多来办事时间缩短70%、手续环节减少三分之二,好评率达99.7%。上海通过组建大数据中心,形成全市政务数据统一归集、治理、应用的格局,以数据赋能政务服务。作为"一网通办"推进主体和智慧大脑,截至今年10月,上海市大数据中心累计归集数据超过300亿条,办件量超8000万件,日均11万件。除了依托大数据,"一网通办"还有"一梁四柱"支撑。上海市大数据中心应用开发部部长贝聿运介绍,"一梁"指统一受理平台,一边面向个人和法人提供"一网通办"总门户、"随申办"APP及微信小程序、支付宝小程序和自助终端等服务渠道,一边赋能线下办理窗口为工作人员提供线下窗口受理系统;"四柱"即统一身份认证、统一公共支付、统一物流平台、统一总客服。

"为打破信息壁垒,上海采取了很多灵活的做法。"贝聿运介绍,公安部门核发的身份证等很多证照都通过上海市电子证照库实时归集,对垂直管理部门海关的数据,通过市商务委的国际贸易单一窗口建立进出口登记、市场准入等数据连接通道。

目前,上海"一网通办"平台数据基本覆盖了辖区所有的人口库、法人库、地理信息库和电子证照库。该市明确:凡是本市政府部门核发的材料、证照,审批时原则上免于提交。通过大数据平台,几乎将涉及政务服务的所有数据打通共享,构成"整体政府",提供集成服务,凡是政府部门掌握的数据信息,均无需办事者提供,政务服务效率大大提升。

资料来源:"'一网通办',办事像网购一样方便",湖北省人民政府网,https://www.hubei.gov.cn/zwgk/hbyw/hbywqb/202011/t20201126_3053842.shtml。

专栏16-2 "智"行千里——特大城市交通治理的深圳样板

伴随着城市的快速发展,深圳汽车保有量超过353万辆,每公里机动车密度达510辆,居全国第一,交通拥堵等"大城市病"成为市民生活的痛点、难点。用智慧疏拥堵,深圳通过智能化手段,探索特大城市交通治理的新路。

十一假期开始前,深圳市民赵铁钧计划带家人自驾去大鹏景区游玩,订了民宿后,他打开深圳交警微信公众号,在预约通行的界面输入了车牌号和预计进入大鹏景区的时间。深圳东部方向集中了大梅沙、小梅沙、大鹏景区等热门旅游目的地,以往一到节假日就出现拥堵现象,影响出行体验,不少市民"苦不堪言"。

从2018年开始深圳交警实施"预约通行"措施,今年国庆期间往城市东部方向车流同比去年日均下降4.88%,分时段预约通行,交通流量平稳。自"预约通行"实施以来,深圳景区拥堵指数同比平均减少52%,交通警情同比平均减少90%,平均车速同比提升12.4%。"预约之后,今年假期路上顺畅了许多。"赵铁钧说。

作为快速发展的新兴城市,人口、车辆的急剧增长为深圳带来巨大交通压力。49岁的老交警、深圳市交警局交通科技处监控管理科一级警员姚利民,37年前随着当基建工程兵的父亲南下深圳,那一年,这座新城市才在深南东路东门路口吊装起第一个红绿灯。如今,深圳实际管理人口超过2000万人,机动车驾驶人总数达516.44万人,而深圳交警警力约1900人,高密复杂的人、车、路环境与安全有序的交通出行矛盾更加凸显。

为了治堵,深圳对道路动起了"手术"。潮汐车道、借道左转、多乘员车道……20多种创新交通组织方式便利了出行,有的举措引起广泛关注,复制推广到其他地区。

晚间,东西向车流减少、绿灯时间随之减少,南北向车流增多、绿灯时间随之增多……不要觉得奇怪,这是人工智能交通信号灯的"自我修正"。

深圳市交警局局长徐炜说,深圳交警与华为公司合作,构建"感知-认知-诊断-优化-评价"的全闭环,打造智能灯控"一张网",提升交通运行管控能力,提高了市民整体出行效率。人工智能辅助交通信号控制、拥堵溯源及评估平台、创新非现场执法方式……一系列"智慧"举措离不开"城市交通大脑"的平台建设。在深圳交警局,数百台服务器等设备构成的智能指挥中心,结合人工智能、大数据、云计算,将深圳交通要素立体展示,实现交通指挥系统的宏观全局掌握与微观细节精准调配和警力精准投放。

> 姚利民说,比如行人走上车行道属于危险情况,人工智能可以实时运算,一旦发现行人走上车行道,可以马上推给报警系统,再推送到指挥系统,就可派出警力前往处置。
>
> 一系列"智慧+"举措使深圳交通治理水平持续向好,道路交通事故死亡人数连续15年平稳下降,2019年交通拥堵警情同比下降7.81%。徐炜说,交通拥堵在时间空间上缩窄缩小,我们力争在未来为市民提供更美好的出行环境和交通生活。
>
> 资料来源:"'智'行千里——特大城市交通治理的深圳样板",新华网,2020-10-10,http://www.xinhuanet.com/politics/2020-10/10/c_1126589796.htm。

问题与思考

1. 中国的数字政府建设经历了哪几个阶段?有什么特征?
2. 中国的数字公共治理在数字政府的不同阶段有和特点?
3. 中国的数字公共治理未来有哪些发展的可能?
4. 上海市的一网通办建设呈现出怎样的特点?
5. 深圳市城市交通大脑建设中哪些要素和主体在其中发挥了作用?

后　　记

进入数字时代,政府数字化转型成为国家治理现代化的必由之路。国家治理的理念、制度和技术体系迫切需要数字化再造,而科技革新为政府数字化转型提供了重要的驱动力,进而推动着治理的体制机制、组织形态和技术体系的变革。本书从理论概念、体系构建、应用场景与未来展望四个角度,尝试阐释并回答数字时代的"发展之问":国家治理应如何转变才能跟上科学技术升级换代的速度,如何才能适应数字时代的发展要求?合书之际,相信各位读者自有考量。

本书的完成是团队合作的成果,曹海军负责全书的框架设计和研究团队的组织工作。曹海军、霍伟桦(第一章)、张继亮(第二、三章)、于跃(第四、五、六章)、曹海军、曹志立(第七章)、张晓杰(第八章)、曹海军、李月(第九、十三章)、张勇杰(第十四章)、赵海艳(第十五章)分别完成了各章节写作,侯甜甜、王梦、梁赛、熊志强参与了其他章节的资料收集和撰写工作。曹海军、李月完成了最终统稿工作。

感谢商务印书馆编辑任赟。她耐心细致地协调本书的设计、编辑和出版工作,使本书得以按期出版。

本书的出版得到东北大学文法学院学术著作出版资助,特此感谢。